U0648036

亚洲文明研究丛书

论早期东亚与欧洲的语言接触

（修订版）

陈辉 著

ZHEJIANG UNIVERSITY PRESS
浙江大学出版社
·杭州·

图书在版编目（CIP）数据

论早期东亚与欧洲的语言接触 / 陈辉著. -- 杭州 : 浙江大学出版社, 2022.7
ISBN 978-7-308-22277-8

Ⅰ. ①论… Ⅱ. ①陈… Ⅲ. ①语言融合—研究—东亚、欧洲 Ⅳ. ①H0

中国版本图书馆CIP数据核字(2022)第005572号

论早期东亚与欧洲的语言接触
陈　辉　著

责任编辑　宋旭华
责任校对　蔡　帆　赵佳越
封面设计　周　灵
出版发行　浙江大学出版社
（杭州市天目山路148号　　邮政编码　310007）
（网址：http：//www.zjupress.com）
排　　版　杭州林智广告有限公司
印　　刷　浙江省邮电印刷股份有限公司
开　　本　710mm×1000mm　1/16
印　　张　14.75
字　　数　235千
版 印 次　2022年7月第1版　2022年7月第1次印刷
书　　号　ISBN 978-7-308-22277-8
定　　价　78.00元

《亚洲文明研究丛书》序言

当今世界正经历百年未有之大变局，这增加了全球的不稳定性和不确定性，更突显了文明交流互鉴对于人类增进互信、迈向未来的意义与价值。亚洲是人类文明的重要发祥地。从农耕文明、草原游牧文明的产生，到陆上丝绸之路和海上丝绸之路的开辟，在数千年的历史进程中，亚洲人民创造了辉煌的成果，为世界文明发展史书写了浓墨重彩的篇章：中华文明、印度文明、波斯文明、两河文明等名闻遐迩的远古文明均起源于亚洲；印度教、佛教、犹太教、基督教、伊斯兰教等世界上有重大影响的宗教几乎都发源于亚洲。各种文明在亚洲这片土地上孕育生长、交相辉映，既是人类文明多样性交流互鉴的生动写照，也是构建亚洲命运共同体、人类命运共同体的重要人文基础。

2019年5月15日，国家主席习近平在首届“亚洲文明对话大会”开幕式上做了《深化文明交流互鉴 共建亚洲命运共同体》的主旨演讲。习主席强调：“国际形势的不稳定性不确定性更加突出，人类面临的全球性挑战更加严峻，需要世界各国齐心协力、共同应对。”他提出四点主张：坚持相互尊重、平等相待，坚持美人之美、美美与共，坚持开放包容、互学互鉴，坚持与时俱进、创新发展。这些重要论述为推动亚洲文明的交流互鉴指明了发展方向。

高水平大学是文明研究和人文交流的重要力量。近年来，浙江大学积极对接国家战略需要，面向亚洲未来社会发展的重大挑战，聚焦国际学术前沿，建设性地提出以亚洲文明研究为基点，推动“亚洲文明学科会聚研究计划”。自2020年6月计划启动以来，学校积极整合多学科力量，围绕“亚洲文明的特质以及人类文明多样性”等方面的课题，深入探讨亚洲文明的重大理论构建和现实挑战问题；并于2021年1月正式成立亚洲文明研究院，进一步支撑上述计划的具体落实。

《亚洲文明研究丛书》是亚洲文明研究院推出的系列学术成果之一。该丛书秉承“亚洲文明学科会聚研究计划”宗旨，力图从亚洲文明研究的多元化视角出发，在思想观念、历史文化、语言文字、社会发展、民族宗教等问题上开拓新领域、提出新理论，为构建“新亚洲文明观”作一些新的探索。以下两个方面是我们重点考虑的。

一是转变观念与视角。从“欧洲文明”到“西方文明”，从“东方文明”到“亚洲文明”，历史的发展与演变推动着文明概念的形成与变化。19 世纪以来，作为现代世界体系和西方启蒙思想的产物，文明观念承载了传播西方中心主义的功能。在西方主流学者的论述中，可以清晰地看到他们基于自己的价值标准，对不同文明进行价值判断甚至批评，以此衬托自身文明的优越性和先进性。进入 20 世纪以后，中国等古老文明的核心区在现代化进程中取得了巨大成就，引起了西方世界的焦虑，“文明冲突论”“历史终结论”风靡一时。为探寻亚洲文明和谐发展、和平共处的密码，需要跳脱以西方外来眼光审视亚洲、审视中国的“旁观者”视角，建构基于亚洲自身发展与现实的“当事人”视角。

二是转变思路与方法。亚洲地域广袤，民族众多，国家林立，境域变迁频繁，仅以地缘政治视角书写文明交流史，难以展现各种文明的生成机理、交流轨迹、发展脉络。因此，这一研究需要突破国别的界限，突出比较文明基础上的大视野考察，从宏观层面长时段剖析亚洲文明，探讨亚洲文明从异质多样性到命运共同体的历史轨迹。同时，突破片面强调文明单向传播的观念，重视各种文明发展过程中的相互影响，从思想根源方面肯定文明多元的价值和交流互鉴的意义，进而定义文明所具有的动态、包容、融合、持续、开放的特征，突出各个文明都有其自身特质的主张。

丛书在编写过程中得到了校内外多位专家的关心和指导，并得到学校发展规划处、社会科学院、出版社等单位的支持和帮助，在此我们表示诚挚的谢意！

丛书编委会

2022 年 2 月

目 录

导　论

一、小　引

《旧约·创世记》第 11 章讲到人类要建一座城和一座通天塔。耶和华说:“看哪，他们成为一样的人民，都是一样的言语，如今既作起这事来，以后他们所要作的事就没有不成功的了……”于是耶和华变乱了人类的语言，使他们无法沟通，通天塔因此没能建成，该城是故得名“巴别”（变乱）。然而，人们并不甘心于成千上万种语言成为相互间沟通的障碍，通过倡导使用本国语、学习较大多数人使用的外语、创制世界语等各种努力，以消除语言障碍给人类造成的不便。于是，“巴别塔”也就成了人类愿景中使用同一语言的代名词。进入 21 世纪以来，科学技术突飞猛进，全球化的浪潮和计算机网络的普及让语言巴别塔的搭建重现生机。语言障碍的逐步消除，使得人们更易相互合作，建造“通天塔”也再次成为可能。最近就有报道说：美国宇航局（NASA）已经拨出专款，支持物理学家用碳纳米管开发一种能将人类送入外太空的“天梯”。不过，随着搭建“天梯”目标的趋近实现，人们似乎反而又开始担忧起因语种的急剧减少而导致人类文化多样性的逐步丧失，最后如同稀有物种走向灭绝一样，再次接受上帝“变乱”的惩罚，重回“创世记”时代。

人们常说，“一个好的开始，就是成功的一半”；中国人也常说，“三岁看到老”。看来，无论做事，还是育人，在其伊始，实际上已经显露以后发展的端倪。欲知今后人类语言融合的发展趋势，为何不可以去回溯一下几种具有代表性的异质语言相互接触之原初状况呢？从那里我们兴许能找到“语言巴别塔重建是否可能？”“文化多样性是否会消失？”等问题的答案。欧洲传教士东来之后，在东亚三国，即日本、中国以及朝鲜[①]便相继发生了该三国语言与欧洲语言的最初接触。欧洲与东亚间完全异质的语言之初遇，不就是一个很好的案例吗？这就是本课题研究之动机。

本课题名曰“论早期东亚与欧洲的语言接触”。显然，在此动宾词组中，“语言接触”是宾语之中心词，“东亚与欧洲的”以及“早期”是对“语言接触”的修饰与再修饰。

关于“语言接触”一词，香港城市大学的邹嘉彦在其主编的《语言接触论集》之“前言”和“语言接触与词汇衍生和重整”一文中，有过简明扼要的评述。他认为，“语言接触”（language contact）这一概念和术语，实际上值得商榷。因为不同语言或方言本身不会自己单独接触，而是要通过不同语言背景的使用者，透过书面或口头互相接触沟通而得以接触。所以或者可以把“语言接触”看作是一种缩略简称。“语言接触”是人类语言发展过程中常见的现象，其最常见的结果是词汇的互相借用，也可能造成语音成分和语法成分的互相渗透，从而改变语言的语音结构和句法结构。“语言接触”是语言或方言演变和发展的原动力之一，所以，研究语言接触是研究语言演变的重要途径，也是研究人类文化演变的一种方法。[②]中外关于“语言接触”的散论，自古有之，但较早对其进行系统论述的是美国的爱德华·萨丕尔，他在1921年出版的《语言论》（*Language*）一书的第九章“语言怎样交互影响”中，对由文化接触产生对语言的影响做了专门的阐述。他指出：“语言，像文化一样，很少是自给自足的。交际的需要使说一种语言的人和说邻近语言的或文化上占优势的语言的人发生直接或间接接触。交际可以是友好的或敌对的。可以在平凡的事务和交易关系的平面上进行，也可以是精神价值——艺术、科学、宗教——的借贷和交换。很难指出有完全孤立的语言或方言，尤其是在原始人中间。……邻居的人群互相接触，不论程度怎样，性质怎样，一般都足以引起某种语言上的交互影响。”[③]有美国描写语言学派奠基人之称的布龙菲尔德于1933年修订增补了其初版于1914年的《语言学研究入门》（*Introduction to the Study of Language*），并

① 本书中“朝鲜”一词统称朝鲜半岛上的朝鲜民主主义人民共和国和大韩民国，有时也指李氏朝鲜王朝。用“朝鲜语”统称1945年以前朝鲜半岛上居民所使用的朝鲜民族语言，以“北朝鲜语”和“韩语”分称现在的“朝鲜”和“韩国”的“国语”。

② 邹嘉彦、游汝杰主编：《语言接触论集》，上海教育出版社，2004年，第1页。

③ ［美］爱德华·萨丕尔：《语言论》，陆卓元译，商务印书馆，1985年，第173页。

也取名《语言论》(*Language*)，其中第25、26、27章，分别以“文化上的借用”、“亲密的借用”和“方言间的借用”为题详细论述了“语言接触”以及“语言接触”后对语言所产生的影响。而较早将这些美国语言学家的“语言接触论”引入中国的是罗常培，他在1956年初版、1989年重版的《语言与文化》第四章中写了《从借字看文化的接触》一文。在这篇论文中，罗常培基本套用萨丕尔的观点和方法对因文化接触而带来的汉语的“借字”、汉语的语音演变等做了详尽的考述。随后，“语言接触”相继被中国的文化语言学、社会语言学等引入作为其学科研究的重要内容。2000年8月，香港城市大学语言资讯科学研究中心举办了我国最早的以“语言接触”为主题的国际学术研讨会——“语言接触国际圆桌学术会议”(International Round-table Conference on Language Contact)。此次会议也使得我国第一本以语言接触为专题的论文集《语言接触论集》于2004年在上海问世。自此，对于“语言接触”的实证性研究在中国开始渐入佳境。不过，研究的内容大多囿于英国语言学家哈特曼和斯托克对“语言接触”的定义范围——“语言接触”是指“说不同语言的人经常相遇所引起的语言上的相互影响。语言接触的特点有双语现象、借词和语言演变”[①]。这一定义似乎只在意接触的结果，而忽略了接触的过程。笔者以为，只有了解了具体接触的背景与过程，才能对“借词”和“语言演变”的渊源做深入的考察，而且，相互接触的语种也往往不局限于两种，有时三种、四种，甚至更多。

至于“早期”一词，它是一个相对性极强的时间概念词，会使人产生不同的解读。所以，也有必要先对其做个界定。在本研究中，笔者将语言接触的“早期”，界定为两种语言从初遇到该两种语言间的首本双语辞典问世这样的一个初始时间段。所以，它因不同语言接触的实际状况而有时间的先后、长短之别，同曰“早期”，既可以是共时的，也可以是历时的。具体到“早期东亚与欧洲的语言接触”，就是指16世纪中后期至17世纪初耶稣会传教士对日语、汉语之研习，19世纪初新教传教士等西士对朝鲜语之研究活动，以及日语、汉语、朝鲜语因此与欧洲语言初遇之情形及其产生的相互影响。对于此种语言接触的比较研究既会是共时的，又会是历时的，因为日中朝与欧洲的相交初始在时间上是有先后的，然而，它们与欧洲初识之“语境”却又是有极大相似性的。

---

① [英]哈特曼、斯托克:《语言与语言学辞典》，黄长著等译，上海辞书出版社，1981年，第77页。

二、东亚语言与欧洲语言接触之前奏

学界一般将东亚与欧洲的语言接触起始定位于16世纪耶稣会传教士的赴日与来华，这并不是说在此之前，东亚与欧洲根本就没有往来。1625年，西安郊外出土了建于公元781年的"大秦景教流行中国碑并颂"，即史称的"景教碑"。据碑文载，基督教早在唐太宗贞观九年（635）就由波斯传来中国，基督教文化也理应随之与中国文化相遇。但"景教"属聂斯脱利派，从亚洲的波斯传来，而且它在唐武宗会昌灭佛时（公元845年）被株连而彻底禁绝。因此，没有历史文献可考其时有汉语与欧洲语言的接触，就理论上推断，此时也不可能有该种语言接触的发生。时至13世纪，教皇和法国国王为阻止势不可当的蒙古大军横扫欧洲，决定采用以柔克刚之策，派遣天主教方济各会（Franciscans）传教士前往东方传教，并兼收集情报之使命。这便有了1245年的柏朗嘉宾（Jean de Plan Carpin, 1182—1252）和1253年的鲁布鲁克（William of Rubruk）的东方之行，留下了我们今天看到的《柏朗嘉宾蒙古行记》（*L'Ystoria Mongalorum*）和《鲁布鲁克东行记》（*The Journey of William of Rubruk to the Eastern Parts,1253—1255*）。柏朗嘉宾因此也成为"第一位介绍中国语言和文献的人"。[①] 然而，由于他们活动的区域仅局限于蒙古人活动的地区，所以柏朗嘉宾关于汉语的介绍，仅只言片语而已，鲁布鲁克更是不曾提及。

受传教士东来的影响，出生于意大利威尼斯商人之家的马可·波罗（Marco Polo，1254—1324）在其父亲和叔父的带领下，于1275年随全家来到了中国，并在中国定居长达17年之久，游历过北京、扬州、杭州、泉州等地，回国后，由意大利作家鲁思梯切洛（Rustichello of Pisa）笔录，于1298年写成了其在东方的见闻录——著名的《马可·波罗行记（游记）》。在书中，马可·波罗虽自称到中国后不久就能言能写四种语言，但他没明言是哪四种语言。大多学者认为他并不懂汉语，所以才会将苏州训若"地"，杭州训若"天"。[②] 更不可能对汉语有正确详尽的介绍。不过，正是由于他在书中对东方富庶的夸夸其谈，特别是将日本国（Zipangu）描述成"据有黄金，其数无限，……君主有一大宫，其顶皆用精金为之，与我

---

① 韩百诗法文译注，见耿昇、何高济汉译本《柏朗嘉宾蒙古行记　鲁布鲁克东行记》，中华书局，1985年，第133页。

② 马可·波罗：《马可·波罗行记》，冯承钧译、党宝海新注，河北人民出版社，1999年，第55-56页。

辈礼拜堂用铅者相同，由是其价颇难估计。……由是此宫之富无限，言之无人能信。"[①] 这种诱人的描写，对 15 世纪以后的欧洲航海事业的发展，特别是哥伦布（Cristoforo Colombo, 1451—1506）发现美洲新大陆起了很大的推动作用。据考，"哥伦布曾熟读此书，并在其所读拉丁文《游记》中加了 45 处的标记。他对中国和印度的文明富庶极为艳羡，特别是对日本国的无数黄金更为垂涎。……他把古巴岛当作日本国，并登岸寻找黄金"。[②]

经历了文艺复兴后的 15 世纪的欧洲，政治、经济、文化等各个方面都发生了前所未有的变化，地理条件、宗教改革等因素促使葡萄牙、西班牙、英国、法国等国家在取得民族独立、推翻异族统治并转变成绝对君主制国家后，迅速走上了向海外殖民扩张的道路。马可·波罗书中东方的繁荣与富庶也在一定程度上吸引了葡萄牙人、西班牙人绕过非洲、途经印度前往东方，并试图向西横跨大西洋直达亚洲东岸，结果意外地发现了美洲新大陆。为避免殖民者之间发生冲突而造成两败俱伤，教皇出面调停，通过《划子午线为界》《托尔德西拉斯条约》《萨拉戈萨条约》等协议，划分了葡萄牙和西班牙各自的所谓"保教权"（the Patronage）。至 16 世纪初，葡萄牙因此实际控制了绕过非洲、前往印度、马六甲和日本的航线，载满香料、胡椒等商品以及葡萄牙殖民者和商人的船只不断来往于此条航线。这便有了葡萄牙商人若热·阿尔瓦雷斯（Jorge Alvarez）写于 1547 年的《日本诸事报告》等关于日本的介绍；也有了葡萄牙人盖略特·伯来拉（Galeote Pereian）撰写于 1565 的《中国报道》、加斯帕·达·克路士（Gaspar da Cruz）1569—1570 年的《中国志》、费尔南·门德斯·平托（Fernão Mendes Pinto）1569—1580 年的《游记》以及西班牙人马丁·德·拉达（MarDin de Rada）写于 1575 年的《出使福建记》和《记大明的中国事情》等文献。在这些应该被称作游记文学的文献中，对日语和汉语开始有了些许的介绍。

若热·阿尔瓦雷斯在马六甲写了《日本诸事报告》，他在介绍日本佛教宗派时，言及日本和尚所使用的语言："他们写汉语，读汉语，但不会说汉语。他们与中国人用笔谈的方式进行交流。而中国人不会说日语。"在《报告》的最后，他还指出："从京都到我们发现的地方（九州），该国的所有

① 马可·波罗：《马可·波罗行记》，第 570 页。

② 杨志玖：《马可·波罗游记》序言，外语教学与研究出版社，1998 年，第 27 页。

地区只使用一种语言。”[①]

在《中国志》(*Tractado em que scecõtam muito por estẽso as cousas da China* 即《中国情况详介专著》)中，克路士称:“中国因语言有多种，以致很多人彼此不懂对方的话，但却认得对方的文字。”还介绍说，交趾支那(越南)和日本人认识中国文字，但语言则不同。[②]并解释原因说:

> 中国人的书写没有字母，他们写的都是字，用字组成词，因此他们有大量的字，以一个字表示一件事物，以致只用一个字表示“天”，另一个表示“地”，另一个“人”，以此类推。
>
> 但同时你必须知道他们也用些字来写那些外来的或看似外来的名字。这就是为什么整个中国有很多方言，用语言彼此不能理解，在谈话中交趾支那人不懂中国人的话，日本人也不懂。但他们都可以通过文字相互理解。举个例说，表示“天”的字，他们写出来都一样，有的发这个音，有的发别一个，但“天”的含义对他们说是一样的。
>
> ……(字)超过五千字。……他们书写不像别国那样是横写，而是从上到下。[③]

克路士等人对汉语虽然比柏朗嘉宾、马可·波罗多了些描写，不过，正如何高济在《十六世纪中国南部行记》的“中译者序”中所言，“他们在中国停留的时间不长，而且不通中文，对中国的论述不是都正确的”；不过，“不管怎样，他们对中国的论述代表了当时欧人对中国的认识，直到利玛窦深入中国内地和通晓中国语言后才有了重大的变化”。[④]

相对于欧洲殖民者不断向海外扩张，当时的中国虽然有郑和下西洋这样远胜于欧洲航海家发现新大陆时的航海技术，但传统的华夷观，使明朝政府秉持中国历朝来的朝贡政策，等着坐怀远人，并不主动将自己的触角

① 东京大学史料编纂所:《日本関係海外資料 イエズス会日本書簡集》(译文编之一上)，东京大学出版会，1991 年，第 20、23 页。

若热·阿尔瓦雷斯的《日本诸事报告》1548 年由沙勿略转呈给葡属印度总督加尔西亚，现存于葡萄牙 Elvas 市立图书馆。(以上参见东京大学的资料集及戚印平:《日本早期耶稣会史研究》，商务印书馆，2003 年，第 30 页)

② [英]C.R. 博克舍编注:《十六世纪中国南部行记》，何高济译，中华书局，1990 年，第 51 页。

③ 同上书，第 111-112 页。

④ 同上书，第 3 页。

伸向海外。16 世纪初，由于“倭患”以及葡萄牙攻占明朝属国马六甲而失去对“外夷”的信任，明朝政府便出台了闭关和海禁政策，基本中断了与葡萄牙人的往来。不过，民间海外贸易禁而不止等实际状况，使得葡萄牙人以缴税为条件，成功贿赂澳门地方官，以“借地晾晒”、“贮藏货物”等借口于 1557 年觅得了在澳门的赁居地位。这也为后来罗明坚（Michele Ruggieri）、利玛窦（Matteo Ricci）等耶稣会传教士最终成功进入中国内地搭建了“栈桥”。

16 世纪初的日本，虽然名义上在天皇统治之下，但实际上是各地大名领主群雄割据，各霸一方，故称战国时代。正当各地大名寻求先进武器和船只壮大自己实力的时候，天公作美，将带有火枪的葡萄牙人送到了日本人面前。据南浦文之的《铁炮记》和葡人安东尼奥·加尔旺（António Galvão）的《诸国发现记》记载，1543 年 8 月 25 日（《诸国发现记》中为 1542 年），一艘开往中国的葡萄牙商船遭遇暴风雨漂到了日本南端的种子岛。种子岛领主时尧从该船的葡萄牙人处购得火枪两支，并学会了制枪技术。[①] 有趣的是，当时给日本人和葡萄牙人担任语言翻译的是随船的中国人王直（五峰），他用汉语与日本人进行笔谈沟通。自此，葡萄牙人发现了日本，并开始与日本的商贸往来。其时，在基督教精神的驱使下，刚刚创立于 1534 年的耶稣会便顺着葡萄牙商船的航线，将目光投向了东方。葡萄牙商船发现了日本，在印度刚立稳脚跟没多久的耶稣会也便开始考虑向日本进发。

有“东方传教先驱者”之称的沙勿略（Francisco de Xavier，1506—1552）于 1540 年 3 月 16 日出发前来东方，翌年抵达印度，随后常往来于果阿、科钦和马六甲等地从事传教活动。1547 年，在马六甲，沙勿略由葡萄牙商人介绍认识了日本武士池端弥次郎[②]，并通过他以及若热·阿尔瓦雷斯等葡萄牙商人了解了日本的诸多情况。葡萄牙商人的竭力鼓动和池端弥次郎给沙勿略留下的良好印象，使沙勿略决定离开印度，前往日本

---

① 长崎县史编集委员会:《长崎县史·对外交涉篇》，日本吉川弘文馆，1986 年，第 18 页。

② 据 G.Schurhammer 神父和 J.Wicki 神父 1944-1945 年编辑《沙勿略书信全集》时考注，池端弥次郎，教名保罗。1512 年前后出生于鹿儿岛的士族家庭。因杀人而被追捕，于 1546 年及翌年两度搭乘葡萄牙商船逃至马六甲。1548 年，在果阿受洗并得教名“圣信保罗”。1549 年，随沙勿略回到鹿儿岛，在那里介绍 100 多名亲戚友人入教。后受僧侣迫害，加入八幡船（倭海盗船）到中国，在中国战死。（见《聖フランシスコ・ザビエル全書簡》，日本平凡社，1985 年，第 279-280 页。）

开辟新的传教区域。1549年8月15日，沙勿略经过多时的准备，带领弥次郎、西班牙神父托雷斯（Cosme de Torres）以及修士费尔南德斯（Juan Fernandez）一行抵达鹿儿岛，开启了基督教在日本的历史。可以说，沙勿略一行三人是第一批踏上日本土地的欧洲知识分子，为了达到此行的目的，他们自抵达鹿儿岛起，便开始认真研习日本语言文化。汉字、汉文在日本的特殊地位，使他们在学习掌握日语的同时，一定程度上也认知了汉语和汉文。如此，基督教在日本的开教，肇始了日语与葡语、拉丁语等欧洲语言的接触，并同时也成为汉语与欧洲语言接触之发轫。

其时的朝鲜，由于地理位置上在中国和日本领海的后方，政治上受到与大明的朝贡关系的牵制，所以客观上并没有与葡萄牙商人或传教士直接发生接触的可能。从文献记载来看，欧洲最早获知有高丽和高丽人存在的也是柏朗嘉宾与鲁布鲁克，在《柏朗嘉宾蒙古行记》和《鲁布鲁克东行记》中，他们根据听闻，对蒙古人口中的“肃良合”（Solangi）都有过简单的记述。韩百诗等学者认为，所谓“肃良合”，即高丽人。柏朗嘉宾与鲁布鲁克对“肃良合”的记载虽然简单，但人们大致可对当时的高丽获得这样的印象：高丽是蒙古人所征服之地，位于鞑靼地区之东，并面临大海。[①] 后来，马可·波罗也曾在其游记中提及Cauly，但只是在谈到忽必烈平定乃颜之乱时一笔带过，言其曾是乃颜的四州之一。[②] 葡萄牙商船往来日本后，欧洲人自然从日本人处了解到了朝鲜国的存在，果阿神学院院长尼古拉·兰西洛托（Nicolao Lancilotto）1548年写给葡属印度总督的《日本报告》中就介绍了朝鲜，说：“日本人还与位于中国下方、东面的被叫做高丽（Coree，当时日本人称朝鲜为高丽）的人贸易往来。因为日本有丰富的银和貂皮之类，他们将这些物品连同扇子等带到朝鲜，并从那里运回棉布。”[③] 葡萄牙商船在与日本的商贸往来的航行中，有了因暴风雨而漂流到朝鲜的可能。抑或是对倭寇的防范以及受明朝海禁政策的影响，朝鲜人处理因海难而登陆朝鲜的葡萄牙人的方式令葡萄牙商人和耶稣会传教士颇为恐惧。在耶稣

---

① 杨晓春：《13、14世纪欧洲记载中的高丽》，《第五届韩国传统文化国际研讨会论文集——中韩交流》，香港华夏文化艺术出版社，2005年，第31-36页。

② [意]马可·波罗：《马可·波罗行记》，冯承钧译、党宝海新注，河北人民出版社，1999年，第386页。William Marsden：*The Travels of Marco Polo*, Foreign Language Teaching and Research Press, 1998, p91.

③ 东京大学史料编纂所：《日本関係海外資料 イエズス会日本書簡集》（译文编之一上），东京大学出版会，1991年，第58页。

会传教士的信函及报告中的一些记录就可见一斑。在日耶稣会士意大利人安东尼奥·普雷内斯蒂诺（Antonio Prenestino）于 1587 年 11 月 8 日写于日本府内的信中，就这样描述过他当年 7 月从中国到日本的航海历险记："星期一，当我们靠岸时，才知道那里并不是日本之地，而是我们（葡萄牙人）曾遇难漂流到过的朝鲜之地。这里住着不近人情的野蛮人，他们不希望与任何国家的国民通商。据说，数年前，曾有一艘葡萄牙人的将克船（Janco）到该地，这里邪恶的人们夺走他们的舢板，杀了船上的乘员，所以葡萄牙人费了不少心思以求得他们的将克船不被烧毁。……"①

另一方面，首批入华的耶稣会传教士利玛窦等人由于自身在北京立足不稳，所以与朝鲜向明朝派出的"朝天使臣"及其随员并没有任何往来接触。利玛窦在其《中国札记》中介绍中国的政府机构时说：中国人不允许外国人在其境内自由居住，因为他们对外国人有一种根深蒂固的怀疑和恐惧，甚至包括友好的、与他们有贸易关系的邻国人，例如沿用中国法律的邻邦朝鲜人。"我在这里居留的整个期间，从未在中国看到过一个朝鲜人，除了有一个妇女，她是一个解放了的奴隶，是一位中国将领在朝鲜居住多年后带回来的。"②随着入华耶稣会士们大批译著的问世并产生影响，朝鲜赴明的"朝天使臣"和后来赴清的"燕行使臣"及其随员们开始对在京的来自欧罗巴国的传教士产生了浓厚的兴趣，他们在北京时时常违禁赴教堂探访传教士，并购得大量包括《崇祯历书》在内的汉译西学书回国。据韩国裴贤淑考证，17、18 世纪共有 64 种汉译西学书通过这些使臣传入朝鲜。③这些汉译西书的东传朝鲜，为朝鲜士大夫接触欧洲的科学技术和基督教文化创造了条件。然而，毕竟朝鲜使臣与在华传教士的来往是有违明及清朝廷的禁规的，他们间屈指可数的一些往来以及当时朝鲜官方与上层社会基本使用汉文的实况，没有也不可能导致欧洲语言与朝鲜语言的相互接触。

事实上，当时的欧洲人与朝鲜人之间对彼此的语言只是处于"瞎子摸象"的状态。朝鲜最早接触在华传教士著述的是 1603 年赴明使臣李光庭。

① 东光博英译:《十六·七世紀イエズス会日本報告集》第三期第 5 卷，日本同朋舍出版，1992 年，第 210 页。

② [意]利玛窦、[比]金尼阁:《利玛窦中国札记》，何高济、王遵仲、李申译，广西师范大学出版社，2001 年，第 44 页。

③ 裴贤淑:《17、18 世纪传来的天主教书籍》,《东西交流论谭》(二)，上海文艺出版社，2001 年，第 411-454 页。

“万历癸卯，余忝副提学时，赴京回还使臣李光庭、权憘以欧罗巴国舆地图一件六幅，送于本馆（弘文馆）……所谓欧罗巴，在西域最绝远，去中国八万里……欧罗巴地界南至地中海，北至冰海，东至大乃河，西至大西洋。”① 朝鲜实学思想先驱李睟光（1563—1629，字润卿，号芝峰）在其《芝峰类说》中有以上这段记载，但令今人读后忍俊不禁的是，对于利玛窦在该地图上用中文所写的序言，李睟光居然误以为欧洲也用汉字作为书写文字，曰：“其文字雅驯，与我国之文不异，始信书同文。”反之，欧洲人对朝鲜语言的最早介绍同样也是滑稽。1653 年 8 月 15 日，荷兰东印度公司的“雀鹰”号船从中国台湾岛赴日本长崎的出岛途中，在朝鲜济州岛附近失事。64 名船员中的 36 名登上了济州岛。他们中的书记官亨德里克·哈梅尔（Hendrik Hamel, 1630—1692）与其他 7 名同事在朝鲜客居 13 年后终于历经艰险返回荷兰。哈梅尔以《“雀鹰”号航难与漂流者在济州岛及朝鲜本土的冒险（1653—1666）》为题于 1668 年在鹿特丹出版了其在朝鲜的“漂流记”。② 哈梅尔的“漂流记”虽说源自亲身经历，但也许是当时其“洋夷”的身份使他无缘真正学习了解朝鲜的语言文字。他在介绍朝鲜人的语言时说：

> 他们的书写和算术很难学。他们有很多的词表达同一事物。他们讲话时快时慢，尤其是受过教育的男人和大老爷。他们有三种书写方式：第一种同中国和日本的一样，用来印刷他们的书籍以及用于所有公众事务；第二种像欧洲人的普通书写方法，士大夫和官员使用此种文字用于答复请愿书、记录建议信函等等，平民百姓不能识读此种文字。第三种是较为低俗不雅的，它服务于妇女和平民百姓，较另两种文字易写，不过，以前闻所未闻它的名称，用一种非常奇怪的笔书写。③

以上文中所及的第一种和第三种文字显然就是汉字和韩字（时称谚文字母），但第二种文字说是类似于欧洲的普通文字，这就是无中生有了。

① 李睟光：《芝峰类说（上）·地理部》，乙酉文化社，1994 年，第 515 页。

② Frits Vos : *Korean Studies In The Netherlands.*《第一届韩国学国际学术会议论文集》（*Papers of the 1st International Conference on Korean Studies*），韩国精神文化研究院，1979 年，第 115 页。

③ T. Astley, J. Green: *A New General Collection of Voyages and Travels,* London: Printed for Thomas Astley. 1765, p43.

也许有一种可能，那就是朝鲜人曾让哈梅尔阅读《西字奇迹》或《西儒耳目资》，希望他借其学会汉文，以至于哈梅尔将内中的罗马字注音误以为是朝鲜的一种文字了。当然，这仅是笔者的一种大胆推测而已，因为其时《西字奇迹》和《西儒耳目资》是否已被传入朝鲜，本身还是待考的问题。

即便到了 18 世纪，欧洲人关于朝鲜的语言信息仍是少得可怜。1723 年 5 月 1 日，耶稣会传教士巴多明（Dominique Parrenin）神父曾致函法兰西科学院，内中有言："鞑靼人南面是朝鲜人，他们的语言和文字是汉语，与鞑靼人的文字根本不同。"[①] 可见，当时在华的传教士对于朝鲜的语言状况也只是一知半解。

如此，朝鲜和欧洲人互不相识对方语言文字的状况一直持续到 19 世纪初才开始有了改变。1823 年起，在日本长崎出岛担任荷兰商馆驻馆医生的德国人西博尔德（Philipp Franz Von Siebold, 1796—1866）利用旁居朝鲜人海难庇护所之便利，与朝鲜渔民、船员和商人直接交往，并收集和研究了许多关于朝鲜以及朝鲜语言文字的第一手资料。在马六甲，英国新教传教士麦都思（Walter Henry Medhurst，1796—1857）为准备进入中国内陆、朝鲜、日本等地传教，依靠文献资料，刻苦研习了包括闽南方言在内的汉语、朝鲜语和日语，并于 1835 年印刷出版了《朝鲜伟国字汇》等辞书，与西博尔德等人互动，开启了欧洲语言与朝鲜语接触的历史。

综上所述，欧洲向海外开拓殖民地以及对东方财富的企求，使葡萄牙商人涉足东亚，耶稣会传教士也随之东来。为完成他们的传教使命，耶稣会传教士们努力学习了解当地的语言文化，从而使欧洲语言与日语、汉语相遇并产生相互的影响，彼此都从对方语言中获取了一些借词，而欧洲文字对汉语言文字和日本语言文字的影响更是对汉语和日语的音韵学的发展作了重大的贡献。这就是日语、汉语与欧洲语言接触的初始。由于政治因素、地理位置等关系，朝鲜语与欧洲语言的接触相比日语、汉语要晚二百多年，但它与欧洲语言接触的历史语境却仍是非常相似于日语、汉语与欧洲语言的接触，只不过葡萄牙商人变成了荷兰商人，耶稣会士变成了新教传教士罢了。加之汉文在当时日朝两国的共同语文之地位，我们完全有理由将中日朝三国语言与欧洲语言的接触初始放置于同一平台，作一个共时与历时相结合的比较研究。

---

① 杜赫德编:《耶稣会士中国书简集》(二)，郑德弟等译，大象出版社，2001 年，第 297 页。

三、早期耶稣会士对汉字的解析与认知

“据（保罗）说，鞑靼、中国和日本，都信奉传自天竺的教理。但是，就像拉丁语对我们来说很难一样，日本人保罗并不能理解他们的教理书中所写的语言。”“保罗不认识他们书中的（汉）字，也不知道书中所写的内容，所以无法问他。正如我们看拉丁文的书，书籍中的语言并不是日本人平时所用的语言。”① 这两段文字是沙勿略于 1549 年 1 月从印度分别写给葡萄牙的西蒙·罗德里格斯（Simon Rodrigues）神父和耶稣会总会长罗耀拉（Ignatius de Loyola）的书信中有关汉文的介绍。也就是说，沙勿略在赴日传教之前，已经从日本人池端弥次郎处获知了汉文对于日本乃至整个东亚地区的重要性。待其实际踏上日本国土后，对汉字、汉文以及中国文化之于日本的重要性有了更加充分的认识。他意识到，如能首先教化中国，那么就能利用汉文以及中国文化对于其周边国家的影响力，轻而易举地达到在东亚的布教目的。这便有了他的壮志未酬而客死广东上川岛的人生结局。不过，他的思想和举动却是深深地影响了东来的耶稣会传教士之后来者，他们只要对东亚的语言产生兴趣，几乎毫无例外地都将目光投向了汉字与汉文。在他们的眼中，欧洲语言与东亚语言之最大的区别就在于记录语言的符号，即文字。汉字对他们来说，实在奇妙。不仅操不同方言的中国各地民众能互通汉文，连文法、语音迥异的不同国度的日本、朝鲜、交趾支那、琉球等国家的人，都能像中国人一样地阅读汉文，看懂汉文书籍。汉字之奇妙，就在于不同于他们的拼音文字，音、意能够分离，不同的人们可以赋予一个汉字不同的读音而表达同一个概念所指。于是，他们试图寻求一种用他们的语音文字来标注汉字读音的方法，这便发现了因佛教东传而导致的语言接触的成果——中国的“反切法”和日本的“假名”，并在其基础上创造性地将欧洲的罗马字母用于标注和转写日汉语中的汉字读音，以利于欧人学习当地的语言、书写当地的事物名称。及至 19 世纪新教传教士东来，他们携欧洲近代语言学的最新研究方法，有机地将同为音素文字的韩字与罗马字进行比照，从而完整地建构了从象形的意音文字到拼音文字的转换架构：汉字→假名→韩字→罗马字，即：象形文字→音节文字→东方式音素文字→西方式音素文字。

① 河野纯德译:《聖フランシスコ·ザビエル全書簡》，日本平凡社，1985 年，第 367、353、357 页。

一般认为，汉字虽源于象形，但也有一定的表音功能。清人钱大昕在其《十驾斋养心录》（卷四）中言："《说文》九千三百五十三文，形声相从者十有其九。"然而，象形文字的表意性决定了其结构只能让人析形会意，而很难从中辨音识记。东汉以前，人们对于汉字的读音，只能进行"整体譬况"，用同音之字来类比读音，必要时再略加说明。例如《经典释文·毛诗音义》中，"逑音求"，"乐音洛"；又如许慎《说文解字》中，"珣，读若宣"、"莠，从艹秀声，读若酉"，等等。这种状况一直持续到东汉末年反切注音法的兴起。关于反切法的起源，现今学者讨论很多，但大体不外乎以下三种：一是以赵荫棠《等韵源流》为代表，认为在汉末佛经翻译中受梵文拼音学理的启发而产生；二是以张世禄《中国音韵学史》为代表，认为汉语合音词和反切语是内因，梵文或其他西域文字拼音学理的输入是外因；三是以傅定淼《反切起源考》为代表，认为汉语音节结构的特点与上古汉语大量的合音、同化连读音变现象，也即汉语本身注音的需要是内因，先秦两汉文学、史学、修辞学、文字学、训诂学等方面对汉语音节感性分析、拼合能力的长期运用，推动了反切注音法的产生，此为外因。[①] 笔者无意在此考辨反切的真正起源，只是认为，既然中国旧时文人常以"悉昙"代称拼音字母，而中国的"韵图"、等韵学滥觞于印度佛学，音韵学中的字母创制有"南梁汉比丘守温述""胡僧了义三十六字母""大唐舍利创字母三十"等说，内中主人公皆为和尚，[②] 而专名曰"守温字母"，可见，佛教徒对中国音韵学的发展所作的贡献是无可否认的。"率用一字相摩，上字为声，下字为韵，声韵苟叶"的反切之法，使得人们能将一个汉字的音节分解为声母和韵母两个部分，第一次搭建了汉字这种象形文字与拼音文字的关联。

再说日本的汉字读音。汉字最初传入日本，有案可据者为《日本书记》中公元 285 年百济的王仁携《论语》和《千字文》入日本。很多学者认为，在其之前汉字当已传入日本。不过，除尚有争议的日语汉字"古音"以外，普遍认为最早传入日本的汉字音是源自中国江南吴地的读音，因名"吴音"，僧侣多用此类发音。从年代上判断，"吴音"当属中国的"古音"。公元 6 世纪至 9 世纪，日本向中国派遣了 4 次遣隋使和 19 次遣唐使，中国

① 傅定淼：《反切起源考》，上海古籍出版社，2003 年，第 5、158 页。

② 何九盈：《中国古代语言学史》，广东教育出版社，2000 年，第 143 页。

也有鉴真和尚等东渡日本，传播佛教和盛唐文化。此时传入日本的是以洛阳、金陵语音为雅言标准的汉语音，日本称其为“汉音”，中国的《切韵》《韵镜》等韵书是当时日本音韵学者将汉字转换成日语读音的蓝本。与此同时，在长期使用万叶假名的过程中，日本文人尤其是学问僧从汉字中逐渐脱胎出了片平假名，使汉字有了日语读音的注音工具。宋元明清时期，日本的禅僧和商人又将中国的江南方音传入日本，称之为“唐音”或“宋音”或“唐宋音”。[①] 纵观以上每一种汉字读音东传日本，几乎都与佛教东传有着非常紧密的联系。至于片平假名的出现，更是直接受惠于日本和尚。一般认为，片假名为吉备真备受佛经“翻译半字谱”的启发而创，而另一遣唐学问僧弘法大师空海则是凭借其对梵文体制的高深造诣，照搬悉昙字母，并利用汉字书法形体，创制了“伊吕波”假名（后称平假名），并用此47个假名编写了“伊吕波歌”：花虽芬芳终须落，人生无常岂奈何。俗世凡尘今超脱，不恋醉梦免蹉跎。[②] 真可谓“佛意”浓浓。假名的出现，使得日本人在识读汉字时，无须再如中国的反切法那样，必须分取上下两字之声韵来相谐拼合读音。这样，汉字便有了与拼音文字真正的关联，并向与音素文字的关联更趋近了一步。

至于韩国的汉字读音，学界有韩国汉字音来源于中国的上古音、中古音和近古音三说。[③] 应该说此三说都有其理可据。关于源于上古音说，有《旧唐书》如下记述为证：

> （高句丽人）俗爱书籍，至于衡门厮养之家，各于街衢造大屋，谓之扃堂，子弟未婚之前，昼夜于此读书习射。其书有五经及《史记》、《汉书》、范晔《后汉书》、《三国志》、孙盛《晋春秋》、《玉篇》、《字统》、《字林》，又有《文选》，尤爱重之。[④]

---

① 日本新村出：《广辞苑》，岩波书店，1985年，第1687页。

② 陆锡兴：《汉字传播史》，语文出版社，2002年，第379-387页。

“伊吕波歌”的原文为：色は匂へど散りぬるを我が世誰ぞ常ならむ有為の奥山今日越えて浅き夢見じ酔いもせず。它同假名的创制一样，实非空海一人所为，据新村出《广辞苑》考，“伊吕波歌”乃是空海圆寂后的平安中期的作品，译自《涅槃经》第十三圣行品偈：“诸行无常，是生灭法。生灭灭已，寂灭为乐。”不过，类似于中国的“仓颉造字”之说，日本人都愿意将此功归于弘法大师，相信假名以及“伊吕波歌”都是弘法大师空海所创。

③ 张广军：《韩国的汉字与汉字词》，《韩国研究》（第五集），学苑出版社，2001年，第9、10页。

④ （后晋）刘昫等：《旧唐书·东夷传》，中华书局，1975年，第5320页。

关于源自中古音说，《新唐书》中就有这样的记述：

> （贞观）十三年，东宫置崇文馆。自天下初定，增筑学舍至千二百区，虽七营飞骑，亦置生，遣博士为授经。四夷若高丽、百济、新罗、高昌、吐蕃，相继遣子弟入学，遂至八千余人。[①]

另有大量史料记载，朝鲜半岛在新罗、高句丽、百济三国时代已深受汉文化影响，三国广建学校，推行儒学，实行科举，并遣僧侣、学者入唐求学，颇似日本遣唐使。

关于源自近古音之说，从世宗大王命诸文臣创制“训民正音”（谚文字母）后，迅即让原班人马几近同步编纂了《东国正韵》（1447 年）和《洪武正韵译训》（1455 年），就足见《洪武正韵》所代表的汉语近古音与朝鲜汉字读音之关系。而关于“训民正音”的理论渊源，学界颇有争议。近年来，“八思巴字起源说”逐渐成为主流。[②] 八思巴者，何许人也?《元史·释老传》有载：

> 帝师八思巴者，土番萨斯迦人……八思巴生七岁，诵经数十万言，能约通其大义，国人号之圣童，故名曰八思巴。……
>
> 中统元年，世祖即位，尊为国师，授以玉印。命制蒙古新字，字成上之。其字仅千余，其母凡四十有一。其相关纽而成字者，则有韵关之法；其以二合三合四合而成字者，则有语韵之法；而大要则以谐声为宗也。……[③]

八思巴字即是八思巴喇嘛以汉文反切法为基础，仿照藏文、梵文字母创制的一种拼音文字。既然“训民正音”源出八思巴字，说明它同样也有着佛教徒的一份功劳。而朝鲜文人仿八思巴字创制“训民正音”，将汉字读音分解为“初声”（声母）、“中声”（韵头、韵腹）和“终声”（韵尾）以代反切，使汉字最终与音素文字发生了直接的联系。

---

① （宋）欧阳修、宋祁：《新唐书·选举志》，中华书局，1975 年，第 1163 页。

② 参见宣德五：《训民正音与八思巴字的关系探求》，《朝鲜语文论集》，开明出版社，2004 年，第 120-150 页。在该文中，宣德五非常翔实地论证了“训民正音”与八思巴文字的渊源关系。

③ （明）宋濂等：《元史》，中华书局，1976 年，第 4517 页。

纵观以上中、日、朝三国音韵学的发展史，在耶稣会以及后来的新教传教士东来之前，已经有第一次“西来”的、印欧语系的语言与中日朝语言的接触，并因此而结出了“反切”“假名”和“训民正音”之果，为第二次“西来”的、印欧语系的语言与中日朝语言的接触打下了良好的基础。就此意义而言，耶稣会以及后来的新教传教士对音韵学确实作出了极大的贡献，而其贡献就在于继承和发展了佛教徒对汉字和汉语音韵学已然所做的研究工作，成就了对汉字这种意音文字“形声义”之“形声”部分的剖析与认知。

而对于汉字“意”的认识，由于不像“音”方面那样有“反切”“假名”和“训民正音”等语言接触成果作基础，[①] 耶稣会传教士着实经历了一个迂回曲折的过程。

起初，沙勿略刚到日本时，他并不清楚汉字与罗马字之间表意和表音的本质区别，只是觉得在信奉佛教的地区皆通用汉语作书面语，汉语在该地区的地位和作用就如拉丁语之于欧洲。加之当时日本僧侣及寺庙在日本的教育和文化领域中的地位和作用，诱使他努力去接近日本高僧并听凭弥次郎套用佛教用语翻译了一些简单的天主教教理，从而直接导致了“Deus大日如来误译事件”[②]。尔后，为避免此种尴尬的再次发生，在日耶稣会士们加强了对日语和日本文化的学习，终于发现汉字完全不同于欧洲的罗马字母，它是一种可以“意”“音”分离的表意文字；日本人虽然书面语以汉文为主，但日常生活中所使用的语言则有别于书籍中出现的汉语，并不能将汉语直接用于日本人的日常会话交流之中。加戈（P. Balthazar Gago J. S.）神父在1555年9月写给印度及葡萄牙耶稣会的信中，明确指出：日本没有

---

① 梵汉语言接触时，法雅等僧人用了所谓“格义”的方法将佛经译为汉语，即“以经中事数，拟配外书，为生解例”。（释慧皎《高僧传》卷四，中华书局，1992年，第152页）然而，正如刘笑敢撰文指出的那样，“格义”是以解释者（译者）和听众（中国信徒）皆已熟知的中国文化之经典和概念来解释听众尚未熟悉的思想理论概念的一种权宜之计。（《“反向格义”与中国哲学研究的困境》，《南京大学学报》2006年第2期，第77页）最初的在日耶稣会传教士不要说“熟知”日本或中国文化的经典及概念，连最起码的“常识”都不具备。例如，沙勿略自己身处印度，却浑然不知弥次郎向其介绍中日佛教传自天竺国中的“天竺”就是其所处的地方。所以，“格义”之法显然是不为沙勿略等最初抵日的传教士们所了解的。

② 池端弥次郎将“Deus”翻译成了日本佛教真言宗的主神“大日”。起初，尽管语言、服饰及生活习俗不同，但日本的僧侣们觉得沙勿略所宣扬的神既然与他们所礼拜的“大日”并无二致，便非常友好地接纳了耶稣会士。尔后，沙勿略发现日本僧人实际上根本不知圣三位一体、耶稣为拯救人类被钉在十字架上而死等教义，日本人欢迎他们纯粹是出于误解。于是他便让修士费尔南德斯去阻止日本僧人礼拜大日，结果招致僧侣们憎恨神父，以至要杀了神父。僧侣们因此还将“Deus”嘲讽为发音相近的日语“大嘘”（大谎话）。

相当于欧洲语言所使用的文字，他们的文字不甚完备，无法表记发音。日本文字共有两种，其中的汉字每个字往往表达两种或者两种以上的意思。如汉字“魂”既有灵魂之意，同时也可指恶魔。而另一种文字假名则不然，如“たましい”，除了指“灵魂”以外再没有别的意思，所以在日耶稣会决定选择此种文字撰写书籍。[①]可见，此时的加戈已经清楚地认识到了表意的汉字、表音节的假名和表音素的罗马字之间的区别，它们是三种完全不同的文字。因此，他不仅反对使用意译法翻译天主教的概念词，而且在他主导编写的教理书中，开始刻意使用假名来避免汉字之一字（词）多义所带来的误解。这也就是他所规定的“音译原则”。

然而，毕竟汉字在日本语言文化中的地位和作用远不是假名所能替代得了的。实际上，加戈本人在上述信函中，也不得不指出：日本上流社会的人们希望学习和使用的是汉字而非假名，更何况中国并没有如日本那样的假名文字，这就迫使“巡察师”范礼安赴日履任后便开始实施“文化适应”的传教策略，不仅在日本开办了神学校和神学院，以着力培养精通日语和欧洲语言的欧洲青年以及日本信徒，而且指示罗明坚和利玛窦等人在澳门苦学汉语“官话”，伺机进入中国内陆传教，以实现沙勿略所愿——先教化汉字文化的本源之国，然后借其对周边国家的影响而达到在该地区全面布教之目的。如此，在日耶稣会以及入华的传教士们努力学习日语和汉语，逐渐对汉字汉文形成了较为全面的认识。他们发现，虽然汉字不能像罗马字或者日语假名那样进行表音，但它的表意功能远远超出他们原先的认知，具有罗马字所不能比拟的功能。“这种描写符号而不是组合字母的书写方法就造成了一种与众不同的表达方式，它可以不仅是用几个短语而是用几个字就清楚明白地说出各种想法，而那在我们就必须啰唆半天还没有说清楚。”[②]他们还发现，汉字所表之“意”并不是一成不变的，只要给予一定的语境，同样的汉字以及汉字词汇完全可以赋以新意为耶稣会传教所用。于是，在日耶稣会士放弃了所谓的“音译原则”，开始使用“天主”“天道”“天帝”“上帝”等汉字词汇对译天主教最重要的概念词“Deus”。在《葡汉辞典》中，罗明坚和利玛窦用词条“Criador

---

① 村上直次郎译注:《イエズス会士日本通信》(上)，日本雄松堂，1968 年，第 102 页。

② [意] 利玛窦、[比] 金尼阁:《利玛窦中国札记》，何高济、王遵仲、李申译，广西师范大学出版社，2001 年，第 23 页。

Tianciu sunvanue 天主生万物”赋予了“天主”一词以“造物主”的概念。而在日耶稣会所编写刊印的《日葡辞书》更是用“天”“天主”“天道”“天帝”“天尊”等汉字字词来对译“Deus”一词，并将日语中的许多汉字字词与“Deus”相关联进行释义，给这些字词增添了天主教所需要表达的新意。如“天敕”“天忠”“天威”“天托”“天运”“天恩”“天心”“上天”“充塞”“受用”等等。对于这些词条，编者几乎毫无例外地在指出它们原本在日语和汉语中之所指的同时，还说明了这些字词在耶稣会教会用语中的新意。尤其是在中国，利玛窦等人还将此种方法用于介绍欧洲科技文明的著译之中，从而使汉语增添了很多如“几何”“度”“自动”等旧瓶装新酒式的借词。

“若欲宣扬天理，熟悉该国风俗，精通该国语言当为要务。”[①] 为了给旧瓶装新酒式的天主教汉字概念词尽快营造一个天主教的“语境”，此时的在日耶稣会传教士已经不再回避使用佛教词汇、格言、掌故等，他们利用活字印刷之便利，大量编印了《金句集》《倭汉朗咏集》等汉字汉文和日语经典选编，以及《罗葡日辞书》《落叶集》和《日葡辞书》等辞典，用作神学校和神学院的教材，内中渗透了天主教新意的汉字词汇自然潜移默化地随之进入了日本信徒的语言生活之中。与之相呼应，利玛窦等入华传教士则是在中国倾力著译《天主实义》《几何原本》等天主教义书和介绍欧洲科技文明的汉文书籍。同样，利玛窦们的《天主实义》等书，“还包含了摘自古代中国作家的一些合用的引语，这些段落并非仅仅为了装饰，而是用以促使读别的中文书籍的好奇的读者接受这部作品”。在《山海舆地全图》中，利玛窦也“乘机加进了有关中国人至今尚不知道的基督教的神迹的叙述”。[②] 而《西字奇迹》《西琴曲意》等更是直接改编了《圣经》新旧约的内容，宣扬了基督教的教理。通过这些努力，“天主”“上帝”等汉文中旧有的词便有了耶稣会传教士所加新意的使用“语境”，仿佛呈现了一种“‘天主’一词，你佛教徒用得，为何我传教士用不得”之架势。

如此，耶稣会传教士构建了一个对汉字“形声义”全方位的认知体系，其集大成者便是金尼阁的《西儒耳目资》。《西儒耳目资》由三部分组成，

① 天草版《平家物语·序》，1592 年，参见：新村出、柊源一：《吉利支丹文学集 1》，日本平凡社，1993 年，第 117 页。

② ［意］利玛窦、［比］金尼阁：《利玛窦中国札记》，何高济、王遵仲、李申译，广西师范大学出版社，2001 年，第 342、343 页。

分别是《译引首谱》《列音韵谱》和《列边正谱》。在《译引首谱》中，金尼阁设立音韵经纬总局和全局，“每局音韵有父有母之字，经纬相罗处生字子，则万音万韵，中华所用尽矣”。在《列音韵谱》卷，以音韵经纬对汉字进行了具体的定位，“一闻其音，则得其位。得其位，则得其字。得其字，则得其意也”[①]。相对于《列音韵谱》的“以音求字”，《列边正谱》卷则是“以字画部首索字求音”，并配以该字在《洪武正韵》中的卷张页码，以得其意。金尼阁正是通过这种声与韵的经纬坐标，对汉字之“声”以音素为单位进行了翔实的解析，对汉字之“形、义”构筑了一个化繁从简的认知框架。不仅如此，金尼阁在《西儒耳目资》中还为我们朴素地演绎了“语境”之于“语义”的重要。他在论及音韵之时，处处以“万国”和“中原”二词成对而述，其所画音韵图也以“万国音韵活图”和“中原音韵活图”两相比较。其“中原音韵活图说”有这样一段叙述：“万国之人，各以本国所用音韵为宝。愚晓数国谈论，各有本文之趣。各自可宝，乌能邃舍。今幸至中华，得闻大雅音韵之言，独以中原音韵为宝，他国之音姑可土沙置之。”显然，金尼阁以“万国”或“他国”与“中原”相比对而成的“上下文语境”明确地告诉了我们，此处的“中原”并非指地理概念上的以河洛为中心的黄河中下游地区，而是政治或者说是民族文化概念上的“中华”之意。如同“华夷观”之“华”“夷”之别，由地理关系、民族观念和文化思想三个要素构成一样，[②]“中原”也具有“地理的”“民族的”和“文化的”概念。就民族和文化而言，它所指的实际上就是以汉民族和汉文化为中心的中华民族和中华文化。金尼阁在此处正是摈弃单纯的地理概念，而采用了民族和文化意义上的所指。我们如果能领会金尼阁的此种“良苦用心”，也就可免了明代的官话到底是以“中原地区”音为“正音”还是以南京音为“正音”的争论。

朱元璋建立明朝后，为重建汉人一统华夏的秩序，“车同轨，而书同文，凡礼乐文物咸遵往圣，赫然上继唐虞之治。至于韵书，亦入宸虑。下诏词臣随音刊正，以洗千古之陋习，猗欤盛哉”。[③]因此便有了翰林侍讲学士乐韶凤等人所编的《洪武正韵》（1375 年）。其时离元末周德清编《中原

① 金尼阁:《四库全书存目丛书·西儒耳目资三卷》，齐鲁书社，1997 年，第 550、606 页。

② 赵诚乙:《洪大容의 역사인식 -华夷观을 중심으로 -》，《震檀学报》，1995 年第 79 号，第 225 页。

③ （明）宋濂:《洪武正韵序》，《洪武正韵译训》，韩国高丽大学校出版部，1974 年，第 352 页。

音韵》(1324年)仅隔51年，如果没有特别的政治、社会等语言外部因素的影响，《洪武正韵》当与《中原音韵》无甚大别。然而事实是，《洪武正韵》音系不仅有异于《中原音韵》，而且反而与具有“清浊上去入声”之分的“沈韵”“等韵”相符。由此笔者联想到，清人高静亭曾经有论:“正音者，俗所谓官话也。……语音不但南北相殊，即同郡亦各有别。故趋逐语音者，一县之中以县城为则，一府之中以府城为则，一省之中以省城为则，而天下之内又以皇都为则。故凡搢绅之家及官常出色者，无不趋仰京话，则京话为官话之道岸。”[①] 朱元璋既然定都南京，且要恢复汉人统治下的礼乐秩序，以南京音为大明“正音”实属常理。至于《洪武正音》明明是“平声不分阴阳，又设立10个入声韵部，有31个声母，保存全浊，这都不符合‘中原雅声’”。[②] 但其《序》偏偏说“以中原雅音为定”，不就恰恰说明了朱元璋是欲以此“中原雅音”对元代蒙古人统治下的“中原雅音”进行“拨乱反正”吗？元末的《中原音韵》和明初的《洪武正韵》，两者都自称以“中原雅音”为定，然而除了都想以“中原”一词以求得“华夷”之别中的“华”的“正统”地位以外，它们实际所指的“雅音”或“雅声”并非同物。《中原音韵》中所言的“雅音”指代的是已深受《蒙古字韵》影响的“全浊声母消失，入声派入平上去三声”之大都的语音系统，[③] 或如有学者认为的“流行于大都等大城市戏曲艺人之间的汉语共同语”。[④] 而耶稣会传教士的一些文书以及当时日本汉学家的有关汉语音韵的记载都表明，明代的“雅音”却是“南京音”。[⑤] 要论地理位置，大都和南京都不能算作“中原”之代表地，所以以地理概念来读解当时的“中原”一词显然是不当的。而如果我们能像金尼阁那样，在政治“语境”下来读解和使用“中原”一词，那么，对于令当今学者颇为困惑的问题，诸如“为何《洪武正韵》连大明王朝也‘鲜有从者’”等就不难解答了。因为，随着永乐初年明成祖朱棣移都北京，明人眼中的所谓“中原”在短暂的三十余年之后，又随之发生了地理要素的变化。对于此种变化，作为大明的臣民，是不便直接明确地对《洪

① (清)高静亭:《正音集句序》,《正音撮要》(1810年)，转引自麦耘《〈正音撮要〉中尖团音的分合》,《古汉语研究》2000年第1期，31-34页。

② 何九盈:《中国古代语言学史》，广东教育出版社，2000年，第209页。

③ 王力:《汉语语音史》，中国社会科学出版社，1985年，第308页。

④ 李立成:《元代汉语音系的比较研究》，外文出版社，2002年，第4页。

⑤ 高田时雄:《清代官話の資料について》,《東方學會創立五十周年記念東方學論集》，东方学会，1997年，第772页。

武正韵》作出相应的修正的，只能以“不从”了之。而对于耶稣会传教士这些“洋夷”来说，则更不便多说什么，只好表面上仍然以《洪武正韵》为则，但在《西字奇迹》《西儒耳目资》等实际音韵注音中，却掺入了北京的“时音”。结果是，如罗常培所言：“利金二氏的注音，同《广韵》固然是两个系统，就是同《洪武正韵》也不完全相合。”①

由于时间与精力的限制，耶稣会传教士们对于汉字的认知当然也存在着些许不够完善的地方。例如，对于中日汉字的启蒙教学问题，利玛窦、陆若汉等人均鲜有论及，然而随着欧洲历史比较语言学的兴起，19世纪初东来的欧美新教传教士却是趁在南洋地区等待时机以进入东亚传播“福音”之“空闲”，有别于耶稣会传教士对“四书五经”的重视，将目光更多地投向了“汉语”教学的基础——中朝日三国的汉字启蒙教材。继马礼逊（Robert Morrison, 1782—1834）以《康熙字典》为蓝本编写多卷本汉英辞典后，麦都思等英美传教士与驻日本荷兰商馆的西博尔德遥相呼应，利用英、德语字母与“训民正音”（韩字）同为音素文字、较易进行语音学比较研究的便利，对中朝日三国共用的汉字蒙学教材《千字文》等进行了深入的研究，并将其译介给欧洲以供正在兴起的历史比较语言学作研究素材。也许是黑格尔的“一种象形文字需要一种哲学来诠释，就像中国文化通常需要一种哲学来诠释一样”② 这一论述，对西博尔德等人的研究产生了一定的影响，他们在译介《千字文》等汉字蒙童教材时，都以儒教文化对这些蒙学教材进行了阐释。在他们看来，汉字这种“意音”可以分离的文字在被朝日假借作其民族语言的书写符号时，不可避免地将汉字本身所承载的社会文化信息带入了他们的民族语言之中，从而也影响了其民族的文化思想，儒家思想不可避免地与中国一样成为朝日两国的思想主流。对于中国独特的语言文字的教学方式，卫三畏（S. W. Williams, 1812—1884）认为它对中国产生了两大影响：一是中国人“因为从小读到的是古代模式的句子，他们致力于这样做，按同一渠道塑造了他们的思想。模仿就是本分，

① 罗常培：《耶稣会士在音韵学上的贡献》，《历史语言研究所集刊》，中华书局，1987年，第295页。

关于《洪武正韵》中的“中原雅音”以及利玛窦、金尼阁等耶稣会士所采用的汉语语音问题，笔者在2009年度国家社科基金项目“从泰西、海东文献看明清官话的嬗变”的研究过程中，发表有《朱元璋的“中原”观及其对汉语的影响》、《泰西、海东文献所见洪武韵以及明清官话》等系列论文和课题结项专著《从泰西、海东文献看明清官话的嬗变——以语音为中心》，在此不再详细展开修订论述。

② 黑格尔：《哲学全书》，转引自雅克·德里达《论文字学》，上海译文出版社，1999年，第35页。

很快就成了必要。中国学者舍弃了自己创造力的引导，很快学会不但将模式看成真理本身，而且看成包含一切有价值的东西的总和”；二是“中国人的‘同一语言’的特点，起因在于他们的文献有着很高的标准，以及政治制度从权威性的书籍中成长起来（这些书籍用以强制并奖励学生掌握语言文字）”。这与使用罗马字的多种语言形成了强烈的对比，“那些王国，‘半铁半泥’，一到罗马的控制削弱，立即分崩离析了；而中国的大趋势总是重新统一并得到确认”。[①] 卫三畏将中国能维持统一归功于中国人自小学习汉字及其内中包含政治制度的汉文经典，其实朝鲜和日本又何尝不是如此。像高丽王朝、朝鲜王朝那样能持续维系江山约 500 年的世上少有，而日本更是天皇“万世一系”，这同样也有汉字及汉字文化之功。就此而言，新教传教士从更宏观的视角进一步完善和发展了耶稣会传教士对于汉语言文字的解析与认知。

总之，佛教东来，以意音文字汉字作为记录符号的汉语与以拼音文字作为记录符号的梵语发生语言接触，从而有了以反切法为中心、以四声七音为经纬的汉语音韵学。由于借鉴梵文拼字法的主导者是中国本土的和尚和文人，思维自然受制于汉语，使得反切法半青半黄，繁琐且难以精确拼写汉字读音。不过，也正是这第一次与拼音文字的语言接触，为汉语再一次与另一种使用拼音字母的外来语言发生接触奠定了良好的基础。16 世纪中后叶，伴随天主教东来，日本汉语与欧洲语言发生接触。而此次语言接触的主导者是没有汉语条框羁绊的耶稣会传教士，他们从音素文字熟习者的视角出发，建构了一套较为完整的由音素文字罗马字对意音文字汉字的解析与认知体系，继佛教徒之后，对汉语尤其是汉字“形声义”的研究作出了重大贡献。19 世纪初东来的新教传教士则是利用英、德语字母与“训民正音”（韩字）同为音素文字的便利，对中朝日三国共用的汉字蒙学教材《千字文》等进行了深入的研究，从汉语言文字教学的视角出发，将汉字与东亚的文化、汉字与中国社会的统一与发展联系在了一起。可以说，这些传教士对于东亚语言的研究其本身就是一种语言接触，它将欧洲语言和东亚语言的语言接触引向了深入，使“变乱”了的人类语言逐渐有了重新聚合的可能。当然，以上欧洲语言与东亚语言的接触历史已经明确告诉我们，我们根本无须担心语言接触会带来人类文化多样性的消失，“借词”等

---

① ［美］卫三畏：《中国总论》，陈俱译，上海古籍出版社，2005 年，第 402-403 页。

各种语言接触所导致的结果只会丰富和发展原有的语言文化，人类语言表面数量的减少并不代表现存各种语言的内质会完全趋同。笔者相信，语言“巴别塔”的重建与世界各大语言自身的发展将会是两立的。既有语言的“巴别塔”，又有各种不同种类的语言存世，不正是对“上帝”所愿与人类希望的“中庸”吗？曾被怀疑为人类原初共同语言的汉语，其所包含的最大文化特质就是“中庸”二字。

四、对早期东亚与欧洲的语言接触进行综合研究的可能性

19 世纪中叶，在欧美列强坚船利炮的逼迫下，中日朝相继洞开国门，走上“维新”“变法”和“开化”的道路。三国先后提出了结构和表意颇为相似的“中体西用”“和魂洋才”和“东道西器”的强国口号。然而，由于“语境”的不同，使得此三个口号和国策之内涵大为不同，其所导致的结果更是迥异——昔日等待万国来朝的中国到头来落得向已然“脱亚入欧”的日本割地赔款；历来“慕华”“事大”的朝鲜则是江山不保，被并入日本版图。在此种情势下，20 世纪一二十年代，中日朝三国学者开始反思本国与欧洲的“交聘”史，部分学者更是将目光上移并聚焦到了本国语言与欧洲语言的最初接触，从而开启了对日中朝三国语言文字分别与欧洲语言文字之相互接触的研究历史。

20 世纪 10 年代，日本语言学家新村出（1876—1967）和小说家芥川龙之介（1892—1927）以早期在日耶稣会出版物为题材，分别出版学术著作《南蛮记》（1915）和小说《奉教人之死》（1918），轰动日本文学界，引起日本学者对早期在日耶稣会的著译文献的关注，并将这些著译统称为“切支丹文学”或“吉利支丹文学”，从哲学、历史、语言文学等各个角度开始了对 16、17 世纪在日耶稣会史的全方位研究。新村出和芥川龙之介，一个是语言学家，一个是小说家，视角不同，但都为吉利支丹文学中的“语言”所吸引，因为在他们看来，吉利支丹文学中的“语言”有着为将基督教异文化传入日本而格斗过的印记，此种“语言”具有一种不可思议的力量。①

1909—1911 年，新村出留学欧洲，在大英图书馆觅得吉利支丹版《伊

① 米井力也：《吉利支丹文学集·解题》，《吉利支丹文学集 2》，日本平凡社，1993 年，第 347 页。

索寓言》《天草本平家物语》等一些16、17世纪之交在日耶稣会士著译的刊本和抄本，回国后，陆续发表对这些历史文献的研究论文，于1915年集结这些论文以《南蛮记》（日本东亚堂书房）为题正式出版。此后，随着研究的不断深入，新村出关于吉利支丹出版物的论著《南蛮更纱》（日本改造社，1924年）、《南蛮广记》（日本岩波书店，1925年）、《续南蛮广记》（日本岩波书店，1926年）、《日本吉利支丹文化史》（日本地人书馆，1941年）和《吉利支丹文学集》（上、下，日本朝日新闻社，1957年、1960年）相继问世。其间，新村出担任京都大学图书馆馆长长达20余年，从荷兰、德国等地为该图书馆购得反映16、17世纪耶稣会传教士在东亚传教状况的《耶稣会年报书类》（122册）等大批研究在日耶稣会史的第一手资料，为其他日本学者开展此方面的研究提供了极大的便利。新村出对吉利支丹文学的研究涉及面很广，从基督教教理书、包含基督教精神的基督教文学作品到在日耶稣会有关日语的系列论著，无所不及。尤其是他对吉利支丹教外文学《平家物语》《倭汉朗咏集卷之上》和吉利支丹语言学书籍《拉丁文典》《落叶集》《日葡辞书》等文献的研究，颇为细致深入，其研究成果不仅体现在以上所列的系列论著，而且大多被其“消化”到他于1955年第一次出版的《广辞苑》的词条及其释义之中。《广辞苑》是日本数一数二的现代日语辞典，家喻户晓，日本人因之了解了许多由传教士东来而导致日语与欧洲诸语言相互接触并生成外来借词之渊源。新村出对于日语与欧洲语言初次接触的研究不仅是“筚路蓝缕以启山林”，而且还使“山林”硕果累累。

继新村出、姉崎正治等学者主要从语言和文学视角对早期在日耶稣会出版物进行深入研究之后，日本的史学家从文化史、宗教史的角度开始关注吉利支丹出版物，他们对包括最早的日本文典和辞典在内的吉利支丹活字印刷品开展了深入的书志学研究，同样也是成果斐然。被日本史学界誉为吉利支丹史研究第一人的海老泽有道（1910—1992）认为，学界之所以会关注吉利支丹出版物，不仅是因为它们是日本最早的活字印刷书籍且存世甚少，更重要的是这些书籍所拥有的顽强生命力深深地吸引了学者们的目光。“因遭受了对基督教的严厉迫害和闭关锁国，大凡带有基督教色彩的一切事物都被扫灭，日葡关系亦被断绝，然而，吉利支丹版以及以拉丁语、葡萄牙语为中心的吉利支丹传统却保持了生命，在经历三百年后的明治新时代，并非因为人们的偏好古籍、复制古典，而是因为其本身所拥有的宗教性的、文化性的旺盛生命力使其能再一次绽放蓓蕾。”① 海老泽有道关于吉利支丹典籍研究的代表作有:《切支丹典籍丛考》(日本拓文堂，1943年)、《南蛮文化》(日本至文堂，1966年)、《增订切支丹史研究》(日本新人物往来社，1971年)、《关于南蛮学统的研究·增补本》(日本创造社，1978年)等，内中对日本第一部用日语罗马字活字印刷的书籍《圣人传辑录》(1591年)、日本最早的辞典刊本《罗葡日辞书》(1595年)等吉利支丹版语言学相关著述作了典据、编纂过程及其文化史和宗教史意义等方面的详尽考述，为语言学界对吉利支丹版语言类书籍进行研究提供了外部语言学研究的强力支持。

相比较于新村出侧重于文学视角、海老泽有道侧重于史学视角的研究，土井忠生(1900—1995)则是从语言学的角度专注于对早期在日耶稣会士的语言活动以及语言类文献的研究。土井忠生1928年至1930年受日本文部省委派作为在海外研究员赴欧洲访学。从此开始了毕其一生的吉利支丹文献研究。土井忠生对吉利支丹文献研究大致可以分为前后两个阶段。“同样是以与日语相关的文献为目标，相对于前期的主要亲近于耶稣会刊行的吉利支丹版文献、并停留于个案性的考察，后一阶段则还关注了耶稣会的抄本文献，且有了综合性全面研究的意识。”② 促使土井忠生的研究从前一阶段向后一阶段上升的契机是1951年整整一年他受西班牙天主教团的邀请，在马德里历史研究院文库访学，接触了大量的有关在日耶稣会的原始文献资料。巧合的是，土井忠生这两个研究阶段正好都以1600年版的《倭汉朗咏集卷之上》作为研究对象发表论文成为其学术研究之起点。1931年，土井忠生在京都大学文学部所办学刊《艺文》上发表《日本耶稣会版和汉朗咏集卷之上》一文，迈出了其对吉利支丹文献进行语言学研究的第一步，此文章也是日本学术界第一篇专论吉利支丹版《倭汉朗咏集》的学术论文。1964年，京都大学国文学会影印《倭汉朗咏集卷之上》，土井忠生应邀为其写了《倭汉朗咏集卷之上·解题》，从版本比较、语句内容、文法特点、假名表音规范等全方位地对《倭汉朗咏集卷之上》进行了语言学的考论。代表其第一阶段学术成就的著作有《吉利支丹语言学研究》

① 海老泽有道:《切支丹典籍丛考·自序》，日本拓文堂，1943年。

② 土井忠生:《吉利支丹论考·跋》，日本三省堂，1982年，第473页。

（日本清文社，1942 年）、《吉利支丹文献考》（日本三省堂，1963 年）等；代表其第二阶段学术成就的是其巨著《吉利支丹论考》（日本三省堂，1982 年），内中包括“日语的多样性与吉利支丹之应对”“16、17 世纪日本耶稣会布教上的教会用语问题”“罗德里格斯（陆若汉）的《日本大文典》”等等，涉及了早期在日耶稣会语言活动以及因此而产生的日欧语言接触的各个方面。除此以外，土井忠生还凭借其精通拉丁语和葡萄牙语的优势，独立译注了《日本大文典》（日本三省堂，1955 年）、领军译注了《邦译日葡辞书》（日本岩波书店，1980 年）、《日本教会史》（上、下）（日本岩波书店，1979 年）等在日耶稣会出版的与语言学相关的文献。如此，土井忠生以其卓越的语言学成就确立了在日本乃至世界吉利支丹学研究的泰斗地位。

20 世纪 70 年代初，日本经济高速发展，成为世界第二大经济强国，充足的教育科研经费支撑日本学者有可能到欧洲特别是南欧各国的档案馆、图书馆寻觅第一手研究吉利支丹史的文献资料。福岛邦道就是这些通过最新发现的原始吉利支丹刊本、抄本文献，研究早期在日耶稣会士处理欧日语言接触问题的代表学者之一。他一方面以《圣人传辑录》（『サントスの御作業の内抜書』）为中心，与常驻日本的德国神父胡贝特·切斯莱克（Hubert Cieslik）等人合作，影印出版了日本最早的活字印刷品——1591 年加津佐版《圣人传辑录》（日本勉诚社，1976 年），并从语言学的角度比较研究了《圣人传辑录》的各种存世抄本、刊本，出版专著《圣人传辑录翻字·研究篇》（日本勉诚社，1979 年）；另一方面，他以各种新发现的原始在日耶稣会文献为对象，深入细致地研究了 16 世纪末 17 世纪初的日语状况以及欧洲人对它的认知活动，系列性地出版了研究文集《吉利支丹资料与国语研究》（日本笠间书院，1973 年）、《续吉利支丹资料与国语研究》（日本笠间书院，1983 年）、《续续吉利支丹资料与国语研究》（日本笠间书院，1995 年）以及《天草版平家物语丛录》（日本笠间书院，2003 年），成为屈指可数的吉利支丹语言学研究大家。

纵观日本近现代吉利支丹学的研究，除了以上这些文学、史学、语言学大家的研究活动以外，必须指出的是，还有一批日本翻译家以及在日传教士对新发现的有关在日耶稣会原始资料的收集和翻译同样也作出了杰出的贡献，他们的译著为语言学家从语言学外部研究即当时日、汉语与欧洲语言的接触提供了强有力的支撑。例如：村上直次郎等人翻译编辑了《耶稣会日本年报》《耶稣会士日本通信》等早期在日耶稣会传教士的书信文函；松田毅一翻译了弗洛伊斯（Luis Frois,1532—1597）的《日本史》、范礼安的《日本巡察记》等当时在日耶稣会关键人物的著作；川名公平等人甚至还注译了利玛窦的《中国基督教布教史》、曾德昭的《中华帝国志》等入华耶稣会传教士的著作。尤其可贵的是，像定居日本的德国学者约翰内斯·劳伦斯（Johannes Laures, 1891—1959）等人为收集吉利支丹研究的原始资料，毕其一生，在日本上智大学建起了可与欧洲媲美的耶稣会研究资料中心——“吉利支丹文库”。据福岛邦道介绍，劳伦斯出生于德国，留学美国，在哥伦比亚大学获经济学学位，并在美国加入耶稣会，1928 年起执教于日本上智大学经济学部长达三十余年。其间，劳伦斯利用精通诸多语言的优势，前后收集并编辑出版了《吉利支丹文库》（初版，1941 年）、《吉利支丹文库》（第二版，1951 年）和《吉利支丹文库》（第三版，1955 年），该书第二版收入了 800 件资料，而第三版收入了 1428 件资料和 79 件地图的介绍，成为日本吉利支丹研究空前绝后的资料集成。[①] 现今，上智大学以劳伦斯所收集的文献资料为基础，继续扩大收藏，建立了吉利支丹文库，拥有吉利支丹研究相关书籍共计 13000 余册，与天理图书馆一起并立为日本东西两大吉利支丹研究基地，加上散落在东京大学图书馆等地的吉利支丹版刊本、抄本文献等，为日本学者研究因耶稣会士在日本传教而导致的欧日语言接触提供了极大的便利。

20 世纪八九十年代起，日本对于吉利支丹的研究逐渐分离出专门的“吉利支丹语言学”这一分支，一些大学还专门开设了“吉利支丹语言学”课程，而“吉利支丹语言学”的研究由于已经过了大规模发现新史料的鼎盛时期，开始呈现具体化和横向化比较的倾向。例如，丸山透的《关于吉利支丹资料中的 f 表记》（《キリシタン資料における f 表記をめぐって》，《南山国文論集》13，1989 年）、渡边雅弘的《羅典、羅甸、羅天、拉丁、拉典、拉甸、剌甸、剌葡、らてん、ラテン語——わが國におけるカトリック教會による西洋學事始めの一端》（《南山大学図書館カトリック文庫通信》N0.16，2001 年 7 月）、松冈洸司的《汉字的音训意识——以吉利支丹版〈落叶集〉的训为中心》（《漢字の音訓意識—特にキリシタン版『落

① 福岛邦道:《続キリシタン資料と国語研究》，日本笠间书院，1983 年，第 45 页。

葉集』の訓を巡って》,《キリシタン文化》119号,2002年5月)等等,是这一时期的代表性成果。

与日本已经形成一门专门的学问“吉利支丹语言学”这样的研究实况相比,中国对于早期入华耶稣会传教士语言活动的研究似乎略显单薄和零散。这与研究对象本身“表面上”的不够丰富有很大的关系。早期在日耶稣会在1587年7月丰臣秀吉颁布“伴天连追放令”以前,经历了长达近40年的相对自由的传教活动,即使是在1587年至1633年的“禁教与殉教”时期,范礼安、陆若汉们还能“偏安”于长崎等地编纂刊印《罗葡日辞书》《落叶集》《日葡辞书》以及《日本大文典》等系列性的语言类书籍,为今天的学者研究日欧初次的语言接触提供了极为丰富的材料。然而,在中国的耶稣会传教士可谓势单力薄,利玛窦立足于北京之时,在中国内地的欧洲传教士总共不到15人,况且利玛窦们运用的是利用数学、天文、历法等欧洲科技文明吸引中国皇帝和士人以期利于传教的“学术传教”策略,所以早期入华耶稣会与语言直接相关的刊印文献仅有《西字奇迹》和《西儒耳目资》而已,这客观上导致了中国研究早期汉欧语言接触的课题形不成一个相对集中的门类,对于利玛窦等人的语言活动的研究往往散见于语言学家、历史学家们在研究音韵学、中外关系史等学科的研究之中。

中国开始研究利玛窦等传教士在华的语言活动几近与日本同期。包括白话文运动、汉语拼音运动和国语统一运动在内的现代语文运动的展开标志了现代中国语言学的开始。受西方汉学家高本汉(Klas Bernhard Johannes Karlgren, 1889—1978)等人利用对音资料研究中国古音的学术方法的影响,陈垣、罗常培等学者最先将目光投向了可资为对音材料的《西字奇迹》《西儒耳目资》等音韵学文献。1927年,陈垣根据通县王氏鸣晦庐藏本程氏《墨苑》,以《明季之欧化美术及罗马字注音》(辅仁大学,1927年;《明末罗马字注音文章》,文字改革出版社再版,1957年)为题,重印了《墨苑》中的四幅利玛窦赠予程大约的西洋宗教画和加带罗马字注音的三则说明及赠画记,陈垣在其《跋》中指出:“明季有西洋画不足奇,西洋画而见采于中国美术界,施之于文房用品,禁之于中国载籍,则实为仅见。其说明用罗马字注音,亦前此所无。金尼阁著《西儒耳目资》即师其法,当时以此为西洋人认识汉字之捷诀。其间偶有误注,如以‘宝’为

'窦'之类，则不可解也。今并表出之，以资参考。"[①]1930年，罗常培在历史语言研究所集刊,1930年第一本第三分册上发表《耶稣会士在音韵学上的贡献》一文，对《墨苑》中的利玛窦注音与考狄（Henri Cordier）所编《西人论中国书目》中具列的《西字奇迹》一书"究竟是一是二"表示心存疑问的同时，以《墨苑》中的利玛窦注音和金尼阁之《西儒耳目资》为实证材料，详尽地论证了耶稣会士对音韵学所作的三大贡献：用罗马字分析汉字的音素，将反切化繁为简；用罗马字母注明代的字音，使现代人可以凭借其推知当时的正音之大概；给中国音韵学研究，开出了一条新路。

自此以后，大概是由于时世动荡之故，国内学人又没有此方面新史料的发现，所以，直到20世纪80年代，从事文字改革史研究、汉语拼音化研究和音韵学研究的专家学者只是在他们的相关论著中介绍到《西字奇迹》《西儒耳目资》等文献。如罗常培在其《汉语音韵学的外来影响》（《东方杂志》第32卷第14号，1935年）一文之"罗马字的影响"一节中简述了其在《耶稣会士在音韵学上的贡献》的观点；陈望道在撰写《中国拼音文字的演进》（中国语文教育会，1939年）一书时提出疑问：所谓《西字奇迹》会不会就是《墨苑》中的四篇罗马字注音文章；[②]倪海曙的《拉丁化新文字概论》（时代出版社，1949年）、周有光《汉字改革概论》（文字改革出版社，1961年）等都简介了《西字奇迹》和《西儒耳目资》；以及个别如陆志韦的《金尼阁西儒耳目资所记的音》（《燕京学报》33，1947年）还以山西方言更接近中古音且声韵调与《西儒耳目资》所记相近为由，提出了金尼阁所记的音系是当时的山西方言，也就是十六七世纪的官话的观点。除此以外，似乎不再有此方面的力作问世。

1983年，时值利玛窦来华四百周年，作为纪念，中国大陆和台湾相继翻译出版了《利玛窦中国札记》（中华书局，1983年）、《利玛窦书信集》（光启出版社、辅仁大学出版社，1986年）以及《利玛窦中国传教史》（光启出版社，1987年）等文献史料，以此为契机，中国大陆、台湾、澳门以及香港互动性地掀起了对于利玛窦及其相关问题的研究热潮。

关于与罗明坚、利玛窦等早期入华传教士相关的语言学研究，大陆主

---

① 陈垣：《明季之欧化美术及罗马字注音·跋》，《利玛窦中文著译集》，复旦大学出版社，2001年，第288页。

② 尹斌庸：《〈西字奇迹〉考》，《中国语文天地》1986年第2期，第7页。

要以《西字奇迹》《西儒耳目资》等文献所记明代正音是否是南京音的问题展开了讨论，其代表论著有：鲁国尧的《明代官话及其基础方言问题——读〈利玛窦中国札记〉》(《南京大学学报》，1985 年第 4 期)，文章石破天惊地提出了利玛窦、金尼阁所记录的明代官话是以南京音为基础的观点，后来不断有中美日韩等国学者撰文加以佐证。如：鲍明炜的《南京方言历史演变初探》(《语言研究集刊》，江苏教育出版社，1986 年)；美国杨福绵的《罗明坚和利玛窦的〈葡汉辞典〉——历史语言学导论》，《第二届国际汉学研讨会论文集》，1989 年)；曾晓渝的《试论〈西儒耳目资〉的语音基础及明代官话的标准音》(《西南师范大学学报》，1991 年第 1 期)；张卫东的《论〈西儒耳目资〉的记音性质》(《王力先生九十诞辰纪念文集》，山东教育出版社，1991 年)；张卫东的《试论近代南方官话的形成及其地位》(《深圳大学学报》，1998 年第 3 期)；日本古屋昭弘的《明代知識人の言語生活——万暦年間を中心に》(《神奈川大学中国語学科創設十周年記念論集 現代中国語学への視座——新シノロジー・言語篇》，1998 年)；韩国金薰镐的《西洋传教士的汉语拼音所反映的明代官话系统》(《古汉语研究》，2001 年第 1 期)；李葆嘉的《中国语言文化史》(江苏教育出版社，2003 年)等论文或专著。另外，史学界专事中外关系史研究的张国刚、吴孟雪、张西平、计翔翔、董海樱以及方豪等学者也从历史学的视角对利玛窦等人学习汉语的过程及其汉语观等作了相关的考述。

1986 年，中国台湾地区召开了第二届国际汉学研讨会。会上，美籍华人语言学家杨福绵神父（Paul Fu-mien Yang，1925—1995）的英文论文 "The Portuguese-Chinese Dictionary of Matteo Ricci: A Historical and Linguistic Introduction" 引起了人们的极大关注，文中不仅介绍了耶稣会史学家德礼贤神父（Pasquale D'Elia, 1890—1963）1934 年在罗马耶稣会档案馆发现的《葡汉辞典》手稿的情况，而且，他还以音韵学、历史语言学等研究方法对此手稿的问世过程、内中所记明代官话音系等作了颇为翔实的考论。2001 年，在杨福绵、澳门文化局等学者和机构的共同努力下，旧金山大学利玛窦中西文化研究所、葡萄牙国家图书馆、东方葡萄牙学会共同影印出版了《葡汉辞典》全部手稿内容。不久，张西平、徐文堪等学者分别撰文《罗明坚——西方汉学的奠基人》(《基督教宗教研究》二，社会科学文献出版社，2000 年)、《谈早期西方传教士与辞书编纂》(《辞书研究》，2004

年第5期）等对杨福绵的研究成果作了介绍并作了一定的衍生研究。此前，澳门的刘羡冰还著述《双语精英与文化交流》（澳门基金会，1994年）一书，主要就利玛窦的汉语观、澳门“圣保禄学院”等机构在双语人才培养以及中西文化交流上的门户和窗口作用等问题展开了深入的讨论。

2000年8月，香港城市大学以“语言接触”为主题举办了“语言接触国际圆桌学术会议”。会上，来自意大利罗马大学（UNIV ROMA LA SAPIENZA）的马西尼（Federico Masini）发表的《罗马所藏1602年手稿本〈闽南话—西班牙语词典〉——中国与西方早期语言接触一例》，揭示了一个史实：在利玛窦入华前后的1565年至17世纪初，抵达菲律宾的大多数教会，如奥古斯汀会、多明我会和耶稣会，都声称已编写好词典，准备进入中国。现藏于罗马安吉利卡图书馆（the Biblioteca Angelica）的1602年西班牙耶稣会士齐瑞诺（Pedro Chirino,1557—1635）的手稿本《闽南话—西班牙语词典》（*Dictionarium Sinico-Hispanicum*, Ms. Ital. –lat. n. 60）就是其中一例。马西尼对这本词典的解读，将既往人们专注于对耶稣会传教士在华语言活动的研究向其他更宽泛的早期汉欧语言接触研究进行了拓展。近年来，大陆学者戚印平还从早期在日耶稣会传教士对汉语的认知以及对入华传教士的影响等角度，对日欧、汉欧的早期语言接触的互动作了开拓性的探讨，其《日本耶稣会士对于中国语言文字的若干认识与研究》（新竹《清华学报》新34卷，2004年第1期）等论文和著述也引起了海内外学者的共同关注。

至于对朝欧早期语言接触的研究，由于近现代朝鲜半岛的特殊历史发展状况以及最早的朝欧语言接触本身就发生在朝鲜半岛以外的地区，所以，关于早期朝欧语言接触的研究尽管也起始于20世纪20年代，但韩国对于此方面的研究至今依旧乏善可陈。20世纪20年代，以周时经等为代表的一些朝鲜爱国学者成立了“朝鲜语文研究会”等组织，研究朝鲜的语言文字，以抵抗日帝剥夺朝鲜人民使用自己的语言文字之权利。然而，由于殖民者的地位使日本学者拥有把握第一手资料等研究优势，对于朝鲜语发展史首先进行系统性研究并取得重大成就者，竟然是日本人，如前间恭作（1867—1942）、小仓进平（1882—1944）等。尤其是小仓进平，他是京城帝国大学（今韩国首尔大学）朝鲜语文学系的创始人，毕其一生研究朝鲜语言文字发展史。1920年，小仓进平出版了现代朝鲜语言学史研究的奠基之作《朝鲜语学史》(日本大阪屋号书店，1920 年;《增订朝鲜语学史》，日本刀江书院，1940 年;《增订补注朝鲜语学史》，日本刀江书院，1964 年; 韩国大提阁，1986 年)，内中有专门篇章考论欧洲人最初与朝鲜语的相遇，对西博尔德《日本》(卷七)的《朝鲜语言文字篇》、麦都思的《朝鲜伟国字汇》等早期朝欧语言接触的成果进行了介绍，并撰写《朝鮮語学に対する西洋人の研究》《西洋人によって収集せられた早い時代の朝鮮語彙》等论文详细探讨了早期的朝欧语言接触。1977 年，日本雄松堂书店由藤本幸夫撰《解题》影印了麦都思的《朝鲜伟国字汇》; 1978 年，雄松堂书店还出版发行了由尾崎贤治日译的西博尔德《日本·朝鲜篇》——《日本》第五卷，为当今的日本学者研究早期朝欧语言接触提供了便利。

“众所周知，我国(韩国)的国语学是在太平洋战争结束、民族光复以后，才起步进入正式的研究阶段。”① 然而，由于在 1894 年“甲午更张”以前，朝鲜一直以纯汉文作为官方和上层社会的书写语文，日本吞并朝鲜后又实行了“朝鲜语抹杀”政策，一直到 1945 年韩国取得民族独立解放后，才正式开始使用自己的语文，所以有太多的语言文字问题有待韩国的语言学家去研究，去制定规范。他们似乎没有更多的精力和时间去关注发生在国外的早期朝欧语言接触问题。只有郑光、李基文等学者在进行相关的韩语研究时，兼及了早期欧洲人认知韩语(朝鲜语)的问题。相关的代表作有: 郑光的《朝鲜伟国字汇·解题》(《朝鲜伟国字汇》，韩国弘文阁，1978 年)、高永根的《西博尔德韩国记录研究》(韩国《东洋学》第 19 辑，1989 年 10 月)、郑稀元的《历代主要罗马字表记法比较》(韩国《新国语生活》第 7 卷第 2 号，1997 年夏)、李基文的《十九世纪西欧学者们的韩文研究》(《韩国学术院论文集·人文社会科学篇》第 39 辑，2000 年)以及郑光的《倭语类解(研究篇)》(韩国 J&C，2004 年)等。

综上所述，近一个世纪以来，中日韩三国的语言学家、历史学家已然对早期的日欧、汉欧和朝欧的语言接触问题分别进行了语言学的、历史学的或者是历史比较语言学的方方面面的研究，取得了大量的研究成果，为建构综合研究东亚三国与欧洲的早期语言接触的平台打下了扎实的基础，使我们有可能，将东亚三国与欧洲的早期语言接触统一在以汉字汉文为载

① 高丽大学校民族文化研究所:《韩国文化史大系Ⅴ·言语·文学史》，韩国东亚出版社，1967 年，第 634 页。

体、儒释文化为背景与以罗马字拉丁文为载体、基督教文化为背景的比照系统中，进行既有个性比较又有共性归纳的综合性研究探讨。

五、对早期东亚与欧洲的语言接触进行综合研究的必要性

从上节的综述不难看出，虽然中日韩三国的学者分别就本国的语言与欧洲语言的早期接触进行了近百年的研究，但鲜有学者将这三种语言接触综合在同一视野下进行考察。而此种综合性的研究考察恰恰又是极其必要的。因为，我们的研究对象，即中日朝三国语言与欧洲语言的早期接触本身之性质就决定了此种必要性。

第一，中日朝三国的语言与欧洲语言发生接触，其直接原因是欧洲传教士的东来。无论是16世纪中叶耶稣会传教士还是19世纪初新教传教士，他们的布教目的地指向并不是单纯的一个日本、一个中国或者一个朝鲜而已。当沙勿略发现日本的主要文化本源在中国时，他就企望通过教化中国的皇帝及臣民，凭借中国在东亚的文化影响力，达到在中国及其周边地区传教布道的目的。尽管沙勿略本人壮志未酬身先死，但他忠实的后继者们，如范礼安、利玛窦等人一直未曾改变这样的企图。利玛窦在其《中国札记》中，就明确指出:“任何以中文写成的书籍都肯定可以进入全国的十五个省份而有所获益。而且，日本人、朝鲜人、交趾支那的居民、琉球人以及甚至其他国家的人都能像中国人一样地阅读中文，也能看懂这些书。虽然这些民族的口头语言有如我们可能想象的那样，是大不相同的，但他们都能看懂中文，因为中文写的每一个字都代表一样东西。如果到处都如此的话，我们就能够把我们的思想以文字形式传达给别的国家的人民，尽管我们不能和他们讲话。”[①] 同样，19世纪初，当马礼逊以及米怜（William Milne, 1785—1822）、麦都思等英国传教士发现一时无法敲开中国的大门时，便将马六甲视为恒河外方传教团（The Ultra-Ganges Mission）在远东地区的“耶路撒冷”，在那里建立“英华书院”（Anglo-Chinese College），开办印刷所，编纂并刊印《汉英辞典》《日汉汉日辞典》以及《朝鲜伟国字汇》等双语和多语对译辞书，为进入中国、日本和朝鲜做准备。

---

① [意]利玛窦、[比]金尼阁:《利玛窦中国札记》，何高济、王遵仲、李申译，广西师范大学出版社，2001年，第341页。

正如邹嘉彦所言，语言本身并不会自己发生接触，而是要通过不同语言背景的使用者进行互相交流而得以实现。既然传教士在东亚的传教活动是一个有机的整体，那么，他们所主导的语言接触势必也是有整体性的，而且是互动的。相对应，我们对他们的研究必然也需要是综合的、互动的。就以罗明坚和利玛窦的《葡汉辞典》手稿为例，当罗、利二人在编写《葡汉辞典》时，在日耶稣会已经在日本立足近 40 年，很多欧洲原本没有的事物的名称，已经由日语变成了葡语的外来借词（详见后续正文专述），如 faxas（はし箸）、miso（みそ味噌）等。因此，罗、利二人便将“faxas”“miso” 等作为葡语词条直接对应了汉语的“筷子”和“酱”。这就是当时日欧、汉欧语言接触所发生的互动。如果不将他们放在同一个平台进行研究，那么我们可能很难发现这种互动现象的存在。再例如，麦都思的《朝鲜伟国字汇》，本身就蕴蓄了中朝日英四种语言的多向性语言接触，但是以往的中日韩三国学者因为没有综合性的视野，所以一直未能对这本辞典引起足够的重视。除了笔者的《麦都思〈朝鲜伟国字汇〉钩沉》（《文献》2006 年第 1 期，参见本书后续有关章节）以外，似乎鲜有人专论这本世上最早的中日朝英四国语辞典。

第二，索绪尔之所以要将语言学分为内部语言学和外部语言学，是因为他清楚地认识到了外部环境对于语言发展的巨大影响。东亚语言和欧洲语言相遇初始，中日朝三国书同文，皆以儒释思想为文化主流，而耶稣会及其后的新教传教士也有共同语文拉丁文，又共以基督文化为背景，日欧、汉欧、朝欧语言接触受到了儒释文化思想与基督教文化思想相互碰撞的严重影响。所以，传教士们在处理语言问题时，采取了统一的步调和一致的措施，这就要求我们必须将他们放在同一个平台上，对他们加以综合性的考察。例如，耶稣会使用原本儒释皆用的“天主”一词来翻译“Deus”，而新教传教士沿用耶稣会曾用的“上帝”这一东方传统文化思想的概念词翻译“God”。如果不将中日朝三种语言和欧洲语言之接触进行综合性研究的话，就很难真正了解所谓“译名之争”的曲折过程及其内涵之所在。戚印平将早期中日耶稣会对于宗教概念词的翻译问题放在一起进行综合性考察，[①] 并获得成功，就有力地证明了此种综合性研究的必要；笔者也曾就西

---

① 关于“Deus”译名问题的讨论，可参见戚印平《“Deus”的汉语译词以及相关问题的考察》（《世界宗教研究》2003 年第 2 期）。

博尔德、麦都思、裨治文（E.C. Bridgman, 1801—1861）等西士在19世纪30年代对中日朝三国《千字文》的认知，沿着黑格尔曾经指出的“一种象形文字需要一种哲学来诠释”的思路，探讨过用儒家文化诠释汉字和汉文的问题。[①] 语言是文化的载体，语言的接触实际上也就是文化的接触。耶稣会传教士对于日汉语中乃至整个汉字文化圈中的汉字以及汉字文化的认知，显然给了17、18世纪的欧洲哲学家们一些启迪，所以，莱布尼兹（Leibniz，1646—1716）才会断言：“如果上帝真教过人类以语言的话，应该是类似于中文那样的东西。”[②]

第三，众多语言接触的实例告诉我们，两种语言相互接触时，最易引出的结果是词汇的彼此影响而产生借词。传教士东来之时，汉文不仅具有中日朝三国共同语文的地位，而且日语和朝鲜语的口语，由于长期受书面语“汉语”的影响，内中的“汉语”词汇也占词汇总量的三分之二还强，所以，欧洲传教士到东亚后，无论他们是学习日语、朝鲜语还是中国的官话及各地方言，他们都会将重点放在“共同语”的汉文上，而汉字的表意性以及可以意音分离的这种完全相异于罗马字的记录符号，着实吸引了传教士们新奇的目光。因此，东亚语言与欧洲语言相互接触的两大产物，即以罗马字转写或标注日语、汉语和朝语词汇读音的汉、日、朝语罗马字转写（注音）体系，和以日、汉语的语音音译或者以汉字词汇意译欧洲语言中的概念词，也就是所谓的“借词”，都是以汉语为中心的。例如，传教士们在用罗马字标注汉字读音时，无论是汉语中的汉字读音还是日语和朝鲜语中的汉字读音，都涉及了汉字的“入声”“开合口音”等表记问题；在日耶稣会编纂的《落叶集》、麦都思编译的《朝鲜伟国字汇》等辞书，实际上都是当时传教士对日语和朝鲜语中汉字词汇的读音和训释的专门实录。另一方面，在中日两国的语言与欧洲的语言初遇时，欧洲虽然已经经历了文艺复兴，但在语言学上并没有多大的发展，语言学家们被拉丁语这种“死的”书面语所束缚，只研究字母，而忽视了语音学。[③] 然而，当耶稣会传教士们初次接触日语和汉语后，人类对言语理解的递进性认知模式，即从语音知觉到字词识别，再到句法，再到语义的信息加工次序，决定了传教士们

① 参见：陈辉《汉字文化圈缘何相当于儒教文化圈——基于十九世纪三十年代西士对中朝日〈千字文〉之译介》，《浙江大学学报》，2006年第3期。该文实际上是本书第九章的主要内容。

② 转引自张国刚：《明清传教士与欧洲汉学》，中国社会科学出版社，2001年，第26页。

③ 冯志伟：《现代语言学流派》，陕西人民出版社，1999年，第4页。

最基本，实际上也是最突出的面对日、汉语的方式，就是用他们熟知的罗马字音转注和转写日、汉语的读音，以便于识记日语和汉语以及在文函中指称欧洲原本没有的事物。这客观上为欧洲的语言学家们提供了生动的语言素材，为他们对语言进行历史比较研究创造了有利的条件。而到了马礼逊、麦都思等新教传教士东来的时代，欧洲的历史语言学和比较语言学已然兴盛。有了语音学研究的方法和规范，又恰逢朝鲜的谚文字母本身又是音素文字，与罗马字母有异曲同工之妙，所以，当麦都思面对东亚三国语言时，他选择了先用罗马字与谚文字母进行对应转写，从而达到用罗马字标注日朝语中的汉字词汇音训之目的。高本汉在其《中国音韵学研究》中曾经指出，现代中国国内外方音中，保存汉语古音最多的依次为"高丽译音""日译汉音""日译吴音""安南译音"、广州、客家……[①]那么，如果将现代日韩语读音的活材料以及古代用罗马字和谚文字母这两种音素文字转注的对音材料加以综合利用，从文字、训诂和音韵学的角度互为参照，来研究16世纪以及19世纪汉语以及汉字在日语和朝鲜语中的应用状况，无疑是一种科学的、明智的选择。

第四，所谓综合研究早期东亚与欧洲的语言接触，还有一个很大的问题是如何尽可能充分有效地利用相关资料。传教士东来之时，由于天主教的耶稣会以及新教的恒河外方传教团等教会组织基本上是将东亚作为一个整体进行全局性布教考量的，所以有许多传教士不仅到过日本，而且也到过中国；有些传教士不仅与日本有紧密关联，而且与中国和朝鲜也有密切的联系。例如后来成为日本教区主教，并接替范礼安担任中日两传教地教廷巡察员的巴范济（P. Francesco Pasio）就先于利玛窦进入过广东；在日本被称为罗德里格斯，汉文名为陆若汉的若阿·罗德里格斯（João Rodriguez, 1561—1633），无论是在日西关系、中西关系还是朝西关系史上都是不可忽视的重要人物。他们当年写下的信函和著述，内容涉及在中日朝三国的活动以及对中日朝三国语言文化的研究和理解，要充分利用好这些相关的文献资料，就有必要将东亚三国与欧洲语言接触的状况进行综合性的考察。近年来，中日朝三国的学者各自发掘和翻译了许多相关的文献资料，但是由于缺乏有机的协调统一，使得许多翻译文献瑕瑜互见。就拿利玛窦书信而言，1986年台湾光启出版社和辅仁大学出版社联合出版了罗渔翻

① 焦立为、冉启斌、石锋：《二十世纪的中国语音学》，书海出版社，2004年，第112-113页。

译的《利玛窦书信集》(上、下),为中国和熟谙汉语的读者提供了极其宝贵的文献资料。遗憾的是,大概是由于罗渔不谙日语,也或许是罗渔忽略了应该将耶稣会在东亚的传教活动材料视作一个整体的史料库,所以,内中涉及日本的一些专名都只作了简单的音译。例如:《利玛窦书信集》(上)中第二封信有关天主教在日本的情况报告,将两个非常重要的地名仅作了中文音译。一个是将“京都”(Meaco)译成了“麦亚高地方”;另一个是将“豊後”(Bungo)译成了“彭高地方”,① 从而使这封信的汉译失去了在日耶稣会史研究中的应有价值。实际上,以语言学研究而言,我们还可对此处的日语“豊後”为何读作“Bungo”提出问题,因为“豊”的韵字为“东”,日语“汉音”读作“フウ”(fû)、“吴音”读作“フ”(fu),理论上似乎不应该有“拨音”即中文所说的鼻音存在。日本历史上,在“豊後”(Bungo)国北面有个“豊前”国,它的读音就是没有鼻音的“ブゼン”(Buzen)。这就需要综合中日汉字语音学或音韵学的知识才能觅得答案。

第五,所谓综合研究早期东亚与欧洲的语言接触,还有一个将历史学的方法和语言学的方法加以整合的问题。在日本,由于已经形成了“吉利支丹学”以及“吉利支丹语言学”这样的专门学科,所以已经将历史的、语言的、文学的等诸多学术研究方法有机地统一在了这一专门学科名下。纵观土井忠生对于日本吉利支丹语言学的研究著述,就不难发现此种跨多学科的研究方法的存在。然而,中国以及朝鲜似乎在此方面尚待改善。正如卓新平、许志伟在给《基督宗教研究》(第二辑)所写的前言中,评价1999年11月在北京召开的“中国当代基督教研究”学术研讨会时说:“历史研究突出资料掌握,思想研究则突出思辨精神,二者在研讨会上虽对照鲜明,却也相映成趣,留给人们种种启迪、借鉴和遐思……”② 笔者以为,语言学则还需要进行实证性分析,包括对资料的考证和田野的调查等等。此方面,罗常培的《耶稣会士在音韵学上的贡献》以及杨福绵的《罗明坚和利玛窦的〈葡汉辞典〉——历史语言学导论》可以奉为圭臬。

第六,“以史为鉴”,综合研究早期东亚与欧洲的语言接触,也是解决现实问题的需要。众所周知,汉字曾经东南西北传向周边各国,儒家文化、佛教思想随着汉字、汉文这一语言载体,传遍了使用汉字的国家和地

① 利玛窦等:《利玛窦书信集》(上),罗渔译,光启出版社、辅仁大学出版社,1986年,第7-8页。

② 卓新平、许志伟主编:《基督教宗教研究》,社会科学文献出版社,2000年,第6页。

区。然而，现如今，在所谓的汉字文化圈中，朝鲜和越南已经完全不使用汉字；而韩国，近年来一方面是（相对于中国的“韩流”）“汉风”蔚然，但另一方面在语言文字上却越来越呈去汉字化的倾向。许多因汉字被遗弃而导致的现实问题摆在了人们的面前。刘晓峰在其《汉字背后的东亚史》一文中提到，“中韩建交后，两国关系近年来急速进展，大量的韩国学生开始学习汉语，许多韩国学者也开始重新考虑废除汉字的得失，认为抛弃汉字使韩国社会出现了知识、哲学和思想的贫困”。[①] 事实上，现今的韩国，在表面上貌似严格保留着儒家的传统文化，从祭孔到人与人交往的长幼有序等表面程式，远远要强于其文化的母国中国，然而另外一个令人震惊的数据却表明，韩国已经成为亚洲基督徒最多的国家。“时至今日，韩国基督教信徒约 1800 万人，在总人口中所占的比例达到 39%，加上天主教则已突破 50%。韩国已继菲律宾和东帝汶之后成为亚洲第三个以基督信仰为主导的国家。”[②] 正因为韩国的传统文化正在严重丢失，所以，“代偿”心理驱使韩国人拍了很多充满儒家传统伦理典范的电影和电视剧，从而误导了人们对于韩国文化现状的认识。笔者无意评判儒家文化与基督教文化孰优孰劣，然而，传教士历经两三百年的包括抛头颅洒热血在内的努力都未能达到的目的，如今却仅用了短短的二三十年就实现了，其中有一大原因难道不就是承载儒释传统文化的汉字在韩语中几近消失的缘故吗？诠释儒释传统文化的汉字在韩语中的消亡，使得韩国的传统文化成了无本之木，变成了空洞的架子，基督教文化自然就容易长驱直入。索绪尔在其普通语言学中提出民族、文化、政治制度等外部因素对语言的发展有很大的影响，其实，依笔者愚见，语言的发展又会反过来作用于这些外部因素的变化发展。

基于以上这些综合研究的必要性，笔者将以汉语和汉文为中心视点，一方面分别对早期日欧语言接触、汉欧语言接触和朝欧语言接触历史进行考察综述；另一方面，将各选择一篇代表日汉罗马字注音转写体系的应用文和一本代表语言接触成果的最初的双语辞典，对耶稣会传教士东来初期的日欧、汉欧语言接触进行实证性的分析考述；由于朝欧语言接触的特殊性，以及当时欧洲已经兴起历史比较语言学，所以，对朝欧语言的考察将

① 刘晓锋：《汉字背后的东亚史》，《读书》，2005 年第 11 期，第 30 页。

② http://www.wiki.cn/ 韩国基督教。

更注重于文献学的和哲学性的思辨论述。希望此种从内容到方法的整体性“综合”研究，有助于人们对东亚语言和欧洲语言接触初始的实态有较全面的认识，从而对人类语言的发展方向有所把握。

第一章　早期耶稣会士认知日语及至汉语的进程

活动于果阿、马六甲等地的沙勿略，其实最初欲往拓展新教区的地方并不是日本，而是中国。因为其时，有传说说使徒圣多马曾经到过中国，所以，沙勿略很想证实中国人究竟是不是基督教的信徒，并希望追寻圣多马的足迹，去那里继续传播“福音”。为此，他在马六甲不断地向曾经到过中国的葡萄牙商人打听中国人的祭祀仪式和生活习俗，来判断中国人是信仰基督教还是信仰犹太教。然而，16 世纪上半叶的中国，大多数时间实行了“海禁”政策，尤其禁止国人与葡萄牙人通商，所以，沙勿略所获有关中国的信息甚少。现实也告诉他，耶稣会传教士与葡萄牙商人一样，要想进入中国绝非易事。正在踌躇之际，历史的机缘，让沙勿略在马六甲结识了因避杀人罪而逃来此地寻求向基督主忏悔的日本武士池端弥次郎。沙勿略便通过他以及一些到过日本的葡萄牙商人，获得了有关日本的许多信息，于是决定先绕开中国，前往日本传教。这样，便有了耶稣会士认知日语以及汉语的开始，日语、汉语与欧洲语言的接触也由此展开。

第一节　耶稣会士初遇日语并兼及汉语

在进入日本之前，沙勿略已经从池端弥次郎及另外两名日本人处对日语有了最感性的认识。他于 1549 年 1 月 12 日和 1549 年 1 月 14 日写了三封差不多内容的信，分三种途径捎给了耶稣会总会长罗耀拉（Ignatius de Loyola,1491—1556）。信中，他不仅向罗耀拉汇报了与弥次郎相识的过程和从葡萄牙商人等处所获得的有关日本的信息，而且在末尾处除了附加了一张日语发音表以外，还对日语作了一个大概的介绍。

> 日本人非常不同于其他国家的人，文字自上而下书写。我问保罗为何不像我们那样（从左到右）写。他反问说：你们为何不像我们那样写？因为人头在上，脚在下，所以在书写时也必须从上写到下。……我将从那里（日本）给您报告他们书中所写的内容。因为，保罗不认识他们书中的（汉）字，更不知道书中所写的内容，所以无法问他。正如我们看拉丁文的书，他们书中的语言并不是日本人平时所使用的语言。①

在介绍日本的宗教信仰时，他写信给葡萄牙的西蒙·罗德里格斯神父说：

> 据（保罗）说，鞑靼、中国和日本，都信奉传自天竺的教理。但是，就像对我们而言拉丁语很难一样，日本人保罗并不能理解他们的教理书中所写的语言。②

从以上沙勿略对日语的描述中，可以看出，耶稣会传教士认知日语，从一开始就已将着眼点放到了书写文字上。他们所接触的日本文献主要也是以汉译的佛经为主。所以，当他们跟随弥次郎来到日本后，主动并频繁地去与佛教僧侣交往，而将学习日语的重点则是放在了相当于欧洲拉丁文的“汉文”上。因此，欧洲语言与日语的接触，实际上自始就伴附着与汉语的接触。

纵观在日耶稣会留下的有关历史文献，早期在日耶稣会士对日语的认知大体可以划分成三个阶段。第一个阶段，是沙勿略、托雷斯、费尔南德斯等首批传教士于1549年抵达日本后对于日语的初始认识；第二阶段，是范礼安1579年到日本“巡察”后至首批吉利支丹版活字印刷书籍的问世；第三阶段，是1595年《罗葡日辞书》的刊印至陆若汉《日本大文典》和《日本小文典》的问世。在与弥次郎的交往以及进入日本后与日本大众的直接接触过程中，传教士们发现当时在日本占主导地位的宗教是佛教，而佛教僧侣们又掌控着日本的教育与文化事业，于是他们便将传教工作的重点放在了让日本民众尤其是僧侣们的“改宗”上，并采取文化适应的传教策略。

---

① 河野纯德译：《聖フランシスコ·ザビエル全書簡》，日本平凡社，1985年，第353、357页。

② 同上书，第367页。

具体而言，也就是在与当地民众的接触中，全面了解和掌握日本社会和民众的生活习俗，同时，认真学习日本的语言和汉籍佛经，以达到批判佛经，宣扬圣经，使日本民众“改宗”的目的。所以，正如丹麦学者 Annette Skovsted Hansen 在《主题的变异——文化相遇在 19 世纪日本双语词典中的反映》一文中所言，在日耶稣会编纂刊印最早的日语和非亚洲语言的双语词典《日葡辞书》（1603 年），与 1628 年日本刊印早期的佛教梵汉双语词典——法云（1088—1158）编纂的《翻译名义集》（1143 年），几乎是在同一时期，甚至还早一些，因为传教士们认识到：“从他们本土的语言和思想出发去教化潜在的‘改宗者’，最容易使他们理解和服从上帝的旨意。”[①] 这也就不难理解为什么发生“Deus 大日误译事件”后，虽然耶稣会规定了只能音译天主教主要概念词，即所谓的“音译原则”，但后来还是用了“天主”、“天道”、“天尊”等佛教的汉译词汇来意译天主教教义的实际状况了。可以说，汉语和汉籍贯穿了早期在日耶稣会士认知日语的全过程。

沙勿略踏上日本国土后，愈加觉得日本是一个适合于大范围传播天主教的国家，学习日语成为传教士们的当务之急。他在 1549 年 11 月 5 日给果阿的耶稣会士们的信中写道：“如果我们在短时间内学会日语，主一定会很高兴。我们已经开始喜欢日语，并用 40 天的时间学会了用日语说明神的十戒。”[②] 不过，他同时也认识到，要学会日语并不是件容易的事，所以在信的后半部分，他表明了要学会日语的态度和决心。“现在，我们只能像雕像似地站在日本人的中间，他们围绕我们说这说那，相互交谈，但我们因不懂语言只能沉默无言。如今，我们要学好语言，就必须如同幼儿一般。祈愿神能助我们学习幼儿的质朴与纯洁，因为，要学好日语，就必须像天真的幼儿一样单纯。我们将为此做好思想准备，运用各种手段以实现目的。”

两年后，沙勿略虽然还需依靠比他的日语进步快得多的费尔南德斯与日语人进行交流，但是，他已经对学好日语有了足够的信心。1552 年 1 月 29 日，他写信给欧洲的耶稣会士说：“学习日语并不难。”“我们在保罗（弥次郎）的家乡那几年，向信徒传授教理，学习日语，从教理中辑录一些内

---

① Annette Skovsted Hansen : Variations on a Theme—— Cultural Encounters Reflected in Japanese Bilingual Dictionaries of the Nineteenth Century，*KONTUR* No.8-2004, p37.

② 河野纯德译:《聖フランシスコ·ザビエル全書簡》，日本平凡社，1985 年，第 475 页。

容写成日语等等，很忙很忙。……我们辛勤地将教理说明书翻译成了日语，为便于朗读，我还将这些日文改写成了罗马字。”[①] 殊不知，他为了欧洲人朗读记忆的方便，而对日文进行罗马字转写，恰恰成了欧洲语言与日语相接触的最大产物。它不仅开启了日语罗马字转写的历史，而且，用辅音和元音分解日语假名的发音，也为日语语音学的发展开辟了一条全新的途径。下表所示，即沙勿略制定的日文罗马字转写法。[②]

nha	ja	xa	pa	ba	da	za	ga	ua va	ra	ya	ma	fa	na	ta	ça sa	ca	a
			pi	bi	gi	ji	gui		ri		mi	fi	ni	chi	xi	qi qui	i
nhu	ju	xu	pu	bu	zzu	zu	gu		ru	yu	mu	fu	nu	tçu	su	cu qu	v
			pe	be	de	je	gue		re		me	fe	ne	te	xe	qe que	ye
nho	jo	xo	po	bo	do	zo	go	uo vo	ro	yo	mo	fo	no	to	so	co	vo

在同日本民众特别是日本僧侣的接触过程中，沙勿略逐渐发现日本的文化、宗教等诸多方面实际上都源自中国。“彼与有学识的日本人，尤与僧人辩论之中，辄惊日本人对其比邻大国之文学哲理深致敬佩，盖此为日本全部文化之本也。”[③] 所以，他认为必须尽快前往中国。只要中国接受了天主教，那么日本也会迅速跟着放弃他们原有的信仰。为说明这一观点，他给罗耀拉写信时，还特意对日本人与中国人语言方面的关联性作了如下说明：

值得注意的是，中国人和日本人因为口语非常不同，所以不能互通会话。认识中国文字的日本人理解中国人写的东西，但并不会说。日本人之所以知晓汉字，是因为日本的大学教授汉字。而且，认识汉字的僧侣被作为学者而受到人们的尊敬。中国的汉字有很多种类，一个文字表示一个意思。因此，日本人在学习汉字时，先写出中国的文字，然后添写其意思。也就是，如果文字是“人”，那么，在“人”字的旁边，加写表

① 河野纯德译:《聖フランシスコ·ザビエル全書簡》，第 526 页。

② 柳谷武夫编辑:《イエズス会日本年報》，村上直次郎译，日本雄松堂，1944 年，第 4 页。

③ （法）费赖之:《在华耶稣会士列传及书目》，冯承钧译，中华书局，1995 年，第 1 页。

示“人”的日语读音。其他字也都是如此。由若干汉字构成的词汇，也用此种方法以日语进行认读。正因为对于一个（汉）字，日本人读的时候是用日语，中国人读的时候是用中国语，所以，在会话的时候不能互通，但在写的时候仅依靠文字就能相互理解。他们都知道彼此的口语虽然不同，但文字是共通的。[①]

从以上沙勿略对日语的论述中看，他的着眼点与其说是在日语，还不如说是在记录日语的文字，特别是汉字上。土井忠生究其缘由为：“从使用罗马字的视角出发，沙勿略对日本的汉字抱有非常的好奇感。即，他是作为一种不可思议的事物接受了此种文字。同样的文字中国人也能理解，日本人也能理解，但是对于该文字的读法，中国人和日本人却是不相同的。”而且，沙勿略等传教士们对于汉字，还不仅仅停留在单纯的好奇上，他们还想到，如果用汉字汉文来编写教义书的话，既可以用于向中国布教，又能利用日本人仰视中国为文化先进国的特点，给日本人带来感化影响，从而达到一举两得的目的。[②]

一直到1555年，沙勿略去世三年以后，才由在日耶稣会的加戈（P. Balthazar Gago J. S.）最早向欧洲介绍了除汉字以外，其实记录日语的符号还有他们自己的文字——假名。他在1555年9月写信给印度及葡萄牙耶稣会的修士们时，为说明使用汉字翻译宗教概念词容易产生歧义的情况，介绍说：“他们的文字不完备，与我们语言的文字并不相当，其文字无法用于表记发音。他们有两种文字，我们不仅都能悉数发出他们的语音，而且能（用我们的字母）书写下来。反之，他们却不然。日本的文字有两种意思，也有两种以上的。”如本章文末附图所示，加戈还在信中具体列举了汉字“魂”“人”“畜生”“天”“日”“月”以及与它们所对应的假名“たましゐ”“ひと”“ちくしゃう”“てむ”“ひ”“つき”，并指出：“‘魂’既有灵魂之意，也有恶魔之意，而头面人物希望知晓的就是此种文字（汉字）。后面的一种文字（假名），是普通使用的文字，除了第一种意思（灵魂）以外，别无他意。所以，我们用了此种文字来书写我们的书籍。”[③] 可

① 河野纯德译:《聖フランシスコ·ザビエル全書簡》，日本平凡社，1985年，第555页。
② 土井忠生:《吉利支丹论考》，日本三省堂，1982年，第1-2页。
③ 村上直次郎译注:《イエズス会士日本通信》（上），日本雄松堂，1968年，第102页。

见，此时的加戈已经清楚地认识到了表意的汉字、表音节的假名和表音素的罗马字之间的区别，它们是三种完全不同的文字。因此，他不仅反对使用意译法翻译宗教概念词，而且在他主导翻译的教理书中，开始刻意使用假名，以避免汉字之一字（词）多义所带来的歧义而导致误解。

其后，随着首批抵日传教士在日生活的深入，像费尔南德斯那样富有语言天赋的修士经过长年的努力，已经精通日语。他于1564年编写了日语文典和以拉丁字母顺序编排的葡日语辞典。[①] 遗憾的是，由于这些文典和辞典是抄本，以及后来的日本教区长卡布拉尔（Francisco Cabral）对日本人没有好感，反对适应当地文化的传教策略，对日语并不重视等原因，现已不见费尔南德斯所编的文典和辞典存世，我们也就无从了解这些文典和辞典的真实面貌了。好在卡布拉尔任教区长期间（16世纪70年代），在京都地区传教的弗洛伊斯（Luis Frois, 1532—1597）对卡布拉尔轻视日本语言和文化的态度很不以为然，继续与织田信长等日本上下民众搞好关系，努力学习和了解日本社会、语言和文化。一方面，他与沙勿略等最初一批在日传教士一样，把对日语的关注点集中于汉字。他认为，日本"大学"中的学生"他们花大部分的时间和精力于中国和日本的文字上，因为那些文字从数量上而言几乎可以说是无数的，加之那里面的仅仅一个字会有十五甚至二十个不同的意思；另外，他们日本人还教授应称作是他们的神学的其宗派的教义以及取自于中国的几个贤者和古哲学家的书籍中的若干道德论"。[②] 另一方面，他还将对日语的视野扩展到了日语的助词、词汇和表达方式等多个方面。他在1578年10月16日写给葡萄牙耶稣会神父和修士们的信中介绍说：府内教堂的神父和修士们正在不断地通过语法书学习日语，"这个国家的语言词汇非常多，而且需要注意礼仪，助词也很多，所以不像其他国家的语言那样容易掌握。修士中的数人，同时也在学习日本文字的书写方法，因为这非常有利于全面认识这种语言"。[③]

1579年，范礼安（Alexandro Valignano，1539—1606）作为巡察师来到日本，免去了对日本不友好的卡布拉尔的职务，重新实施文化适应的传教策略，从而使在日耶稣会士对日语的认知进入了一个新的阶段。

① 海老泽有道:《切支丹典籍丛考》，日本拓文堂，1943，第141-142页。

② 弗洛伊斯:《完訳フロイス日本史》，松田毅一、川崎桃太译，日本中央公论新社，2000年，第341页。

③ 柳谷武夫编辑:《イエズス会士日本通信》（下），村上直次郎译，日本雄松堂，1983年，第374页。

第二节　耶稣会士全面认知日语并运用于传教事业

范礼安作为耶稣会总会的“巡察师”，于1579—1582年、1590—1592年和1597—1603年前后三次赴日主导日本教区传教工作。由于当时的交通和通讯极不便利，所以，“巡察师”的权力极大，在其“巡察”的教区内，实际上作为总会长全权代理的角色行使职权，颇似耶稣总会派出的“钦差大臣”。范礼安抵日后，实施了包括编辑日语教材、在神学校和神学院设立日语和日本文学课程等措施在内的“拨乱反正”政策，重新推行文化适应的传教策略。虽然他自己不谙日语，但通过弗洛伊斯等长年浸染日本语言文化的传教士，使在日耶稣会总体对日语的认知有了长足的发展。

这一阶段，在日耶稣会的传教士们对日语的研习，不再只停留在文字上，而是扩展到了日本语言文字的各个方面，甚至包括日本人之间的交际会话礼俗等语用环境。并且，由于受范礼安的文化适应传教策略之影响，此阶段的耶稣会士对日语的评价颇多赞美之词。例如，范礼安的秘书梅希亚神父（Lorenço Mexia）在1584年写给葡萄牙可因布拉（Coimbra）神学院院长的信中是这样称道日语的：

> 语言（日语）是现存语言中最为庄重的，其词汇相当丰富，在诸多方面要优于希腊语及拉丁语。有无数的单词，同一个事物有很多种说法。为学习这种语言需要做的事情很多，不光是已在此居住二十年以上的我们国家的人，就连本地的人们也常常有需要重新学习的东西。他们学习语言的同时还学习修辞，接受教养（我相信这在其他任何语言中都不会有）。如果不知晓大人与小孩、地位辈分高的人与地位辈分低的人的说话方法以及对诸人的礼仪，那么就无法理解日语。而且，根据对象的不同，有着特别的动词、名词及其使用方法。……书面语言与口语差别很大，两者都有极多的词汇数。可以用多种语词表达数种意思。文字有无数，没有人全部知晓所有的文字。字母有两种，各超过四十个，并有很多形状。另外，同中国人一样拥有象形文字，但无法学完所有文字。除象形文字外，有表达同一事物的本国的文字。他们在书写文字时，使用许多技巧，在语言无法表达时，就用文字来表述。在阅读信函时，最为谨慎，一字一词，都非常留意。如果不多加考虑的话，就会有意外。他们忌贪

> 食，且不外露愤怒，即便是非常饥饿的人，在餐桌前决不表露出来，样子就好像吃饱了一样沉着冷静。父亲对子女、丈夫对妻子或者对敌人，即便有愤怒，也绝不溢于言表。他们认为，人会因饮食或忿怒而乱心绪，应该鄙视之。[①]

关于日语和日本文化，范礼安的最得力顾问当属弗洛伊斯。弗洛伊斯于1563年以神父的身份来到日本传教，对日本非常友善，与上至织田信长、下至黎民百姓交往甚密。经过长达23年的观察比较，他于1585年著述了《日欧文化比较》（*Tratado em que se contem muito susintae abreviadamente algumas contradições e diferenças de custumes antre a gente de Europa e esta provincia de Japão,* 1585）一书，内中不乏对日语和欧洲语言的异同、日本人与欧洲人会话交际习俗、日本人和欧洲人语文习得途径、日本人和欧洲人的书写习惯及工具等等之比较。

对于两者的文字，他比较说："我们以二十二个文字书写。他们使用假名的ABC四十八个文字和无数个不同书体的文字书写。"对于两者的语言特点，他说："欧洲的语言忌讳暧昧，追求明了。但在日本，暧昧的语言是最上品的语言，最受重视。"对于心情的言表，他认为日欧也有明显的不同，"我们尽情表露愤怒的感情，而且不太抑制急躁。他们用特异的方法抑制愤怒与急躁，而且相当中庸和节制"。对于遣词特性，他说："我们用名词表达荣誉。日本全都使用动词表示。"对于人与人之间的会话态度，他说："我们之间装出来的笑会被看作不认真。在日本则是了不起的事情，被视作好的条件"，"我们之间礼节以沉稳、严肃的脸面进行。日本人则是以常常不变的假笑来完成"。对于文学作品，他说："我们的戏剧用诗，但他们的则是散文"，"我们的诗句包含于四、六、八行。日本的所有和歌包含于两句，且不押韵"，"我们以极快的速度阅读。他们则是慢慢地、一点一点跳过文字阅读"。（这是因为日本人读汉文时要以日语的语序将动词移到最后而造成的。）对于文字的习得，他认为："我们从书中学到很多的技术和知识。他们则将全部生涯用于文字意思的理解"，"我们是跟从世俗的师匠学习读写。在日本，所有儿童在和尚的寺院学习"，"我们的小儿先学

---

① 柳谷武夫编：《耶稣会日本年报（下）》，村上直次郎译，日本雄松堂，1944年，第98页。

读，而后写。日本的小孩首先学写，然后学读”[①]，等等。他的这些比较体现了他对日语、汉字汉文和儒家、佛教等文化语境之认识。

当然，这一时期耶稣会士对日语特点的最权威介绍，势必是耶稣会在日本的最高首长“巡察师”范礼安的《日本巡察记》。范礼安“巡察”日本后，于1583年写了《属于日本管区及其统辖的诸事要录》和1592年的《日本诸事要录补遗》。后人将此二报告合称为《范礼安日本巡察记》。虽然范礼安本人并不太懂日语，但他从精通日语的弗洛伊斯处获得了对日语的很多认识。所以，在他的这份报告中，范礼安全方位地介绍了日语、日文以及日本人的用语特点。其笔端多为对日语的褒扬之辞。为对卡布拉尔前教区长对待日本的态度进行批评，内中还不乏对日语的溢美和对耶稣会士们学习日语效果的夸张描写。关于日语语言特点，最为范礼安所重视的是日语的敬语。他认为日本人往往喜怒不形于色，他们的语言语汇非常丰富，甚至超过拉丁语，足以表达他们想表达的思想。他在其“巡察记”中这样写道：

> （日语中）指称同一事物的名称有很多，而且，由于他们重视名誉的优雅天性，使得他们不允许对所有的人以及所有的事物使用同一个名词、动词等，相对于所对的人物和事物的阶层，必须区别使用高尚、低俗、轻蔑以及尊敬的语言。口语不仅不同于文言，而且男女各说非常不同的语言。在书面语中也多少有些差异，信函与书籍的用语是不同的。也就是说，就因为如此种类既多而且优雅的特点，所以要掌握它需要很长时间。如果使用不同于他们惯常的说法和写法，就会招致嘲笑和侮蔑。就好像我们说拉丁语时，将语言颠倒、错误用格一样。[②]

范礼安等耶稣会士之所以会特别重视日语中的敬语，据土井忠生分析，是因为敬语让传教士们耗费了太多的精力和时间。在日语的发展史上，最与社会生活相关联，严格区别使用尊敬语和卑下语的就是室町时代，而最与日本整个社会阶级制度紧密相连，实行繁琐的礼仪制度的就是

① 弗洛伊斯：《日欧文化比较》，冈田章雄译注，日本岩波书店，1979年，第502-636页。

② 范礼安：《日本巡察记》，松田毅一等译，日本平凡社，1973年，第26页。

早期耶稣会登陆日本传教的时期，即室町时代末期。① 所以，范礼安在他的报告中，除了介绍日语的敬语特点以外，还详细介绍了日本人之间的会话交际礼仪。他在《日本诸事要录》第一章“日本的风习、性格及其他记述”中，感叹日本的交际会话礼仪简直到了难以置信的程度。他说，日本人在交际时，用意非常周到，考虑十分周全。他们与欧洲人不同，即便谈到悲欢、不平或者穷潦时，也不表露于感情，决不将自己的苦劳、不幸和悲欢挂于嘴边；在遇到谁或访问谁时，他们总是给人以坚强的勇气和明快的表情。或只字不提自己的辛劳，或以没任何感觉、毫不介意的态度一带而过，一笑了之。对于自己的主君和领主等毫无怨言。相互会话交流时，总是说些天气和其他事情，而不言及除了让对方听起来高兴之外的话题。在商谈事务时也决不喜怒于色。对于重要问题，不进行直接面对面交谈，而都通过书面或者第三者来交涉。毋庸说双亲与子女、主君与家臣之间是这样，就连夫妇之间也是如此，这已经成为全日本的惯例。就这样，日本人之间，保持着一致和平稳。就连儿童都像大人一样始终保持理性、冷静和沉着的态度，相互间不失敬意等等。②

正是基于日语的特点和日本人会话交往的礼仪规范，范礼安认为日语与汉语是有很大差别的，要在短时间内学好它并非易事。这也成为他建议耶稣总会不要派遣住在中国的主教到日本，也不要让在中国的主教介入日本事务和向在日神职人员发号施令的主要原因之一。他进而建议，有必要在教皇之下，或者从中国教区分离出来单独成立日本教区，或者至少教皇要明确告诉中国的主教绝对不要干预日本的传教事务，将日本的问题委托给有经验的在日诸神父处理。③

鉴于来自欧洲的传教士学习日语不易，而日本儿童又非常聪慧，所以，他在日本提出并实际建了许多少年神学校。他主张让神学校的日本儿童在学习日语读写的同时，也要培养他们学会看懂欧洲的书籍，教育他们认读拉丁语。教材无论是日语还是欧洲的语言，都要用罗马文字进行印刷，因为日本的文字数目众多，无法印刷。为此，他在 1590 年随“天正遣欧少年”返回日本时，还带来了金属活字印刷机以及排字工。活字印刷技

① 土井忠生:《吉利支丹论考》，日本三省堂，1982 年，第 5 页。

② 范礼安:《日本巡察记》，松田毅一等译，日本平凡社，1973 年，第 13-14 页。

③ 同上书，第 53-58 页。

术的输入，为出版印刷自他主导日本传教事业以来耶稣会翻译的教理书籍和编辑的日语辞典及语法书提供了极大的便利。继《圣人传辑录》等首批教理书后，在日耶稣会于16世纪90年代中后期至17世纪初，相继编纂出版了《罗葡日辞书》《落叶集》《日葡辞书》和《日本大文典》等日语语言类系列书。如此，在日耶稣会认知日语进入集大成时期。

第三节　日本信徒与欧洲传教士的互动及在日耶稣会日语研究之集大成

日语与欧洲语言的接触并不是耶稣会传教士单向性地去认知日语，日本信徒特别是具有较高文化修养的“改宗者”，在竭尽全力帮助欧洲传教士研习日语的同时，他们也学习葡萄牙语和拉丁语。正因为有了这种双向性的互动，才有了《日葡辞书》《日本大文典》等成果的问世，才有了日欧语言接触后最直接的产物——日语罗马字转写法的诞生，并被用之于日语语音学的研究之中。

最早开始学习葡萄牙语的日本人就是池端弥次郎。沙勿略初次与弥次郎相见时，弥次郎业经与葡萄牙商人相交，习得葡语，已能与沙勿略用葡语进行会话交流。之后，为能赴日传教，沙勿略便敦促弥次郎等三个日本人在果阿圣信学院进行了为期八个月的葡萄牙语学习。弥次郎因为有一定基础，很快就掌握了葡语的读写和听说能力，使沙勿略赴日传教更加充满信心。[①] 沙勿略抵日后的最初一段时间，弥次郎理所当然地成了首批在日传教士的耳舌。沙勿略所编的包括《十戒》在内的《小教理问答书》（*Catechism*，或曰《公教要理》）等最初的一批日语传教文书大多有赖于弥次郎的翻译。传教士们最初对日语的知识，当然也来自于弥次郎等懂得葡语以及教义的首批日本信徒。

由于弥次郎没受过多少文化教育，所以，沙勿略们踏上日本国土后，开始物色高素质的日本信徒以帮助他们的翻译工作。特别是发生“Deus大日误译事件”以后，日本人修士洛伦索（Ir. Lourenço, 1526—1592）便成为加戈的最得力助手，帮助耶稣会传教士翻译教义，了解日本，学习日本语言和文化。据海老泽有道的研究，洛伦索是日本基督教史上最早的一个

① 河野纯德译:《聖フランシスコ·ザビエル全書簡》，日本平凡社，1985年，第341、352页。

修道士，原为佛寺和尚，法号“琵琶法师”。他虽有目疾，但很有语言天赋，从沙勿略初抵日本传教起，就成为教会中非常重要的日本信徒。他不仅教授维勒拉神父（Gaspar Vilela，1525—1572）迅速学会了日语，并帮助维勒拉和弗洛伊斯等传教士在京都地区布教。当加戈接过沙勿略的编纂日语教理书的遗钵后，洛伦索又作为其日语翻译为其宗教用语的改革立下了汗马功劳，帮助加戈奠定了巧妙应用佛教用语套译拉丁语、葡语原文的基础。加戈曾由衷地称道他说：“作为翻译，他精通日语，才气焕发，其对Dues之事、对日本事情的认知无人能及。”[①] 洛伦索前后参与了《二十五条》《贵理师端往来》《圣人传辑录》等在日耶稣会重要文献的编纂和翻译工作。耶稣会最初将“Deus”翻译为“天道”“天主”等词也都与洛伦索有关。[②] 而且，他还直接或间接地参与了席尔瓦（Ir. Duarte da Silua）、费尔南德斯（Ir. Juan Fernandez）等人的日语文典和辞书，乃至罗德里格斯（陆若汉）的《日本大文典》等著作的编纂工作。[③]

如此，洛伦索不仅自身为日语和拉丁语、葡语的接触作出了杰出的贡献，而且，他还引导和培养了养方保罗父子开始从事欧洲传教士与日本人信徒之间的语言沟通工作。自16世纪80年代耶稣会在日建立神学校和神学院，到《圣人传辑录》《日葡辞书》《日本大文典》等吉利支丹文献及日语研究专著的诞生，都凝结了养方父子的辛劳。作为日本第一部真正意义上的外国文学翻译作品刊印本的主译者，养方保罗父子对东西语言接触的贡献，尤其是对日语语音学和日语罗马字转写法的发展功不可没。

自1580年起，为加强在日耶稣会的组织和活动，培养高素质的耶稣会会员，以推动在日传教事业的进一步发展，在卡布拉尔、范礼安等人的努力下，耶稣会相继在有马、安土、丰后等地建立了神学校和神学院，在这些学校和学院内，不仅设有神学课程，而且面向欧洲传教士开设了日本语言文化课程，面向日本学生开设了拉丁语、葡萄牙语课程以及日本语言文化课程。[④] 神学校和神学院的建立，为在日耶稣会培养了一大批兼通日

① 海老泽有道:《切支丹典籍丛考》，日本拓文堂，1943年，第12页。
海老泽有道:《增訂切支丹史の研究》，日本新人物往来社，1971年，第254-259页。

② 越中哲也:《長崎における初期禁教政策の一考察》，《キリシタン研究》（第二十辑），吉川弘文馆，1980年，第159-257页。

③ 新村出、柊源一:《吉利支丹文学集1》，日本平凡社，1993年，第50页。

④ 松田毅一:《日本巡察记·解题》，日本平凡社，1973年，第327-331页。

语和拉丁语、葡语以及欧日文化的传教骨干。在众多神学院中，最为出色的是位于丰后的"府内神学院"。切斯莱克（Hubert Cieslik S. J）在《吉利支丹研究》（キリシタン研究）上对"府内神学院"曾有过专考。根据他的考述，与耶稣会吉利支丹版文献有直接关联的一大批重要的作者和译者都出自府内神学院。如养方保罗、陆若汉以及与陆若汉同名同姓的吉朗（Girão，João Rodriguez，1558—1629）神父等都曾在府内神学院执教或学习。[①]

特别值得注意的是1582—1590年天正少年遣欧使对欧洲的访问。此次访问，使得日本人有了走出国门，向欧洲推介日本语言和文化的机会。日语与欧洲的语言在欧洲也有了直接的接触相会。天正十年（1582），范礼安在结束第一次对日本的"巡察"，准备离开长崎之前，为向欧洲介绍日本人，以求得欧人对在日传教的资助，并让日本年轻人目睹欧洲的文明，更有利于对日的传教活动，他突然决定带几位日本少年以日本信教大名的代表之身份赴欧访问。大名大友宗麟的代表伊藤マンショ等四位日本少年，经果阿并在那里学习葡萄牙语后，于1584年8月抵达里斯本，正式开始了在欧洲的游历访问，行程包括对西班牙兼葡萄牙国王腓力二世以及意大利罗马教皇的拜访，于1590年以印度副王使节的身份返回已进入丰臣秀吉"禁教"时期的日本。四个日本遣欧少年在欧期间，积极地向欧洲介绍了日本的语言文化，并将构成日语四十七个假名的"伊吕波歌"介绍到了欧洲。此平假名的"伊吕波歌"及其汉字于1586年被收入欧洲的书籍，即法国密码学家维吉耐尔（Blaise de Vigenère，1523—1596）所编的《数字论或书写之奥秘》（*Traicté de chiffres, ou secretes manieres déscrire* par Blaise de vigenere. Paris, 1586）一书中。福岛邦道认为，这是历史上最早出现在欧洲文献中的"伊吕波歌"，迪雷（C.Duret）的《世界语言史宝典》（*Thresor de l'histoire des langues de cest univers*，1613，1619）所载的"伊吕波歌"完全转载自《数字论或书写之奥秘》，通过这两本书，日语"伊吕波歌"广为欧洲人所知。虽然《数字论或书写之奥秘》中附注的罗马字与假名对错了行，并有个别字或写错或颠倒，但其大体是完整正确的。[②] 其罗马字转写如下（括号内为福岛邦道的纠正）：

---

① Hubert Cieslik S. J.:《府内のコレジオ》，《キリシタン研究》第二十七辑，1987年9月，第65-154页。

② 福岛邦道:《続キリシタン資料と国語研究》，日本笠间书院，1983年，第7页。

IE	A	IA	RA	IO	CI	I
FI	CA	MA	MV	TA	RI	RO
MO	QI	QVE	V	RE	NV	FA
SE	IV	FV	I	ÇO	RV	NI
ZV	ME	CO	NO	CV	VO	FO
	MI	IE	VO	NA（NE）	VA	FE
	XI	LE（TE）	QV	NE（NA）	CA	LO（TO）

弗洛伊斯在其《遣欧使节行记》中，对日本四少年在欧洲极力介绍日本语言文字的情景也有过专门的描写。例如，其第十章就记述了四少年不仅在拜见腓力二世时，认真地介绍了日语的书写和朗读方法，而且在其后到马德里的圣罗兰索·德·埃尔·埃斯科利亚修道院（San Lorenzo de El Escorial）参观时，还带上日本纸和笔墨，向那里的修道者们介绍了日本的语言文字。

> 我们一行携带着日本的纸、墨以及一册书体书，向他们演示了我们的读法和写法，以表示对他们的友好和慈爱的谢意。修道者们非常高兴，在进入文库时，向我们展示了他们所收藏的各国文字，内中甚至有一册收有中国文字的书。然而，他们还欠缺日本文字，所以有意让我们为修道院及文库留下一些纪念的笔墨。于是，修士乔治（四遣欧使中的其中一人）在一张被称作“鸟之子”的日本纸上，记下了日本的少爷们来此处的时日、目的和来处，并写了些对国王陛下及该修道院的赞词。进而，就着这些（日本）文字用卡斯提尔语（Castillian，即西班牙语）作了一番陈述。长老请我们用日本的文字写一下《十诫》。写毕后，长老表示将立即呈示给国王陛下。①

1590年，范礼安与遣欧少年返回日本时，带回了活字印刷机，这为欧洲传教士和日本修道士们以刊印本的形式发表其共同研究日语所获得的成果，提供了至关重要的条件，从而扩大了这些欧日语言接触产物的影响。

---

① 弗洛伊斯:《遣欧使节行记》,《大日本史料十一编别卷之一天正遣欧使节送系史料》。转引自：福岛邦道《続キリシタン資料と国語研究》，日本笠间书院，1983年，第10页。

自1591年第一本吉利支丹刊印本《圣人传辑录》日语罗马字本的问世起，陆续印刷出版了《拉丁文典》《罗葡日对译辞书》《落叶集》《日葡辞书》和《日本大文典》等语言学著作。另外，弗洛伊斯的《日本史》、陆若汉的《日本教会史》等出版物也辟专门章节介绍了日本语言文字的特点。由于当时的日本，大多使用“变体汉文”，日语中的成语格言等熟语和文化典故又大多出自中国，所以，在这些所谓的吉利支丹版书籍中，中国或者说汉语元素也是其内中的主要成分。透过阅读这些出版物，欧洲人甚至日本人本身也可以学到许多有关中国语言文化的知识。陆若汉的《日本教会史》写的是日本，但开篇却从介绍中国起始，在其后的各章节中也有不少对中国语言文化的介绍。陆若汉本人既是早期在日耶稣会的主要成员，又是早期来华传教的耶稣会成员之一，其双重的身份本身就从一个侧面反映了欧洲人对中日两国语言认知的互动。可以说，他是欧日语言接触与欧汉语言接触的最好见证人及中介者。

综上所述，当沙勿略等首批耶稣会士初次接触到日语时，最先感知到的，或者说最先被吸引的，是日语用中国的汉字作为语言记录的符号，从而使他们隐约认识到，汉字汉语以及中华文化对日本的影响。不过，此时他们对日语以及汉字在日语中的地位和作用的认识是初步的，其概念并不十分清晰。而到第二阶段，弗洛伊斯、范礼安等人就比较清楚地认识到了日语和汉语之间的不同特点，尤其是日语的敬语以及日本人交际会话习俗的特殊性。到了吉利支丹出版物相继问世的时期，欧洲传教士在汉学和日本文学造诣兼具的日本人修士的帮助下，不仅对日语有了全面的认识，同时也对汉语言文学以及中华文化也有了充分的了解。这样也促使他们将《天主实义》等汉译天主教教理书和介绍欧洲科技文明的汉语译著传到日本甚至朝鲜，并试图进入朝鲜开拓其传教事业。可以说，耶稣会传教士对日语以及自日语及至汉语的认知，是一个从初步到深入的螺旋式上升的发展过程。陆若汉在撰写《日本教会史》时，自己认为，在日本和中国生活了59年并参与了大多数耶稣会在此地区的重大活动，精通日中两国的语言文字和历史，定能写出一本明快翔实的日本教会史，以献给欧洲各阶层读者。所以，在其序言中，有一段批评此前的耶稣会传教士没能正确地介绍日本全貌的文字。其言虽不尽然，但我想很适合用作本章的结尾，以归纳性地反映早期耶稣会传教士认识日语并通过日语了解汉语，以及正确区分日中语言文字之不同的认知历程。

在了解日本的政治形态、习惯等情况时，与认知中华帝国的样式有密切的关系。自古，有很多中国人移居到这些岛屿的大部分地方。日本人吸取了中国所具有的长处，即日本所没有的文化、文字、学问和政治形态；将王国分割成更小的地区；保有王室的阶位、特权等。这些都是现在的中国王朝（现在的王国始于270年前）之前的古代中国的模式。日本人将中国古代政治模式的某些方面活用到了自己的王国。而且，也承接了中国的祭祀习俗与宗教。例如，俗言的佛（Fotoque），书面语写作佛陀(Budda)的印度偶像教的宗派，俗言神(Cami)、书面语写作神(Xin)，以及他们习以为常的对诸神的祭祀仪式等等。那些神就像在中国的一样，是宿居于天地和其他一个个物品中的精灵。

这样一来，以前的神父们就不了解这个日本王国在其统治上有不同的政治形态了，更确切地说，他们根本就没注意到这一点。要了解日本真实的政治形态，（除以上的情况以外）还需要有以下（日本史和日本教会史）的知识。……[①]

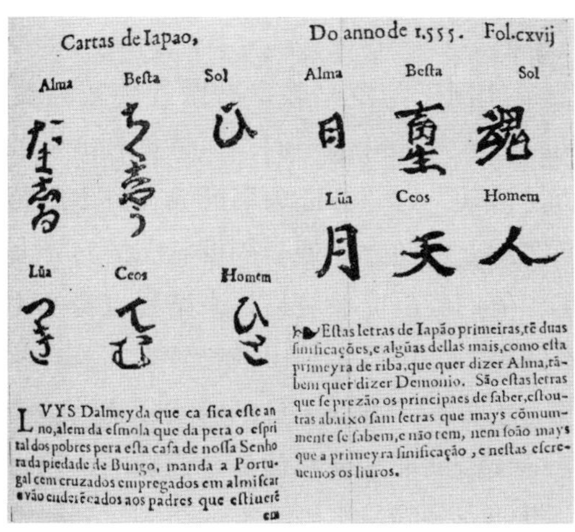

Cartas de Iapao,　　Do anno de 1.555.　Fol.cxvij

Alma	Beſta	Sol	Alma	Beſta	Sol
たましゐ	ちくしやう	ひ	日	畜	魂

Lũa	Ceos	Homem	Lũa	Ceos	Homem
つき	てん	ひと	月	天	人

LVYS Dalmeyda que ca fica eſte anno, alem da eſmola que da pera o eſpirital dos pobres pera eſta caſa de noſſa Senhora da piedade de Bungo, manda a Portugal cem cruzados empregados em almiſcar e vão enderẽçados aos padres que eſtiuerẽ em

Eſtas letras de Iapão primeiras, tẽ duas ſinificações, e algũas dellas mais, como eſta primeyra de riba, que quer dizer Alma, tãbem quer dizer Demonio. São eſtas letras que ſe prezão os principaes de ſaber, e ſtoutras abaixo ſam letras que mays cõmummente ſe ſabem, e não tem, nem ſoão mays que a primeyra ſinificação, e neſtas eſcreuemos os liuros.

上图为加戈对日语汉字和假名的描述，引自《日本史》(下)（陆若汉著、土井忠生等译注，日本岩波书店，1979年，第89页）。显然，图中平假名的“たましゐ（魂）”与“ひ（日）”相互错位了。

① 陆若汉:《日本史》(上)，土井忠生等译注，日本岩波书店，1979年，第65-66页。

第二章 《圣人传辑录》与日语罗马字转写规范之起始

大航海时代到来之前，欧洲认识日本是以欧亚大陆为桥梁的。马可·波罗等人虽然对日本（Zipangu）有零星的叙述，但欧洲对日本认识的真正开始要数沙勿略 1549 年 8 月登上鹿儿岛传教布道。其时起，耶稣会传教士为翻译教理书等基督教文献，在日本本土信徒的帮助下，认知日本的语言文字，并用罗马字转写和刊行基督教日文文献。现存世的首部刊印本就是用罗马字表记的《圣人传辑录》(『サントスの御作業の内抜書』)，它开了日本翻译外国文学和用罗马字规范表记日语之先河。

第一节 《圣人传辑录》问世背景及其译者

为贴补来自葡萄牙国王与罗马教皇有限的传教经费，以支撑传教事业的迅速发展，初到日本的耶稣会士们在从事传教活动的同时，也积极参与和从事了商业贸易活动。这一方面为耶稣会在日本的传道提供了经济上的保证，另一方面客观上也迎合了处于割据状态的日本各地的大名，尤其是九州地区的大名，他们假借商业贸易，来增强自身实力，以达到称霸一方，进而一统日本的野心。稍后，织田信长、丰臣秀吉相继借助洋枪和葡萄牙商船的力量统一了日本，占据了日本的实际统治地位。丰臣秀吉在统一日本后，还意欲继续借助耶稣会和葡萄牙商船的力量侵略朝鲜，觊觎中国，但由于耶稣会没能充分满足丰臣秀吉的要求，同时耶稣会的发展以及基督教的教义也对丰臣秀吉的统治带来了潜在的威胁，所以，1587 年 7 月，丰臣秀吉颁布了“伴天连追放令”，宣布在 20 天之内将所有传教士驱逐出日本，这便有了 1587—1633 年的“禁教与殉教”。[①] 日本政局的不稳定和实际统治者对耶稣会传教态度的摇摆不定，促使耶稣会传教士们在丰臣秀吉实施禁教之前就提前做好了对日本信徒进行“殉教”思想的灌输工作。

从一些现存于日本、梵蒂冈等地的汉字假名混用及日语罗马字表记的各种《圣人传》抄本来看，在 1591 年《圣人传辑录》刊印之前，已有大量的以 12 使徒为中心的《圣人传》各种日译本抄本的出现，而《圣人传辑录》的刊印本正是以这些抄本为蓝本精选出版的。[②] 实际上，耶稣会进入日本后，在翻译各种教理书的同时，早在 1565 年就已开始着手翻译《圣人传》。[③] 维勒拉神父（Gaspar Vilela，1525—1572）、日本人修道士洛伦索（Ir. Lourence）和其他伴天连一起在 1566 年已基本译完《圣人传》。[④]1587 年，丰臣秀吉实施禁教政策，耶稣会士们觉得大量印制《圣人传》已成为迫在眉睫的任务。通过宣传基督教史上诸圣人忠实于上帝，无畏迫害，为教殉难的事迹，以坚定日本信徒的信仰。

禁教后，耶稣会在日本的神学校（Seminario）和神学院（Collegio）为躲避日本官方的取缔，也不断地在八良尾、加津佐和天草等地迁移，1590 年和 1591 年加津佐（今长崎县南高来郡加津佐町）暂时成为耶稣会传教的中心据点。[⑤] 恰在此时，范礼安和天正遣欧使从欧洲购来了活字印刷机，便被安在了加津佐的神学院内。而其随机的活字是购自葡萄牙的罗马体字母。[⑥] 据富永牧太考证，当时随机的也仅有三种罗马体活字和若干个符号。[⑦] 因此，宣扬殉教思想的《圣人传》自然成为首本付印出版的基督教书籍，其文字则只能采用当时已较为规范的日文罗马字。不过，福岛邦

---

① 关于耶稣会士进入日本以及他们参与商业活动的动因和结果，以及九州地区的大名、织田信长与丰臣秀吉对待耶稣会传教的态度问题，以李小白、戚印平等为代表的国内学者已有较为深入的研究，具体可参见李小白的《信仰・利益・权力——基督教布教与日本的选择》（东北师范大学出版社 1999 年版）、戚印平的《日本早期耶稣会史研究》（商务印书馆 2003 年版）和《东亚近世耶稣会史论集》（台湾大学出版中心 2004 年版）等专著。

② 福岛邦道：《サントスの御作業翻字・研究篇》，日本勉诚社，1979 年，第 350-357 页。

③ 海老泽有道：《切支丹典籍丛考》，日本拓文堂，1943 年，第 42 页。

④ 越中哲也：《長崎における初期禁教政策の一考察》，《キリシタン研究》（第二十辑），吉川弘文馆，1980 年，第 243 页。

⑤ Dorotheus Schiling：《日本における耶蘇会の学校制度》，冈本良知译，日本太空社，1992 年，第 225、247 页。

⑥ 松久卓：《加津佐に創設した活版印刷所》，《国際印刷大学校研究報告》（創刊号），2001 年 3 月，第 24-34 页。

⑦ 松田毅一：《日葡交涉史》，日本教文馆，1964 年，第 65 页。

道还认为，罗马字更便于欧洲传教士识读理解日文文本，也是刊印本采用日语罗马字的原因之一。① 而渡边雅弘则认为范礼安不可能让来自意大利的修道士印刷工巴普蒂斯塔（Ir.Giovanni João Baptista Pece）排版繁多的汉字是用罗马字印刷日文的真正原因。②

据古士曼（Luis de Guzman, 1544—1605）记载，1590 年，尽管是在禁教的情势下，但全日本包括范礼安从印度带来的伴天连（神父）和伊留满（修道士）仍有 140 人。自 1587 年开始禁教至范礼安 1590 年到日本，共有三万人接受洗礼，仅 1590 年就有 2 万人入教。③ 在 140 位修道士中，其中有两位就是《圣人传辑录》的译者——日本人养方保罗（Yofo Paulo, 1507/8—1595）和维森特洞院（Vicente Toin, 1540—1609）父子。

日本在明治维新以前，平民百姓仅有名，而不可以有姓，所以此两位日本修道士并没有姓氏，而他们的名字原本也只有在吉利支丹相关文献中有记载，原文大多是日文罗马字和教名的混合，Yǒfo 或 Yofoqen Paulo 和 Tôin Viçente 等。土井忠生详细考证后认为，当时的各种文献对养方的罗马字书写是凌乱不一的，且日文也只有假名“やうほう”表记，根据读音用汉字借记为“养方”或“养方轩”，是一种较为可靠的选择。④ 后人一般将 Tôin 用汉字记为“洞院”，但该父子二人的真实汉字名现已不得而知。

养方，出生于日本若狭国（今福冈西部），原为中医郎中，精通汉学和日本文学。1560 年在京畿地区与儿子一同接受费雷拉神父（Gaspar Vilela）的洗礼，得名 Paulo（保罗），儿子得名 Vicente（维森特）。后全家移居堺（今属大阪府），1565 年在堺结识病中的日本第一位西医（外科）即传教士阿尔梅达（Luis de Almeida，1525—1583），并为其治病。同年秋天，阿尔梅达痊愈回九州，将养方也带至九州。不久，同样精通中医和日本文学的儿子维森特洞院也来到九州，父子一起以“同宿”的身份在教会帮助传教士说教、翻译和教儿童识字。1580 年范礼安到日本丰后组建府内神学院和臼杵修炼院时，接纳该父子入耶稣会，成为修道士，父亲保罗在府内神学院执教日本文学，儿子维森特在安土神学校执教日本文学。其后

① 福道邦道：《サントスの御作業翻字·研究篇》，日本勉诚社，1979 年，第 338 页。

② 渡边雅弘：《羅典、羅甸、羅天、拉丁、拉典、拉甸、剌甸、剌葡、らてん、ラテン語（一）》，《南山大学図書館カトリック文庫通信》第 16 期，2001 年 7 月，第 4 页。

③ Luis de Guzman：《グスマン東方傳道史》，新井トシ译，日本养德社，1945 年，第 525 页。

④ 土井忠生：《吉利支丹文献考》，日本三省堂，1963 年，第 131-135 页。

四五年，养方父子一面向来到日本的外国神学生教授日语，一面从事宗教书的翻译工作。《圣人传》就是其父子的代表作。[①]

关于养方保罗，弗洛伊斯（Luis Frois,1532—1597）在其完稿于16世纪90年代的《日本史》中有这样的记载：

> 他生于若狭，人称养方轩，长于日本语言。其本性善良，热心于灵魂的自救，所以，他成为吉利支丹后，就撇下妻子，来到下地（指远离京都的九州等地），出于希望在耶稣会修道院侍奉天主的心愿，拜访了托雷斯（Comes de Torres）。这样，他伴随司祭们度过了十八年时光。尽管他已年近八十，巡察师范礼安在丰后接纳其成为耶稣会成员，称为养方保罗。不仅因其德操和谦逊向万人显示了良好的风范，而且，耶稣会能够编纂《日本文典》、庞大的辞书等都也仰仗了他巨大的帮助，在其间完成的用于说服异教徒的教理书，也有他的协助。因此，他向我们传授了其所精通的日本诸宗派、故事等知识。另外，在他的协助下，还翻译了很多圣人的传记及其它我们（欧洲）作者的作品。原因是，他的语言优雅、流畅且洗练，深受日本受众的喜爱。[②]

对于维森特洞院，弗洛伊斯则作了这样的评价：

> 维森特洞院，是当时入会的日本人中极少数有才华的人，是一个精于表达的雄辩家。和汉文字造诣颇深，通日本诸宗派，尤其精通占全宗派第一位的禅宗。此维森特修道士，被巡察师派往京畿地区，向神学校的孩子们教授诸学科及日本的宗教。这些孩子在他的教导下，进步很大，其中一些人在短期内，就能轻而易举地说服异教徒，反驳异教徒的谬误和舛伪的说教，这样，使很多人因此改宗我们神圣的信仰。[③]

由于在1593年的日本耶稣会名录中，养方保罗被列在“只会日语，不会拉丁语”的日本人修道士中，[④]所以，现在有人怀疑养方保罗以及维森特

① Hubert Cieslik S. J.:《府内のコレジオ》,《キリシタン研究》第二十七辑，1987年，第118-120页。

② Luis Frois S.I.:《日本史·五畿内篇 I 》，松田毅一、川崎桃太译，中央公论社，1992年，第96页。

③ 同上书，第96、97页。

④ Hubert Cieslik S. J.:《府内のコレジオ》,《キリシタン研究》第二十七辑，1987年，第120页。

洞院并不是《圣人传辑录》的真正译者，认为这两位父子修道士只是在其他传教士所译日文的基础上，作了些润色修改而已。福岛邦道据前引弗洛伊斯《日本史》的那段记载认为："不能武断地推定养方保罗'只是作了文章的雕琢'，如文中所言，我们可以认为他确实做了'翻译'。不过，这是一个大问题，有待今后继续研究。"①

弗洛伊斯既然说"在他的协助下，翻译了很多圣人的传记"，我想此语虽然不能肯定是养方保罗主做了"翻译"工作，但至少说明养方保罗肯定参与了"翻译"工作，更何况《圣人传辑录》文中已明确载明译者就是养方保罗和维森特洞院父子。1581 年日本耶稣会教长卡布拉尔（Franciso Cabral）写给耶稣会总会会长的信函中，也专门介绍了养方保罗通过翻译书籍而对吉利支丹教会做出了重大贡献。② 当然，记录于 1593 年的日本耶稣会名录理应也是真实可信的，该父子确实不懂拉丁语。他们的翻译需要依靠精通日语、拉丁语和葡萄牙语的人，而前面已经提到的日本人修道士洛伦索，不仅给了该父子许多宗教思想的指导，而且完全有可能成为他们翻译时的合作者。弗洛伊斯本人就有可能也是合作者之一，他在其《日本史》中记述，1567 年他自己就在堺苦学日语，互译欧日文献。至于养方父子与这些精通拉丁文的传教士和修道士的合作方法，我们可以从中国近代大翻译家林纾（1852—1924）的译事中类比出其大概来。林纾不懂外文，但依靠他人的口译，翻译完成了以法国小仲马《巴黎茶花女遗事》为代表的外国小说达 184 种之多，其中世界文学名著就有 40 余种。

从弗洛伊斯的记载来看，养方保罗父子不仅翻译了《圣人传辑录》，而且还参与了对日本语言研究起了很大作用的《日本文典》《罗葡日辞书》等的编写工作，现今还能从日本耶稣会所编的《日葡辞书》和陆若汉的《日本大文典》中找到很多引例出自养方保罗父子所译写的作品。

第二节 《圣人传辑录》的内容和日语罗马字转写

《圣人传辑录》的日译刊印本原书名为 *SANCTOS NO GOSAGVEO NO VCHI NVQIGAQI*，即《サントスの御作業の内抜書》，其封面参见本章文

① 福岛邦道：《サントスの御作業翻字·研究篇》，日本勉诚社，1979 年，第 367 页。

② 柳谷武夫编：《イエズス会日本年報》（上），村上直次郎译，日本雄松堂，1969 年，第 151 页。

末附图，它是出自日本人之手的最早的铜版画。①

我国似乎鲜有学者专论该书。有些学者曾提及此书，但其中文译名往往不够正确。有人译为《诸圣事迹摘录》《诸圣作业》，有人甚至错译成《信徒作业内容书》。究其原因，可能是由于这些学者对该书的具体内容不甚了解。关于此书，《日本基督教历史大事典》有这样一段简单明了的介绍："吉利支丹版。1591 年加津佐刊，罗马字本。2 卷 2 册。从编纂于中世纪的《圣人传》等书处收录了以使徒为首的古代证圣者和殉教者们的事迹。下卷 170 页以后题为'殉教之理'，刊载了抄译的格拉纳达（Luis de Granada, O.P.）之《信经序说》。该书注明除养方保罗译了四篇外，其他均为其子维森特所译"，"这些圣人传并不是原本照译欧洲的 *Legenda Aurea*、*Flos Sanctorum* 等书籍，而是从《圣书》《教父》及其他著述中选取了合适的内容"。②

《圣人传辑录》日语书名中"作業"一词，原意为：工作；劳动。新村出的《广辞苑》中添加了第三种意思："所行""形迹"，其例句就是：《圣人传》(《サントスの御作業》)。实际上，刊印本之前的《圣人传》日语抄本书名并非日语，而是葡萄牙文"*Vida gloriosas de algũs Sanctos E Sanctas*"，即"某些圣人及女圣人崇高的生涯"。③ 所以，加津佐刊印本中所谓的"作業"所对应的应该是葡萄牙语"Vida"，即"生涯""生平"等意。小学馆出版的《日本国语大辞典》就有了此种明确的解释，并注明出现在吉利支丹文学中。至于为何耶稣会传教士要用原本只有"劳动"、"行为"之意的"作業"来翻译"Vida"（生涯；生平），原因可能出在《使徒行传》（*Acta Apostolorum*）中的 Acta 一词，此拉丁语虽有"传记"之意，但它的基本意就是"行为""行动"。而书名中的"抜書"一词，按当时日本耶稣会所编的《日葡辞书》中的解释，即 Compendio（摘要、拔萃），recompilação（再编、重版），"Nuqigaqiuo suru"就是"摘录某一本书籍"。因此，笔者以为，根据当时有单篇圣人传以及多篇圣人传汇编手抄本的实际情况，再参看此本刊印本的具体内容，将该书译成《圣人传辑录》较为妥帖。事实上，这本书除下卷中的《信经序说》以外，精选了 25 篇约四十位使徒和圣人的传

① 三桥健：《サントスの御作業·書誌解題》，日本勉诚社，1976 年，第 61 页。

② 日本基督教历史大事典编辑委员会：《日本基督教历史大事典》，教文馆，1988 年，第 593 页、758 页。

③ 福岛邦道：《サントスの御作業翻字·研究篇》，日本勉诚社，1979 年，第 359 页。

记。笔者根据福岛邦道的《サントスの御作業翻字·研究篇》和《日本基督教历史大事典》，并参考啸声的《基督教神圣谱》等书籍，列 25 篇篇名中的“圣人”之原文与中日英文名对照如下：

篇序	中文名	原文名	日文名	英文名
卷Ⅰ 1	彼得	S.Pedro	サンペドロ	Peter
2	保罗	S.Paulo	サンパウロ	Paul
3	安得烈	S.Andre	サントアンデレ	Andrew
4	雅各	S.Jacobe Menor	サントジャコブ	Jacob
5	约翰	S.Joan Ev.	サンジョアン	John
6	（长）雅各	Sanctiago Major	サンチャゴ	James
7	多马	S.Thome	サントウメ	Thomas
8	腓力	S.Phillipe	サンフィリッペ	Philip
9	巴多罗买	S.Bartholomeu	サンバルトロメウ	Bartholomew
10	马太	S.Matheus	サンマテウス	Mathew
11	西门 犹大	S.Simon S. Judas Thadeu	サンシモン サンジュダスタデウ	Simon the Zealot Judas
12	马提亚	S.Matthias	サンマチヤス	Matthias
13	依纳爵	S.Ignatio（Antioch.）	サントイグナチオ	Ignatius
14	方济各	S.Francisco（Assisi）	サンフランシスコ	Francis
15	佛波罗尼	S.a.Febronia	サンタヘブロニヤ	Febronia
16	巴尔拉姆 乔萨发特	S.Barlan S. Josaphat	サンバルラン サンジョサハツ	Barlaam Josaphat
17	尤斯塔修斯	S.Eustachio	サンエウスタキヨ	Eustace
卷Ⅱ 18	约瑟	S.Joseph（Vet. Test）	サンジョセフ	Joseph
19	塞巴斯蒂安	S.Sebastian	サントセバスチャン	Sebastian
20	凯瑟琳	S.a Catharina	サンタカテリナ	Catherine
21	阿莱绍	S.Aleixo	サントアレイショ	?
22	尤金	S.Eugenia	サンタエウゼニヤ	Eugenia
23	埃斯特旺	S.Estevam	サントエステヴァン	?
24	洛伦索	S.Laurentio	サンラウレンショ	Lawrence
25	味增爵	S.Viçente	サンヴィセンテ	Vincent

一般认为，日本原本没有文字，自朝鲜的王仁将《千字文》《论语》带入日本后，才开始使用汉字假记日语，即所谓的万叶假名。然而，古代日本人对于中国古典、汉译佛经一般都保留汉文原文，直接用日语进行训读，而且日本上层和官方文书往来，也往往用汉文书写，所以，对于其最主要的外国文学——汉文学并不存在所谓的翻译问题。因此，如许多日本

的吉利支丹研究专家所言，加津佐日语罗马字刊印本《圣人传辑录》既是最早诞生在日本的活字印刷书籍，又可称其为日本翻译文学之嚆矢。

这本《圣人传辑录》虽然注明除第16、17、21和22篇是父亲保罗所译以外，其余均为儿子维森特所译，但如前所述，此书实际上是多人合作的结晶。所以，书中各篇之间的用语等方面存在着许多不统一的地方，特别是对于天主教关键的概念词“Deus”，前后有“Deus”“De’”“天帝”“天道”“天主”及“天”等许多种不同的表达方法。[①] 不过，书中日语的表记方法却是基本统一的，即全部用了当时通行的已经规则化了的日语罗马字。这套日语罗马字转写法可以说是耶稣会登陆日本四十余年来，经过初创、实际探索使用后业已基本定型的一种规范的正式出版与公布。

实际上，耶稣会的创始人罗耀拉为能及时了解耶稣会士在传教当地的状况，全面掌握和巩固耶稣会组织，在耶稣会创始之初就对罗马以外的会员制定了一个通讯汇报制度——《分散在罗马以外地区的会员写信时应该遵守的规则》，除要求会员信函应尽可能使用拉丁文等之外，对各地通信汇报的频率都作了详细的规定。[②] 所以，自1549年起，沙勿略、范礼安等耶稣会士与耶稣总会以及他们相互之间经常会有书信往来，文中难免会涉及日本的人名和地名，需要用罗马字表记。另外，由于耶稣会士对汉字及假名毕竟有距离感，即便他们学会了日语，也仍然喜欢用日语罗马字转写翻译天主教教理书等有关文献，而且，他们也希望日本的信徒特别是神学院、神学校的学生们能通过使用罗马字熟悉葡萄牙语和拉丁语。正如海老泽有道所言：1550年沙勿略在鹿儿岛所编的《公教要理》（*Catechism*）、1555年加戈（Balthasar Gago, 1515—1583）所编的《二十五条》（*Nijugo cagiô*）必然是用罗马字书写的。现存最早的罗马字日文是蒙特（Giovanni Battista Monte,1528—1587）1565年的信函所记录的《十字之文》（*Sign of the Cross*）片断。其后还有一些教理书被编译出来，现都已失传，但日语罗马字无疑随学校教育的发展而得到了普及。直至1590年在范礼安主导下，活字印刷被传入日本，罗马字本吉利支丹版书籍问世，不言而喻迎来了日语罗马字统一化的大好时机。[③] 这里可以看出，翻译《圣人传辑录》的

① 新村出：《吉利支丹文学集1》，日本平凡社，1993年，第98页。

② 戚印平：《远东耶稣会的通信制度》，《世界宗教研究》，2005年第1期，第85-86页。

③ 海老泽有道：《罗马字》，《日本基督教历史大事典》，教文馆，1988年，第1530页。

虽然是养方保罗父子，但主导日语罗马字转写的是范礼安等西方耶稣会士。我们可以将《圣人传辑录》中的日语罗马字转写法大致归纳如下：

《圣人传辑录》日语罗马字五十音图表

ア	イ	ウ	エ	オ					ン
a	i,j,y	u,v	ye	uo					n
カ	キ	ク	ケ	コ	キャ	キュ	キョ	クヮ	
ca,qa	qi	cu,qu	qe	co	qia	qiu	qio	qua	
サ	シ	ス	セ	ソ	シャ	シュ	ショ		
sa	xi	su	xe	so	xa	xu	xo		
タ	チ	ツ	テ	ト	チャ	チュ	チョ		
ta	chi	tçu	te	to	cha	chu	cho		
ナ	ニ	ヌ	ネ	ノ	ニャ	ニュ	ニョ		
na	ni	nu	ne	no	nha	nhu	nho		
ハ	ヒ	フ	ヘ	ホ	ヒャ		ヒョ		
fa	fi	fu	fe	fo	fia		fio		
マ	ミ	ム	メ	モ	ミャ		ミョ		
ma	mi	mu	me	mo	mia		mio		
ヤ		ユ		ヨ					
ya		yu		yo					
ラ	リ	ル	レ	ロ	リャ	リュ	リョ		
ra	ri	ru	re	ro	ria	riu	rio		
ワ				ヲ					
ua,va				uo					
ガ	ギ	グ	ゲ	ゴ	ギャ	ギュ	ギョ	グヮ	
ga	gui	gu	gue	go	guia	guiu	guio（gueo）	gua	
ザ	ジ	ズ	ゼ	ゾ	ジャ	ジュ	ジョ		
za	ji	zu	ze	zo	ja	ju	jo		
ダ	ヂ	ヅ	デ	ド	ヂャ	ヂュ	ヂョ		
da	gi	zzu	de	do	gia	giu	gio		
バ	ビ	ブ	ベ	ボ	ビャ		ビョ		
ba	bi	bu	be	bo	bia		bio		
パ	ピ	プ	ペ	ポ					
pa	pi	pu	pe	pe					
	长音	x一		x一					入声音：t
		ǔ	（开音）ǒ						促音：
			（合音）ô						cc,cq,ss,xx,tt,pp

＊此表主要参照了福岛邦道的《サントスの御作業翻字·研究篇》

从《圣人传辑录》中，除了可以梳理出以上具体的日语音节罗马字对应转写以外，还可总结出以下几条明显的书写规则：

1. 词与词之间空一格，并且格助词与体言（名词、代名词等）分离，单独书写。如《圣人传辑录》中的首篇第一句：

Connichi Sancta Ecclesia yori S.Pedro, S.Paulo issai ninguen no mitçu no teqi ni taixerarete go vn uo firaqi tamŏ tocoro uo yorocobi mŏ saruru mono nari.

今日サンタエケレジャよりサンペドロ、サンパウロ一切人間の三つの敵に対せられて御運を開き給ふところを悦び申さるるものなり。

其中，“より yori”“の no”“に ni”“を uo”等格助词都脱离名词、代词单独书写。

2. 与一般西文书写方式一样，句首第一个字母大写，专有名词第一个字母也大写。上面的例句中已经说明这一点。

3. 句中并列词的停顿及句意的小停顿，用逗号“ ,”; 句尾用句号“.”, 偶尔根据语气也用感叹号“！”。

4. 由于当时的日语汉字音读都将中文中的汉字后鼻音变成了长音，但仍然保留了开口音与合口音的区别，所以“オ”段长音开音用 ŏ，合音用 ô 区别表示；开拗长音一般用 iŏ，合拗长音一般用 eô。

如：taixŏ（大将たいしゃう），xôri（勝利しょうり）；

xuguiŏ（修行しゅぎゃう），xugueô（修業しゅぎょう）

如前所述，对于《圣人传辑录》的译者保罗在耶稣会有关文献中的名字表记，有的书写为 Yŏfo Paulo，有的记为 Yofoqen Paulo，也有的记为假名“やうはう”等，根据以上长短音和开合音的区别转写规则，则无法确定其相对的汉字，“养方”也只是目前日本学者普遍使用的借字而已。同样，对养方之子洞院维森特有的记为 Tôin Viçente，有的则记为假名“たういんびせんて”，“洞院”也仅仅是不确定的借字而已。由此也不难看出，当时的日语罗马字确实亟待统一规范。

第三节 《圣人传辑录》式日语罗马字转写法的成因及对后世的影响

早在 20 世纪六七十年代，就有日本学者发现，在《圣人传辑录》中，没有拉丁字母 W，也没有字母 J 和 U 的大写，字母 K 也基本没有，在必须用字母 u 的大写时，全部用 V 替代。有些学者就此以为当时随活字印刷机到日本的活字只有非常有限的几种而且是不完整的欧文活字，所以只能选择使用罗马字来印刷第一本吉利支丹文献，并且内中还缺了以上这些字母。我认为此种观点只对了一半。或许当时由于时间仓促，确实存在着字母不全的问题，但实际上随着活字印刷机经澳门被带到日本，其制活字的技术也随耶稣会排字工一起被传到了日本，所以，《圣人传辑录》中会有 ǔ、ŏ、ô 这三个不见于其同时期中文罗马字的印刷品中的特制字母。可见，当时 W 等这些活字的有无并不是《圣人传辑录》中是否用这些字母来转写日文的决定因素，一定另有其因，那就是葡萄牙语的字母及其发音决定了《圣人传辑录》中的日语罗马字转写法。

众所周知，耶稣会士是紧随葡萄牙商船来到日本传教的，葡萄牙政府实际上控制了从里斯本到印度，经过马六甲再到澳门、再到日本的贸易航线，从而在政治上也左右了耶稣会在日本的传教事业，加之如前所述的耶稣会士实际上也参与了商贸活动，所以，村上直次郎认为“沙勿略预想到葡萄牙语的通用性，关于派遣会员的遴选问题，向总会长进言说：考虑到日本的气候状况等因素，应该派遣北欧通葡萄牙语的人；在设立学校时，应加上葡萄牙语课程；并将翻译成日语的基督教文献之罗马字缀字法确定为如下葡萄牙式”。[①] 后人因此称此时的日语罗马字为葡式或吉利支丹式日语罗马字。

a	i	v	ye	vo
ca	qi qui	cu qu	qe que	co
ça sa	xi	su	xe	so
ta	chi	tçu	te	to
na	ni	nu	ne	no
fa	fi	fu	fe	fo
ma	mi	mu	me	mo
ya		yu		yo
ra	ri	ru	re	ro
ua va				uo vo

① 柳谷武夫编：《イエズス会日本年報·訳者のことば》（下），村上直次郎译，日本雄松堂，1944 年，第 4 页。

续表

ga	gui	gu	gue	go
za	ji	zu	je	zo
da	gi	zzu	de	do
ba	bi	bu	be	bo
pa	pi	pu	pe	po
xa		xu		xo
ja		ju		jo
nha		nhu		nho

实际上，沙勿略自日本返抵柯钦（Cochin）后，于 1552 年 1 月 29 日给罗耀拉写信提及：“我认为懂西班牙语或葡萄牙语的荷兰人及德国人是适合于派往日本的，因为他们不仅能吃苦耐劳，而且能忍受坂东的严寒。”[①]他还提议被派往日本的耶稣会士赴日之前必须先到罗马会见罗耀拉并接受指导。从此处可以看出，当时被派往日本的耶稣会士懂拉丁语以及西班牙语或葡萄牙语是一种基本的要求。虽然沙勿略自称包括他自己在内的三位最早踏上日本土地的耶稣会士是葡萄牙人[②]，但实际上，托雷斯、费尔南德斯及他本人都是西班牙人。所以，除葡萄牙语以外，拉丁语和西班牙语也应该是早期在日耶稣会传教士们的通用语言。以此不难推知，当时的日语罗马字在主要受葡萄牙语影响的同时，也受到了拉丁语和西班牙语的影响。

现今英语中所使用的 26 个字母虽然名称上叫作拉丁字母，但在拉丁文中其实没有用 J、U 和 W 这三个字母，而有一个半元音字母 V 用以表示 U 和 W，I 本身可以当作半元音来用，替代 J。在葡萄牙语中原本也只有 23 个字母，它们是 a [á] - b [bê] - c [cê] - d [dê] - e [é] - f [efe] - g [gê] - h [agá] - i [i] - j [jota] - l [ele] - m [eme] - n [ene] - o [ó] - p [pê] - q [quê] - r [erre] - s [esse] - t [tê] - u [u] - v [vê] - x [xis] - z [zê] 。字母 k、w 和 y 并不是葡萄牙语的固有字母，只用来标记外来语单词，而且 y 叫作 [ípsilon]，发 [j] 音，指希腊字母的第五个字 Eε，即罗马字母中 Ee。无论是沙勿略的日语罗马字表，还是《圣人传辑录》式日语罗马字表，エ段假名除エ用 ye 来表记以外，其他假名都是辅音加 e 而非 ye。这说明在 ye 表记假名エ时，其中的 y 只是用来限制 e 的发音发成 [e]，其本身发音有可能是快速一带而过，甚至不发

① 河野纯德译:《聖フランシスコ·ザビエル全書簡》，日本平凡社，1985 年，第 553 页。

② 同上书，第 424 页。

音。当然，还有一个可解释的原因是，假名エ既属于ア行也属于ヤ行，而ヤ行中的另外假名ヤ（ya）、ユ（yu）、ヨ（yo）都有辅音 y，所以，エ用 ye 转写也就不足为奇了。另外，葡萄牙语和西班牙语的元音都是 aeiou，除了与日语罗马字次序不同以外，字母完全相同；由于葡萄语中没有字母 k，所以カ行用 c 和 q 来表记辅音。从以上这些特点中也明显可以看出，沙勿略及至后来的《圣人传辑录》中的日语罗马字转写法是受制于拉丁文、西班牙文和葡萄牙文这些罗曼语族的语文，其中受葡萄牙文的影响最大。

早期在日耶稣会士来自欧洲不同的国家，他们的母语各不相同。尽管此前有沙勿略、范礼安等耶稣会代表人物的努力规范，但毕竟不是大规模的印刷出版，所以在加津佐活字印刷品《圣人传辑录》问世之前，对于日语的罗马字转写还比较凌乱，光是从目前已发现的刊印本《圣人传辑录》出版前的各种抄本圣人传来看，耶稣会传教士们对日语的罗马字转写是相当自由和随意的。福岛邦道在比对各种已发现的日语罗马字抄本圣人传后认为，耶稣会传教士主要是从葡萄牙语式的发音特点出发来考虑日语的写音法的，所以它们并不能精确而固定地摹写日语的发音。但不管怎么说，“版本《圣人传辑录》中的罗马字写音法成了吉利支丹版罗马字本书籍的规则”。[①] 因而，罗马字本《圣人传辑录》的出版，可以说是起了一种规范的发布作用，它为日本耶稣会的传教士、修道士们提供了一种用罗马字转写日语的示范。我们从 1592 年天草版的日语罗马字本《基督教要理书》采用与《圣人传辑录》基本一致的罗马字转写法这一现象，就可以看出《圣人传辑录》所起的此种规范的示范作用。难怪海老泽有道认为：“尤其是像《基督教要理书》那样的权威性的教理书及词典、语法书的出版，可以说日语罗马字规范化已基本完成。”[②]

日语假名脱胎于汉字，成为一种音节文字，虽然它能表记日语的发音，但由于还没有具体分解到构成音节的音素，所以还不能完全体现日语发音的特点，特别是语流音变等自然语言在具体应用中所出现的变异。罗马字本日语《圣人传辑录》的问世，不仅在耶稣会中至少是在耶稣会的出版物中规范了对日语的罗马字转写，而且也因此对耶稣会士关于日语发音的研究作了很好的总结。诚如桥本进吉在其《吉利支丹教义之研究》一书

① 福岛邦道:《サントスの御作業翻字·研究篇》，日本勉诚社，1979 年，第 404 页。

② 海老泽有道:《罗马字》，《日本基督教历史大事典》，教文馆，1988 年，第 1530 页。

中所言：“该书所用的写音法，不仅仅局限于这一本书，而是这一时代所有耶稣会刊行书籍一般所采用的方法。即，这是耶稣会会士们通过数十年接触日本人，学习日本的语言文化，考察日语的音韵组织后所得到的写音法。”[①] 通过《圣人传辑录》式的日语罗马字转写法，我们不但可以了解到日语音节的元音与辅音的构成状况，而且反过来还可以通过日语罗马字了解日语元音和谐等阿尔泰语所具有的语音特点。例如，自从发生“Deus 大日误译事件”后，在日耶稣会确立了用宗教概念的原语传教的方针，因此，像“基督徒”“神圣的”“神”等常用的神学概念词汇在《圣人传辑录》中都使用了原语，但它们的日语音译用罗马字转写则明显呈现了日语的元音和谐的现象。如：

Christan → キリシタン（qirixitan） 基督徒

Sagrada → サガラダ（sagarada） 神圣的

Deus → デウス（deusu） 上帝、天主

以上用《圣人传辑录》式日语罗马字转写的外来词中下划线所标的元音是原文中没有，而日语中为元音和谐所添加的元音。有了此种罗马字表记法，从而将日语假名分解为音素单位，日语的许多语音特点就一目了然了。

近年来，戚印平通过对早期日本耶稣会传教士认知中国语言文字的过程进行深入研究后认为，“由于中国文化以及语言文字在亚洲，尤其是东南亚地区的广泛影响，耶稣会士进入中国之前就不得不面对这一挑战，并对汉字汉语加以认真研究。因此，我们可以在沙勿略、努内斯、加戈等人的信件中看到他们对于中国语言文字的考察，并在孟三德以及陆若汉的著作中找到日臻严密的系统研究。这些在中国境外的文化体验和观察研究具有特殊的意义，它不仅为利玛窦等入华耶稣会士的传教活动提供了借鉴作用，而且亦是其文化及语言研究的重要前提与补充”。[②] 确实，我们从刊印本《圣人传辑录》中也不难看到这种“系统研究”的痕迹。《圣人传辑录》中的日语罗马字转写法，不仅是对日语中的固有词汇，更大量的是对汉字词汇进行了音韵学的考察和解析。现在，借助对此套罗马字转写法的音韵学

① 桥本进吉：《吉利支丹教義の研究》，日本岩波书店，1961 年，第 26-27 页。

② 戚印平：《日本耶稣会士对于中国语言文字的若干认识与研究》，台湾《清华学报》2004 年 6 月，第 31 页。

还原，我们不仅可以了解当时日语汉字的音读状况，而且还可以了解到一些古代汉语中原有但现代汉语中已经消失的汉字发音特点，例如入声字。据王力先生考证，汉语中的入声在元代已经消失。[①]但近来也有许多学者认为，明代的官话是以南京音为基准的，入声韵仍然存在。笔者无意在此处讨论明代的官话问题，但有一点是可以肯定的，那就是元以后的明清时代，甚至到了使用现代汉语的今天，中国人在作旧体诗时还不能忽略这种入声字的存在。如今，我们可以借用现代日语的汉字读音来还原出一部分古汉语的入声字，但并不能做到全部还原。一是因为日语假名本身是音节文字，不能细化到音素；二是现代日语的罗马字缀字法对于入声字只分是否是促音，是促音的，第一个辅音双写即可，对于不发生促音音变的入声字，并没有特别的入声字转写符号。以下便是一组现代日语国语罗马字缀字法与《圣人传辑录》中出现的罗马字转写的比较。

现代日语入声字罗马字缀字法	《圣人传辑录》中出现的入声字罗马字转写
一切（いっさい）issai	一切（いっさい）issai
法度（はっと）hatto	法度（はっと）hatto
膝蓋骨（しつがいこく）situgaikotu	衆病悉除（しゅびょうしつじょ）xubiŏ-xitgio 或 xubeŏ xitjo
骨肉（こつにく）kotuniku	骨肉（こつにく）cotnicu

很明显，在《圣人传辑录》的罗马字转写法中，如果入声字发生促音变则如前表所列，其后的辅音用 cc、cq、ss、xx、tt、pp 来表示；如果不发生促音变，则要用罗马字母 t 来表示。这至少可以说明两个问题：一是当时的日语至少是关西九州地区的日语对汉字入声字发音在不发生促音变时，也存在着轻声化或者说如同当时的中国官话一样有喉音化的倾向，所以只用单个辅音 t 而略去了其后的元音音素；二是当时的耶稣会传教士，特别是像养方、洞院那样的日本修道士，深谙汉文的音韵学，不仅能够正确处理日语中在か、さ、た、ぱ行前发生促音变的入声汉字，而且对不发生促音变的入声字也细分得很清楚。因为日语没有像汉语那样的声调之分，汉字被引入日语后，其实已没有平上去入之别，所以《圣人传辑录》式的罗马字转写法注意到汉语的音韵学特点，对其他耶稣会传教士学习和

① 王力:《汉语语音史》，中国社会科学出版社，1985 年，第 384-387 页。

认知汉语是非常有帮助的。

再如，在现代日语中，一般将中文汉字的前鼻音用拨音ン（n）音读，后鼻音用长音音读。通过此条对应规律，我们很容易判断汉字的前后鼻音。但由于现代日语使用的是表音式的假名表记法（表音的仮名遣），没有开音与合音之分，就像现代汉语也不讲究开合音之分一样，所以不容易还原历史的原貌。不过，以昭和前期（20 世纪二三十年代）为界，日语用的都是历史假名表记法（历史的仮名遣），对于开合音还是严格加以区分的，开音与合音分别用ア段与オ段假名来表记。如前节提到的开合音对比“大将”（たいしゃう）、“勝利”（しょうり）与“修行”（しゅぎゃう）、“修業”（しゅぎょう）。然而，在口语中当时究竟发什么音，我们就很难判定，因为古代没有也不可能有音像资料留给今天的人们。所幸的是，《圣人传辑录》的罗马字转写法可以帮助我们解决这一难题。“大将”（taixǒ）、“勝利”（xôri）以及“修行”（xuguiǒ）、“修業”（xuguiô），两组成对比的词汇下划线部分的罗马字是一样的，只是上标符号有了开合音的区别。这就说明当时的日语开合音实际已经开始同化，只不过在书写中还严格遵循了汉语汉字的开合音之别。这就为当时进入中国的耶稣会传教士乃至今天的我们提供了一种认知汉字读音的参照系。

综上所述，《圣人传辑录》不仅是日本的活字印刷以及外国文学翻译之嚆矢，而且它在日语的音韵学史上也占有极为重要的地位。它是日欧语言接触初期，欧洲耶稣会士与日本修道士对彼此语言文字认知的互动之记录，它开了日语罗马字转写规范化之先河。它的问世，也是西方认知日语并由日语及至汉语的一种承上启下，为《罗葡日辞书》《日葡辞书》《日本大文典》等研究日语的专门书籍的相继问世奠定了基础，同时也促进了入华耶稣会传教士对汉语的研究认知，继利玛窦、罗明坚手稿《葡汉辞典》后，17 世纪初《西字奇迹》《西儒耳目资》等著作也相继出版，为中国音韵学的研究开辟了一条崭新的途径。

SANCTOS
NOGOSAGVEONO
VCHINVQIGAQI
quan dai ichi.

FIIENNO CVNITACACVNOGVN
IESVSNOCOMPANHIANOCOLLEGIO
Cazzuſa ni voite Superiores no von yuruxi uo co
muri coge uo fan to naſu mono nari. Goxuxxe irai
M D L XXXXI.

牛津大学饱蠹楼（Bodleian）图书馆所藏《圣人传辑录》第一卷
（影印自日本勉诚社 1976 年《サントスの御作業》）

第三章　最早的日欧语辞典刊本《日葡辞书》及内中所见汉语

自沙勿略1549年登陆鹿儿岛起，在日耶稣会士抱着对耶稣基督的极大虔诚，为传教布道，不辞辛劳、满腔热忱地致力于学习和研究日本的语言与文化。半个世纪后，虽然耶稣会在日传教因日本政府的禁教政策而遇到了极大的困难，陷入了低谷，但也使他们有了更加充分的时间和精力加强了对日语及日本文化的研究，尤其是对日语的研究可以说是到了丰收的季节，成果卓著。在长崎刊印的《日葡辞书》（*Vocabulario da Lingoa de Iapam com a declaração em Portugues*）和《日本大文典》（*Arte da Lingoa de Iapam Composta pello Padre Ioão Rodriguez*）分别于1603—1604年和1604—1608年问世。这两部巨著既是吉利支丹出版物的代表作，又是耶稣会传教士对日语研究之集大成。一般而言，词汇是语言中对社会反映最敏感最迅速的构成要素。因此，《日葡辞书》的诞生不仅是对欧人初识日语的一种总结，而且也是耶稣会士对当时的日本社会尤其是日语本身进行了"写照"，它是可资我们今天研究日语乃至汉语变化发展的重要文献。

第一节　《日葡辞书》溯源

虽然沙勿略在1549年去往鹿儿岛的航程中，已开始学习日语，他自称抵日后仅"用40天时间就学会了用日语说明神的十诫"。[①] 但毕竟短短的一两个月的学习时间，连是否真正入门都很难说。他抵日后立即着手翻译包括十诫在内的教义说明，实际上只能完全依靠基本上没受过什么教育的

---

① 河野纯德译:《聖フランシスコ·ザビエル全書簡》，日本平凡社，1985年，第475页。

日本修道士保罗（即日本武士池端弥次郎）[①]，结果导致了使耶稣会在日的传教陷入极其尴尬境地的“Deus 大日如来误译事件”。此后，为避免此种尴尬的再次发生，让日本人真正了解和信仰天主教，一方面耶稣会规定了宗教概念词汇在日译时只能音译的原则，另一方面来自欧洲的耶稣会士们也加强了对日语和日本文化的学习，同时也在日本积极建立神学校和神学院，对日本青少年开展天主教教义和拉丁语、葡萄牙语的教学。在欧洲神学人员学习日语和日本人学习拉丁语、葡语的过程中，除了教科书以外，编写日葡、日拉的对译词典自然成了必需的工作。

海老泽有道研究认为，耶稣会士对日语进行系统性研究之嚆矢当属修士席尔瓦（Ir. Duarte da Silua），他在日本人修士洛伦索的帮助下，最早编纂了日语辞书。我们可以从修士阿尔梅达（Ir. Luis de Almeida）1564 年 5 月报告席尔瓦死讯的信函中，看到这样的评述：“修士（席尔瓦）乃本人至今所识之人中，最热心的一个。他一刻都不曾怠惰，毋庸说日本的文字（假名），甚至还精通了相当难的中国文字（汉文）。他写了日本语的文法，编纂了拥有很多词汇量的日语辞书。”紧接席尔瓦之后，于 1564 年，费尔南德斯（Ir. Juan Fernandez）用六七个月的时间编写了相类似的日语文典和以拉丁字母顺序编排的葡语与日语辞典。[②] 自此，开始了耶稣会传教士编写日欧语言对译辞书的历史。而此时离沙勿略、费尔南德斯等第一批耶稣会士初登日本领土正好过了十五年。非常巧合的是，尔后的每一次较有影响的日语辞书的出现往往也都相隔十五年左右。这也许与当时欧洲人从入门到精通日语需要十五年左右的时间有关。在日耶稣会第三任布教长卡布拉尔（Francisco Cabral）曾在给耶稣会罗耀拉总会长的信中就这样写道：在日宣教师中，最精通日语的要数对日语已有十六年学习研究的路易斯·弗洛伊斯。即便是很聪敏的宣教师，要达到能听懂日本教徒的告白也

① 范礼安认为：“保罗是个没受过教育的人，尽管他很努力，但其翻译归于失败，从而成为招致日本人嘲笑和恶骂的原因。”（海老泽有道：《切支丹典籍丛考》，日本拓文堂，1943 年，第 10 页。）关于池端弥次郎是否受过教育，其实在沙勿略本人于 1549 年 1 月 14 日写给罗马的耶稣会总会长罗耀拉的信函中就明确指出：“保罗既不认识（日本）书籍中的（汉）字，也全然不知书中所写的内容，我们无法求教于保罗。因为就如我们读拉丁文的书籍一样，他们的书籍并不是用（日本人）日常在使用的语言书写的。”（《聖フランシスコ・ザビエル全書簡》，日本平凡社，1985 年，第 357 页。）在 1549 年 2 月 2 日写给葡萄牙西蒙·罗德里格斯神父的信中，更是直言：“这个保罗是个不学之人，因为他不知道写在信仰书籍上的内容，而无法向我叙述他们自己的信仰。”（《聖フランシスコ・ザビエル全書簡》，日本平凡社，1985 年，第 381 页。）这说明沙勿略最初依靠弥次郎进行教义的翻译也实属出于无奈。这也可以说是沙勿略一启程赴日本就在途中努力学习日语的很大动因。

② 海老泽有道：《切支丹典籍丛考》，日本拓文堂，1943 年，第 141-142 页。

需要至少六年的时间，而要能对日本信徒进行说教更需要有十五年以上的时间。[①]

继席尔瓦和费尔南德斯编纂耶稣会最早的日语辞典十六年后，耶稣会又编辑了一些日语文典和辞书。1581 年的耶稣会年报中，神父科埃里（Pedro Gaspar Coelbo）向耶稣总会会长报告说："本年完成了日语文法书。另外还有辞典和日语著述数种。圣教要理也已经译成了日语。"[②] 只可惜科埃里没有更多介绍这些日语文法和辞书，现也不见有那时的原本存世，它们的具体作者是谁，内容如何，都不得而知。过后不久，耶稣会又开始了新一轮的日语辞书编写工作。1584 年，曾是范礼安秘书的梅希亚神父（Lorenço Mexia）从澳门向葡萄牙可因布拉（Coimbra）神学院院长写信说："我等已经编纂了（日语）文法书及 Calepino 即辞典，另外已着手 Nisolio 也就是大辞典 Tesauro 的编写工作。"[③] 离科埃里的报告又约十五年后的 1595 年，罗马字本《罗葡日辞书》在天草神学院刊印（现英国牛津大学图书馆等处有此藏书）。而此前的 1593 年夏天，弗朗西斯科神父（Francisco de Uria）已让耶稣会印制过日语的语法、语汇及同义语等种种书籍。据海老泽有道考证，范礼安在其《辩护》（*Apologia*）中有言："这些书籍是我等最精通日语的耶稣会士和熟知我们语言的日本人合作，花了不少辛劳和努力后编就的。"虽然这些书不见传世，但想必是如同 1595 年出版的《罗葡日辞书》一样的书。[④] 可见，它们理应是《罗葡日辞书》的雏形。此时离活字印刷机传入日本仅三五年时间，耶稣会在丰臣秀吉采取禁教政策的不利形势下，在首先印发宣传"殉教"思想的《圣人传辑录》、教义《基督教要理书》等书籍后，马上刊印了《罗葡日辞书》等辞书，足见在日耶稣会对日语辞书出版的重视。

《罗葡日辞书》严格说来并不是耶稣会士编写的辞典，而是在日耶稣会士对意大利辞典编纂名家卡莱皮诺（Ambrogio Calepino，1440?—1510）1502 年所编《拉丁语辞典》的葡语和日语摘译。卡莱皮诺的《拉丁语辞典》问世于欧洲文艺复兴时期，影响迅速扩大，被改编成多种语言，成了《欧洲多语辞典》（*The European Polyglot Dictionary of Calepino*），其本人的姓

---

① 弗洛伊斯：《日本史》，松田毅一、川崎桃太译，中央公论社，1981 年，第 97 页。

② 柳谷武夫编：《耶稣会日本年报（上）》，村上直次郎译，日本雄松堂，1969 年，第 63 页。

③ 柳谷武夫编：《耶稣会日本年报（下）》，村上直次郎译，日本雄松堂，1944 年，第 98 页。

④ 海老泽有道：《切支丹典籍丛考》，日本拓文堂，1943 年，第 143 页。

氏在意大利语中一度还成了辞典的代名词。由于《欧洲多语辞典》版本很多，岸本惠实经过各种比对研究后认为，《罗葡日辞书》是以1570年的里昂版《欧洲多语辞典》为蓝本，选取内中拉丁语常用单词作为词条，用葡语和日语摘译而成。[①]

有了这本《罗葡日辞书》作基础，1598年耶稣会编纂了在一定意义上可以看作"日汉·汉日辞典"的《落叶集》，其前篇"落叶集"以日语假名"いろは"排序查寻汉字及和训，后篇"色叶集"以和训查寻汉字字形及日语读音。1599年春又增补了第三部分"小玉篇"，以105个部首分天文、地理等12个门类编排，共介绍汉字2200左右。[②] 特别值得注意的是，此第三部分的分类编排方式。以部首检字当然与中国传统的辞书相仿，但以"天文"、"地理"等的分类并加上日语音训则明显仿自朝鲜时代的蒙童汉字识读教材。1592年、1598年丰臣秀吉出兵侵入朝鲜，史称"万历朝鲜役"或"万历日本役"（朝鲜称"壬辰倭乱"、日本称"文禄、庆长之役"），此次侵朝战争中丰臣秀吉所派遣的主力军就是耶稣会信徒小西行长等基督教大名的军队，内中甚至还有几位欧洲传教士。神父塞斯佩德斯（Gregorio de Cespedes）因此还成为第一个踏上朝鲜国土的西方人。[③] 此次战争虽然以日本告败而终，但丰臣秀吉从朝鲜劫掠了大量的图书源源不断地运回日本。[④] 这批图书中就有朝鲜文人创编的分类并谚解的汉字蒙学书《类合》（作者不详，编于朝鲜朝初期）及其增补本《新增类合》（柳希春，1576年）和《训蒙字会》（崔世珍，1527年）。[⑤]《落叶集·小玉篇》的内容及体例大体相仿于这些朝鲜的蒙学书。

---

① 岸本惠实：The Transfiguration of the European Polyglot Dictionary of Calepino in Japan: Dictionarium Latino Lusitanicum ac Iaponicum（1595），日本文部科学省"东亚出版文化研究"《2003年度研究成果报告书》，http://eapub.cneas.tohoku.ac.jp/new/2003seikahokoku.html。

② 新村出、柊源一：《吉利支丹文学集1》，日本平凡社，1993年，第133-134页。

③ Donald F. Lach, Edwin J. Van Kley: *Asia in the Making of Europe* (Volume III), The University of Chicago Press, 1993, p1783.

其实，根据在日耶稣会士意大利人安东尼奥（Antonio Prenestino）于1587年11月8日写于日本府内的信中记载，此前已有许多包括安东尼奥本人在内的葡萄牙商人、船员和耶稣会传教士因台风等原因漂流到过朝鲜，只不过他们没有塞斯佩德斯在朝鲜停留的时间长。

④ 赵建民：《壬辰卫国战争的胜利与韩文化东渐》，《韩国传统文化·历史卷》，学苑出版社，2000年，第144页。

⑤ 日本东洋文库藏有壬辰倭乱时所掠的《新增类合》，东京大学中央图书馆、东京尊经阁文库、京都比叡山文库分别藏有当时所掠的《训蒙字会》。参见安秉禧《新增类合·解题》（韩国檀国大学出版部，1972年）和李基文的《训蒙字会·解题》（韩国檀国大学出版部，1971年）。

无疑，此《落叶集》为耶稣会士学习日语和汉语提供了一定的便利，但毕竟不是与耶稣会士所熟知的欧洲语言相对译的辞典，在日耶稣会士们的日常语言又以葡语为主，日本信徒的口语又迥异于可谓当时日本的官方语文“汉文”，所以完整地编纂一本日葡辞典就很有必要。然而，正如《日葡辞书》的序言所言：“为编纂辞典需要有关该语言用法的许多知识和经验，而且，还需要对词汇进行细致的推敲，所以在短时间内要成就如此大的事业是不可能的。好在以前已经有了几种辞典、文法的写本等，那些写本对初学者提供了很大的帮助。”[①] 也就是说，以上这些编写或改编日语辞典的经验以及耶稣会士们较长时间在日的生活经历为新辞典的编写打下了扎实的基础，此前已有的辞典成了编写新辞典的蓝本，而且，丰臣秀吉以及其后德川幕府的“禁教”政策客观上也使耶稣会士们有了较充裕的时间对日语和日本文化作进一步的研究。《罗葡日辞书》刊印八年后，《日葡辞书》于 1603 年在长崎神学院印刷问世，翌年其《补遗》也印刷完成。

第二节　同名异人的三个可能的主编——罗德里格斯

由于陆若汉（João Rodriguez, 1561—1633，即若阿·罗德里格斯）在西学东渐中的历史地位，特别是他在日语研究中的造诣，曾编写过集耶稣会日语语法研究之大成的《日本大文典》和《日本小文典》，所以，许多人误以为他就是《日葡辞书》的编纂者。其实，在《日葡辞书》扉页标题、耶稣会印刷许可书和认可书以及其序言中，都明确写明了该辞典是由数名耶稣会的神父和修道士共同编纂的。辞典的全称就很说明问题——《耶稣会神父们及修士们编纂的带葡语说明的日语辞书》，序言中第二段还言：

> 今天，对基督教的迫害很厉害，神父和日本人修士们比以前多了些空余的时间，所以重新审阅和进一步检讨近年来所编的不完备的辞书就有了可能。为此，我们熟知日语的人中有几个得到了精通日语的数个日本人的帮助，为检讨增补并最终完成此辞书，呕心沥血数载，终获成功。[②]

① 土井忠生、森田武、长南实编译：《邦译日葡辞书》，日本岩波书店，1980 年，第 4 页。

② 土井忠生、森田武、长南实编译：《邦译日葡辞书》，日本岩波书店，1980 年，第 4 页。

当然，数人合作，要编纂完成总数达32293个词条的这本《日葡辞书》，有一个既懂日语，在耶稣会中又有较高地位的“主编”或是召集人也属常理。1603年1月1日，卡布里埃尔·德·马托斯（Gabriel de Matos，1572—1633）自长崎发出由其执笔的1602年日本耶稣会年报，内中就言：一本拥有丰富词汇量的辞书即将完成，“四年多来，一位神父与若干日本人一起一直勤勉于此项工作”。[①]遗憾的是，他并没有具体指出是哪一位神父。不过这份年报还记载，当时全日本的耶稣会有神职人员共129名，其中居住在长崎的就有54名。长崎是当时在日耶稣会的中心，拥有日本最大的修道院，其司祭馆中住有主教、耶稣会长老、巡察师以及副管区长等要员，内中最精通日语并在耶稣会和日本各级政权中都很有影响力的是若阿·罗德里格斯。[②]所以，关于《日葡辞书》的主编，人们首先想到的就是这位若阿·罗德里格斯。

若阿·罗德里格斯，来华传教后取汉名陆若汉。由于当时在日耶稣会中与其同姓甚至同名的会员有好几位，而他在耶稣会中担任与日本幕府交涉事务的专职翻译，所以在会员名册及耶稣会士们的文书中往往在其姓名后面再添加Tçŭzu一词，即“通事”。他十四岁就离开葡萄牙到印度，1577年十六岁时来到日本，一直到1610年因卷入长崎奉行与大村侯的政治纠纷而被迫离开日本，转道澳门来华传教。可以说他虽然是地道的欧洲传教士，但他的学习、成长、出道乃至成就大业都是在日本，无怪乎他能成为当时在日耶稣会士中最精通日语，并深得耶稣会和日本幕府双方都赏识的“外交”奇才。在“禁教”的情势下，他还被德川家康特聘为贸易顾问，并利用这一特殊的身份成功地为耶稣会士和日本信徒躲避了许多次行将遭受的迫害和打击。其关于日语的专著《日本大文典》1604—1608年在长崎出版，而他的《日本教会史》则是详尽地介绍了日本的政治制度、文化习俗以及文物典章等各个方面的情况，所以，誉其为西方日本学的奠基人毫不为过。也难怪后人要将《日葡辞书》主编的“桂冠”戴在他的头上。《日葡辞书》的序言最后一段也有这样一句：“日本数物有各种方法，此处没有编入。因为依靠神的恩宠，关于计数将会另行论述，不久当将与《文典》一

① Michael Cooper：《通辞ロドリゲス》，松本たま译，日本原书房，1991年，第203页。

② 冈村多希子译：《十六·七世紀イエズス会日本報告集》（第1期第4卷），日本同朋舍出版，1988年，第69-95页。

起付印。"[①] 这似乎也可看出《日葡辞书》与陆若汉《日本大文典》的关联性，抑或该序言就出自陆若汉之手。

不过，当时陆若汉要跟随巡察师、主教甚至为德川幕府处理如此繁重的"外交"和"外贸"事务，再加上其本人正在撰写《日本大文典》，似乎又不太可能再有余暇担任需要亲历而为的《日葡辞书》的主编。事实上，关于陆若汉有过多部专论的英国学者迈克尔·库珀（Michael Cooper）经过多年的研究考证，得出了自称还不一定是终论的结论："没有任何证言说明罗德里格斯（通事）参与合作了该辞典的企划。人们经过无数次的围绕此辞典的文体和用词的论争后，终于共识于这样的结论——罗德里格斯并没有参与本辞典的编纂。……他仅仅是欧洲人编纂委员会的其中一员而已。"[②] 土井忠生等几位日译了《日葡辞书》全书的吉利支丹文献研究大家经过对《日本文典》和《日葡辞书》中的日语罗马字转写法、词汇的语法性说明以及词性的处理等比较研究后也认为，"很难说是出自同一人之手，相异之处很多。（罗德里格斯通事是主编）其说法不成立"。[③]

迈克尔·库珀和土井忠生在他们的著述中都提出了另有一个同样姓罗德里格斯的耶稣会士也有可能就是《日葡辞书》的主编的观点。该罗德里格斯全名为弗朗西斯科·罗德里格斯（Francisco Rodriguez）。因为，《日葡辞书》问世五十年后，耶稣会的历史学家巴尔托里（Bartoli，1608—1685）曾写过一部《亚洲耶稣会史》，在其《亚洲第二部分——日本耶稣会史》（*Dell'Historia della Compagnia di Giesù. II Giappone*，*seconda parte Dell'Asia*. Rome, 1660）中，巴尔托里根据当时存留的一些史料记载描写说，弗朗西斯科·罗德里格斯编了一册加有葡语说明的大部头日语辞书后，于 1603 年 1 月出发去巴黎前付印出版。库珀认为巴尔托里的记述比较符合史实。[④] 弗朗西斯科·罗德里格斯神父出生于葡萄牙，1588 年到日本，日语进步很快，16 世纪 90 年代兼任听罪师和说教师，并在八良尾的神学校担任教职。巡察师范礼安抵日后，以建言员的身份伴随其左右。后作为日本耶稣会的代表被派往罗马，1603 年与范礼安一起离开日本。以他的日语

① 土井忠生、森田武、长南实编译:《邦译日葡辞书》，日本岩波书店，1980 年，第 6 页。

② Michael Cooper :《通辞ロドリゲス》，松本たま译，日本原书房，1991 年，第 204、205 页。

③ 土井忠生、森田武、长南实编译:《邦译日葡辞书》，日本岩波书店，1980 年，第 27 页。

④ Michael Cooper :《通辞ロドリゲス》，松本たま译，日本原书房，1991 年，第 204 页。

和日本文化的造诣以及他在耶稣会中的地位，担当《日葡辞书》的主编也在情理之中。不过，土井忠生在提出此种可能性的同时，还强调："巴尔托里的记述毕竟离《日葡辞书》的刊行已经过去了数十年，还有待于人们去发现他所参阅过的文献中的一些根本性材料。"①

关于《日葡辞书》的主编，为何有关文献史料没有明示，笔者倒是有个大胆的推测，那就是：因为该主编不止一人；除以上两位罗德里格斯以外，与陆若汉不仅同姓而且同名的另外一位神父 João Rodriguez 完全有可能是《日葡辞书》编写收尾阶段和此辞典之《补遗》的主编。

这位 João Rodriguez（1558—1629）神父因为与陆若汉同名同姓，所以常使用其父亲之名吉朗（Girão），以区别于陆若汉。他生于葡萄牙首都里斯本附近，1585 年在果阿晋升为司祭，1586 年抵日，在 1592 年的耶稣会名册中记载，他的日语非常好。1600 年末被派往京都，两年后被召回长崎，于 1603 年起担任日本管区长的秘书，直至 1611 年。1604—1611 年间每年的在日耶稣会年报全由他执笔书写。1614 年，他与其他神父一起被驱赶至澳门，并在那里负责撰写了 1614—1625 年的耶稣会日本管区年报。1629 卒于澳门神学院。② 这位罗德里格斯神父日语同样很好，在他晋升为司祭时，陆若汉还只是后来他所任教的府内神学院的一名学生。所以，无论是资历还是在耶稣会中的职位都要高于陆若汉。而且，他有"一种我们今天看来似乎荒唐的习惯，习惯于将耶稣会士一年一度所作工作报告中的被报告人名字略去"。③1603 年 1 月弗朗西斯科·罗德里格斯离开日本后，这位吉朗·罗德里格斯来到长崎出任以处理文书为职责要务的管区长秘书，所以完全有可能由他接替前任"主编"，担任《日葡辞书》的"扫尾"付印以及编纂《补遗》的总牵头人，并以他的惯常文风，隐去了所有相关文献中的主人公的姓名。

如果弗朗西斯科·罗德里格斯确实曾是《日葡辞书》的主编，那么，笔者的"有多任主编"的推测，即 1603 年弗朗西斯科·罗德里格斯离开日本后，吉朗·罗德里格斯接任主编完成《日葡辞书》，则完全成立。在《补遗》篇中，没有依照《日葡辞书》本篇序言最后一段所言，将论述日语数词和

① 土井忠生、森田武、长南实编译：《邦译日葡辞书》，日本岩波书店，1980 年，第 28 页。

② Hubert Cieslik S. J.：《府内のコレジオ》，《キリシタン研究》第二十七辑，1987 年 9 月，第 115-118 页。

③ Juan Ruiz-de-Medina：《澳门大三巴教堂建筑师》，http://www.macauheritage.net。

量词的任务留待陆若汉的《日本大文典》，而是将日常用语中不可缺少的数量词作为《补遗》的一部分，对《日葡辞书》作了非常重要的补充。《补遗》的后记明言："请注意以下这一点，在本辞书的序言中说，日本所用的各种计数方法不收进此书，留待其他地方处理。然而，后来我们觉得关于计数的特别词汇与其说让于其专门的著述，还不如将日常广泛使用的这类词放在补遗中来得更加便利一些。"然而，与此同时，陆若汉的《日本大文典》第三卷也对日语记数方式作了论述。可见，《补遗》的主编既不是陆若汉，也不再是弗朗西斯·罗德里格斯。

总之，透过对何人是《日葡辞书》主编的探讨，我们可以了解到当时在日耶稣会士中精通日语者不在少数，多人堪当《日葡辞书》主编，而同姓"罗德里格斯"者就有三人。这说明当时耶稣会编这本辞典有了很好的条件和"群众基础"，同时也从一个侧面体现了耶稣会在东亚所执行"适应当地习俗"的传教策略之实貌。而在《日葡辞书》本身以及《耶稣会年报》等有关文献中，没有直接写明其主编的姓名，该辞典确实凝结了众多耶稣会士和日本修士的共同辛劳与智慧，以及他们的团队精神。

第三节　《日葡辞书》中的汉语因素和日语罗马字转写

《日葡辞书》原名 *Vocabvlario da Lingoa de Iapam com a declaração em Portugues*，庆长八年（1603）刊印于长崎神学院，翌年出《补遗》。该辞典中的日语词条及用例用罗马字表记。根据新村出、土井忠生等多名日本吉利支丹研究学者长年的查寻结果，被我国学者钱钟书戏译为饱蠹楼的牛津大学 Bodleian 图书馆、葡萄牙的埃武拉（Evora）公共图书馆和菲律宾马尼拉多明我会圣·多明我修道院文库藏有该刊本，巴黎国民图书馆藏有其残本。另外，里斯本阿儒达（Ajuda）皇家图书馆藏有 1749 年该刊本的抄本。1630 年，在菲律宾的马尼拉出版了该辞典的西班牙语译本。1862—1868 年巴黎出版了由驻华外交官莱昂·帕热斯（Léon Pagès，1814—1886）翻译的法译本。1960 年和 1973 年日本的岩波书店和勉诚社先后影印了牛津大学藏本。1976 年勉诚社还影印了巴黎国民图书馆藏本。[①]1980年，土井忠生、森田武和长南实将其翻译成日文，定书名为《邦译日葡辞书》，由日本岩波书店出版，并在正文前写了一个较为详尽的"解题"报告，使日本及通日语的他国学者有了阅读该书全貌的便利。

诚如土井忠生等学者在日译本的"翻译前言"和"解题"中所言，由于该辞典是以耶稣会传教为主要目的而编纂的，其语言观和关于日语的语法解释都左右于以葡萄牙人为主的耶稣会士。而耶稣会士在布教活动中的主要职责大致可分为两类：听罪师和说教师。作为倾听日本信徒忏悔的听罪师，他们要大致能理解包括方言、俗语在内的社会各阶层人员所使用的日语；作为说教师，就需要学会能使日本上流社会、知识分子"喜闻乐见"的上品文雅的标准语。所以，在该辞典中除了广泛收录日语词汇以外，还对所收词汇的性质和使用场合等作了说明，并附加了具体用例。[②]由于当时的日本上流社会和知识阶层所使用的语文特别是著述中的语文主要是所谓记事体的书面语，也就是变体汉文，几近于中国的古汉语。所以，该辞典含有相当比例的汉语因素。其序言就明确指出："此种语言（日语），吸纳了大量的汉语（词汇），对其我们大抵用中国的书籍和汉字（罗马字）进行说明，因此，饱含我们无数辛劳和斟酌推敲的此部著作不仅对于我们，而且对于日本人自身也有很大的帮助。"[③]

笔者作了大致的统计，在《日葡辞书》中，不计由汉字词汇加な、に转变来的日语形容动词和副词等，光纯粹的"漢語"就占总词汇条目的75%以上。以字母B开头的词汇为例（以元音A开头的汉字词汇在汉语中本身就很少，没有典型的说服力），正篇加补遗篇由辅音B开头的词汇共计1063个，其中纯汉语词汇806个，占76%。另外，据土井忠生统计，该辞典本篇词汇25967个，补遗篇6831个，除去本篇和补遗篇重复的词汇，总数为32293个。在这三万多个词汇中，特别注明是"文書語"（书面语）的词汇共有1500多个，其中"漢語"占了九成以上；特别注明是"詩歌語"（主要用于和歌、连歌）的词汇共有527个，但还是包含了90多个"漢語"词汇。[④]内中，甚至有很多类似于Bôyû（朋友）、Baro（马路）、Tŏba（当场）、Cofŏfin（孔方兄）等现今日语中几乎不用，但看起来非常"地

---

① 参见《新村出全集第六卷》（日本筑摩书房，1973年）、《邦译日葡辞书·解题》（日本岩波书店，1980年）等。

②③ 土井忠生、森田武、长南实编译：《邦译日葡辞书》，日本岩波书店，1980年，第4页。

④ 土井忠生、森田武、长南实编译：《邦译日葡辞书》，日本岩波书店，1980年，第11-13页。

道”的汉语词汇。在该辞典的使用凡例中还特别指明，由于不可能尽知汉字的日语训读，而且有些训读也不一定与原汉字意思相匹配，所以该辞典并没有列出“漢語”的日语训读，仅有音读而已。

在日耶稣会自发生“Deus大日如来误译事件”后，确定了天主教的概念词采用原词音译的原则，产生了除汉语、汉译佛教用语等实际上不被日本人认作外来语以外的许多来自拉丁语、葡语的外来词，但《日葡辞书》中并没有将这些天主教的外来词作为词条，编入其中，而是利用一些原有的汉字词汇赋予了与天主教相关的新含义。这实质上已违背了耶稣会所定的“音译原则”，足见耶稣会已经充分认识到了汉字、汉语在日本及至整个东亚文化圈的重要性，使用汉字翻译天主教的概念词无可避免。在《日葡辞书》中用汉字来表达Deus一词的就有“天”“天主”“天道”“天帝”“天尊”等，与Deus有关的词则更多，如“天敕”“天忠”“天威”“天托”“天运”“天恩”“天心”“上天”“充塞”“受用”等等。新村出依据《日葡辞书》对“天主”的解释认为：“日本吉利支丹版的文献中几乎不用此语，多用‘デウス’。该辞典将‘天主’注释为‘天之主，教会的书籍用语’，这难道不是使用了‘天主’一词的汉文基督教教义书已从明传来（日本）的一例实证吗？”[①]而戚印平则在考察了许多在日耶稣会的抄本文献后认为：“日本耶稣会士选择‘天主’或‘天道’等汉字词语来译称‘Deus’，要比罗明坚的《天主圣教实录》早得多。如此雷同的译词选择很难说是一种巧合。更为合理的假设是，罗明坚此举是援引日本教会的译词先例，沿用日本教会的通行做法。”[②]李小白则认为：“自从‘大日误译’事件以来，传教士们也曾借用过‘天理’、‘天道’等儒教概念。利玛窦在中国布教时写的教义书《天主实义》，是从形式到寓意最好的利用儒学做媒介的实例。”[③]在笔者看来，前两者的观点都在其理，并不矛盾，而后者的观点则不太确切。其实，“天主”还是佛教用语；“天尊”原本是道教用语，后也为佛教所用。所以，更确切地讲，是耶稣会传教士当时已经充分认识到了汉语在东亚的地位，利用汉语原有词汇并赋以与天主教相关的新含义来翻译教义，是非常明智的选择。

---

① 新村出、柊源一：《吉利支丹文学集1》，日本平凡社，1993年，第134-135页。

② 戚印平：《“Deus”的汉语译词以及相关问题的考察》，《世界宗教研究》2003年第2期，第92页。

③ 李小白：《信仰·利益·权力》，东北师范大学出版社，1999年，第118页。

《日葡辞书》无论是汉字还是假名都是用罗马字表记的，这就为我们提供了当时日本人认读汉语的“音韵学”素材。其中最能反映当时的日语和汉语之时代特色的就是对于汉字入声字以及开合口音的罗马字表记。因为当时的汉语中入声声调已经喉音化并趋近消失，字音开口合口二呼已四分为开口、齐齿、合口与撮口四呼。而日语中对“漢語”的音读则恰恰出于学者试图严守传统“音韵规范”，但实际语言已经开始混淆“入声”与“开音节”“开音”与“合音”同化的转折阶段。

日语中原本就没有“声调”之说，汉语中入声声调喉音化或趋近消失，使得日本也不再严守入声读音，对于“入声”开始了“消去”或“开音节化”处理。《日葡辞书》中对入声字的罗马字混乱表记鲜明地体现了此种转变。例如：

乞食（Coṯjiqi 或 Cojiqi）（t 消去）　　吉事（Qiṯji 或 Qichiji）

吉日（Qiṯnichi 或 Qichinichi）　　末代（Maṯdai 或 Matçudai）

脚榻（Qiataṯ 或 Qiatatçu）　　仏事（佛事）（Buṯji 或 Butçuji）

当然，作为一本辞书，《日葡辞书》也是力图保留入声字在日语中的传统语音规范。以“室”字为例，在日耶稣会士们对于这个“室”的罗马字转写，从沙勿略初抵日本一直到陆若汉 1620 年在澳门写《日本教会史》时，其罗马字的标记都是凌乱不一的。沙勿略抵日后结交的第一高僧是曹洞宗福昌寺第 15 代住持，法名“忍室”，沙勿略在 1549 年 11 月写给果阿耶稣会员的信中将“忍室”写为：Ninxit。① 然而，弗洛伊斯在 1562 年 10 月写给耶稣会友的信函中则将“忍室”写成：Nenjitsu；在其 16 世纪 90 年代写的《日本史》中则又写成了：Ninjit。到了陆若汉的《日本教会史》中，又变成了：Ninjit 及 Ningit。②《日葡辞书》中，对于“室”字，则严格地依照“标准”的入声字转写。如，“室 Xit”“室内 Xitnai”“室屋 Xitvocu”等等。

另外，日语中音读汉字时，除将 ao、ou、u 等韵母的汉字读长音外，还将汉字的后鼻音读成长音。③ 不过，一般还是严守汉语中的开口和合口呼区分规则，开口呼汉字用ア段假名加ウ，合口呼汉字用オ段假名加ウ。

---

① 河野纯德译：《聖フランシスコ·ザビエル全書簡》，日本平凡社，1985 年，第 500 页。

② 陆若汉：《日本教会史》，日本岩波书店，1979 年，第 375 页。

③ 也有个别字保留了鼻音，并与长音并用。如：耶稣会士最常用的“坊主”（僧侣）一词，在最初的一批耶稣会士所撰的文章中多用鼻音的 Bonzo 或 Bõzo，在《日葡辞书》中则使用了规范的 Bǒzu，但在涉及“坊主”的注释中则还是多用 Bõzo。

如：高声（カウシャウ），奉公（ホウコウ）等。但到了16世纪末17世纪初，大概是由于中国已经不再用开口合口二分汉字，所以，日语中也慢慢地不再严守开合音的区分。虽然假名表记还是严格区别开音与合音，但反映在耶稣会传教士们的日语罗马字中，则鲜明地体现了日语中对汉字读音开合音混同的倾向，说明当时的日语发音已经趋向将开口长音与合口长音都发音为オ段长音，已与现代日语语音基本一致。所以，《日葡辞书》中的罗马字表记就有了开口音和合口音混记的现象。一方面，该辞典将开口长音和合口长音都用字母u或o转写，只是用上标符号“ˇ”与“^”加以区别，上标“ˇ”表示开音，上标“^”表示合音，开拗长音用iŏ，合拗长音用eô；而另一方面，该辞典实际上又常常混用“ˇ”与“^”以及iŏ与eô。如：

江鱼（Côguio）　江村（Cŏson）

明神（Meôjin）　明星（Miŏjŏ）

殃灾（Vôsai）　殃难（Vŏnan）

妙丹（Meôtan）　妙丹（Miŏtan）

正如土井忠生等学者所言，《日葡辞书》中一些开口合口音的混乱表记，一方面说明当时实际日语发音已经趋同，以至于耶稣会士们容易混淆开口音与合口音；另一方面也说明，耶稣会士们既希望尊重汉语和日语音韵学的语音规范，但也不忽视当时的日语发音现状，显示了一种折中调和的态度。① 这同样也可以看作是汉语不再以开口合口呼二分汉字音的现实写照。

在《日葡辞书》中还有一个值得注意的汉字读音就是现代日语中没有的qua クヮ和gua グヮ这两个音。例如，Quabi（华美）、Quabocu（花木）、Guacô（画工）、Guaicocu（外国）等。クヮ、グヮ二音节现代日语中演变成了カka和ガga，但用罗马字转写后便可知，当时有クヮ和グヮ音读汉字，比现代的カ、ガ更接近汉字原音。试比较日语罗马字与现代汉语拼音如下：

汉字	华	花	画	外
汉语拼音	hua	hua	hua	wai
《日葡辞书》式日语罗马字	qua	qua	gua	guai
现代日语罗马字缀	ka	ka	ga	gai

① 土井忠生、森田武、长南实编译：《邦译日葡辞书》，日本岩波书店，1980年，第15、852页。

土井忠生等在翻译《邦译日葡辞书》时，在最后两页，归纳出了《罗马字缀字与音注对照表》和《假名与罗马字缀字对照表》。显然，《罗马字缀字与音注对照表》中末尾的“备考 1”的解释，即所谓的“当时，缺少大写字母 J 和 U，用 I 兼用作 i 与 j 的大写，用 V 兼用作 u 与 v 的大写”是值得商榷的。[①] 现归纳整理《日葡辞书》中日语罗马字五十音图表如下：

《日葡辞书》中的日语罗马字五十音图表

ア	イ	ウ	エ	オ					
a	i,j,y	u,v	ye	uo,vo					ン
カ	キ	ク	ケ	コ	キャ	キュ	キョ	クヮ	n,tẽ,mõ 等以～表示
ca	qi,qui	cu,qu	qe,que	co	qia	qiu	qio,qeo	qua	（在 b,m,p 前用 m）
サ	シ	ス	セ	ソ	シャ	シュ	ショ		
sa	xi	su	xe	so	xa	xu	xo		
タ	チ	ツ	テ	ト	チャ	チュ	チョ		
ta	chi	tçu	te	to	cha	chu	cho		
ナ	ニ	ヌ	ネ	ノ	ニャ	ニュ	ニョ		
na	ni	nu	ne	no	nha	nhu	nho		
ハ	ヒ	フ	ヘ	ホ	ヒャ	ヒュ	ヒョ		
fa	fi	fu	fe	fo	fia	fiu	fio		
マ	ミ	ム	メ	モ	ミャ		ミョ		
ma	mi	mu	me	mo	mia,mea		mio		
ヤ		ユ		ヨ					
ya		yu		yo					
ラ	リ	ル	レ	ロ	リャ	リュ	リョ		
ra	ri	ru	re	ro	ria,rea	riu	rio,reo		
ワ				ヲ					
ua,va				uo,vo					
ガ	ギ	グ	ゲ	ゴ	ギャ	ギュ	ギョ	グヮ	
ga	gui	gu,gv	gue	go	guia	guiu	guio,gueo	gua	
ザ	ジ	ズ	ゼ	ゾ	ジャ	ジュ	ジョ		
za	ji,Ii	zu	je,Ie	zo	ja,Ia	ju,Iu	jo,Io		
ダ	ヂ	ヅ	デ	ド	ヂャ	ヂュ	ヂョ		
da	gi	zzu	de	do	gia	giu	gio		
バ	ビ	ブ	ベ	ボ	ビャ	ビュ	ビョ		
ba	bi	bu	be	bo	bia	biu	bio		
パ	ピ	プ	ペ	ポ					入声字尾：t
pa	pi	pu	pe	pe					促音：
	长音	x一		x一					cc,cq,ss,xx,tt,pp
		ǔ	（开音）	ǒ					（dd 只见于 Fiddai;
		û	（合音）	ô					zz 只见于 Bazzui 和 Zozzoto）
偶有 yà,cù,pò 表示长音									

① 理由参见本书第二章“《圣人传辑录》与日语罗马字转写规范之起始”。

如果说，刊印于1591年的加津佐版《圣人传辑录》是因为当时活字印刷机刚刚传入日本，一定程度上受金属活字的限制，只好用罗马字来排版印刷日文的话，那么，1603年在日耶稣会在刊印《日葡辞书》时，这种技术性制约已经不再存在，他们已完全能用汉字和假名混排印刷日文。然而，在《日葡辞书》中没有出现任何汉字和假名，所有日文都用罗马字转写。这一方面是由于耶稣会在其前已刊印有《落叶集》等汉日文辞书，传教士们可以以那些书籍来学习日语的汉字和假名；另一方面，耶稣会传教士们是以自身语言条件和从传教任务出发来编写这本辞典的，这也很大程度上左右了他们选择用罗马字来转写日文。一是因为他们的母语使用的都是罗马字，用罗马字转写日语，更便于他们认读和记忆日语；二是罗马字是音素文字，比假名更利于拼读汉语词汇占75%以上的日语；三是传教士的主要任务是向大众宣讲教义和倾听信徒的忏悔，即他们所要求掌握的主要还是口语会话，对阅读理解的要求不是很高，更何况有许多日本修士可以帮助他们进行笔头工作，所以，用罗马字转写日语词条比用汉字和假名混记日语更实用有效。也正是像《日葡辞书》这样的在日耶稣会的重要书籍用罗马字转写日语词汇，从而既规范和统一了日语罗马字的转写方法，也发展了日语以至汉语的音韵学，为后人了解当时的日语发音现状提供了极大的便利，同时客观上也使得语言这面映照社会的镜子更加清晰地反映了当时日本社会以及日本与中国、日本与西方的关系。

VOCABVLARIO
DA LINGOA DE IAPAM
com adeclaração em Portugues, feito por
ALGVNS PADRES, E IR-
MAÕS DA COMPANHIA
DE IESV.
COM LICENÇA DO ORDINARIO,
& Superiores em Nangasaqui no Collegio de Ia-
PAM DA COMPANHIA DE IESVS.
ANNO M.D.CIII.

影印自《邦译日葡辞书》，原出处为 Oxford, Bodleian Library 藏本，
书架号：Arch. B. d. 13

第四章　耶稣会士直面汉语

关于欧洲语言与中国语言的相遇，1834年的《中国丛报》（*Chinese Repository*）第三卷曾介绍说，1291年蒙高维诺（Montecorvino）受尼古拉四世的派遣经印度到达中国，在忽必烈统治下的中国传教11年，“他让近6000人受洗，还买了150个孩童，亲自教他们希腊文和拉丁文，为他们编了好几种祈祷书”。其本人也学习了鞑靼语言文字，翻译了《新约》等基督教文献；继蒙高维诺之后，另有方济各会士26人前往北京传教，但他们基本都在蒙古部落中间进行，“在汉人中没有做多少工作”。[①] 而在中国正史中的最早中西语言接触的记载见于《明史》卷三百二十五中的“佛朗机”中。明武宗正德六年（1511），葡萄牙攻占了满剌加（马六甲）后，随即进犯我国东南沿海。“武宗南巡，其使火者亚三因江彬侍帝左右。帝时学其语以为戏。”[②] 之前以及之后至耶稣会传教士进入中国，欧洲尽管有马可波罗《行记》、柏朗嘉宾和鲁布鲁克的《柏朗嘉宾蒙古行记　鲁布鲁克东行记》、博克舍《十六世纪中国南部行记》，乃至罗明坚、利玛窦等已入华的1585年，西班牙汉学家门多萨（Juan Gonzalez de Mendoza）《大中华帝国史》等书籍的问世，比较全面地向欧洲介绍了中国社会文化的各个方面，然而，由于他们来华的目的（门多萨等人甚至并未到过中国）和使命没有特别需要他们学习汉语，所以，即便他们的书中有对中国语言文字的只言片语，也不可能是经过语言接触和碰撞后所产生的对中文和汉语的真正的认知。上述这些只能称作游记文学的作者在中国时尽管有了与中国语言的相遇，但不能算是接触。倒是如前几章所述，在日耶稣会传教士通过对日语尤其是汉文的学习，对中国语言文字也有了一定的认识。诚如法国来华耶稣会士费赖之（Louis Pfister，1833—1891）所言：有东方传教先驱之称的沙勿略，“彼与有学识的日本人，尤与僧人辩论之中，辄惊日本人对其

① ［美］卫三畏：《中国总论》，陈俱译，上海古籍出版社，2005年，第785页。

② （清）张廷玉等：《明史》，中华书局，1974年，第8431页。

比邻大国之文学哲理深致敬佩，盖此为日本全部文化之本也”。[①] 于是，沙勿略便想尽办法希望进入中国传教，然而，由于当时中国的海禁，使他致死未能如愿。另一个耶稣会重要人物范礼安则是更加深刻地认识到了语言对于他们传教事业的重要性。所以，在途经和居留澳门时，他给罗明坚留下了要好好学习汉语，并伺机进入中国传教的指示。[②] 罗明坚以及后来的利玛窦等耶稣会传教士不负范礼安所望，学会了汉语官话并进入中国内地定居传教，从此开始了欧洲语言与中国语言的真正接触。

第一节　罗明坚和利玛窦研习汉语的进程

由于利玛窦在华时间较长，影响较大，所以，谈起中西语言接触，人们往往首先想到的会是利玛窦。但实际上，比利玛窦更早学习汉语，并进入中国传教的是罗明坚。

罗明坚（Michele Ruggieri, 1543—1607），一曰罗明鉴，字复初，意大利人，在法国传教士费赖之编于1868—1875年间的《在华耶稣会士列传及书目》中，位列467位来华耶稣会士中的第七位，紧随范礼安之后。入耶稣会前，他已获两种法学博士学位。二十九岁入修院学道，于1578年与巴范济、利玛窦等人一起抵达印度果阿传教。[③] 1579年7月抵达澳门，对于15天前范礼安离澳赴日时留给他要学好汉语的书面训示，他实际上与当时在澳的几乎所有传教士的认识是一样的，“一位神父可以从事会中其他事业，为什么浪费大好光阴学习什么中国语言，从事一个毫无希望的工作”。[④] 许多与中国打过交道的人甚至认为，连沙勿略那样的热情和努力，都未能实现进入中国传教，所以要争取中国人信教，“纯粹是浪费时间，就像要把埃塞俄比亚人变成白种一样”。[⑤] 因此，他感到非常委屈与无奈，常常祈祷天主能庇佑他完成此项艰巨的工作。然而，对于上司的服从

---

① [法]费赖之:《在华耶稣会士列传及书目》(上)，冯承钧译，中华书局，1995年，第1页。

② [意]利玛窦、[比]金尼阁:《利玛窦中国札记》，何高济、王遵仲、李申译，广西师范大学出版社，2001年，第99页。

③ 此三人正是1582年最早进入广东的首批耶稣会传教士。巴范济后来成为日本教区主教，并接替范礼安成为中日两传教地的教廷巡察员。(参见《利玛窦中国札记》第102-109页。)

④ [意]利玛窦等:《利玛窦书信集》(下)，罗渔译，光启出版社、辅仁大学出版社，1986年，第426页。

⑤ [意]利玛窦、[比]金尼阁:《利玛窦中国札记》，何高济、王遵仲、李申译，广西师范大学出版社，2001年，第99页。

秉性以及要继承沙勿略未竟事业的信念，促使他排除其他传教士的讥讽和阻挠，坚定地开始了对汉语的研学，并经再三周折，与利玛窦一起于1583年9月进入广东肇庆定居传教。他编写了《葡汉辞典》《天主圣教实录》等书籍，并最先将中国的《四书》译成拉丁文介绍到欧洲，从此确立了“作为西方汉学奠基人的地位”。[①]

利玛窦（Matteo Ricci，1552—1610），字西泰，意大利人。他生于沙勿略在中国的上川岛抱憾离世前两个月。少时曾在罗马学习法律。1571年，他在罗马加入耶稣会，并继续在罗马的耶稣会主办的学校学习哲学、神学以及天算。1578年9月抵达果阿，四年后，受范礼安指派，于1582年8月抵达澳门，与罗明坚会合，开始了在中国传教和研习中国语言文化的生涯。自1583年9月定居肇庆起，历居韶州、南昌、南京、北京等地，直至1610年5月殁于北京，没再离开过中国。其一生著述颇丰，且大半为中文著作。其中有《葡汉辞典》《汉葡辞典》《西字奇迹》等语言类书籍；有《天主教传入中国史》（即《利玛窦中国札记》，或曰《基督教远征中国史》）、《天主实义》等天主教相关书籍；汉译有《几何原本》《同文算指》《万国舆图》等介绍欧洲科技文明的著述。他与罗明坚一起被后人并称为“西方汉学之父”。

罗明坚、利玛窦学习认知汉语的进程，大多被记录于他们与其他耶稣会传教士的信札以及《利玛窦中国札记》中。1989年，美国的杨福绵神父（Paul Fu-Mien Yang, S.J.）发表了《罗明坚和利玛窦的〈葡汉辞典〉——历史语言学导论》[②]一文，内中第一节对利玛窦学习汉语的时间进程做过一个专门的梳理。参考以上这些文献材料，我们对罗明坚和利玛窦等传教士研习汉语的过程可以做以下综合性的归纳。

1579年7月至1583年9月，罗明坚遵照范礼安的指示，千方百计研习中国官话和汉字。当时的澳门，无论是澳门本地人还是来自中国内陆的商人，他们虽然有人通晓当地方言和葡语，但对于汉语官话都只能听不会说，汉字也只及商务交易的简单文字。所以，他要找到一位理想的汉语老师相当困难，“因此，后来找到一位老师，只能借图画学习中国语言了，

① 张西平：《罗明坚——西方汉学的奠基人》，《基督教宗教研究》（二），社会科学文献出版社，2000年，第354页。

② 罗明坚、利玛窦著，魏若望主编：《葡汉辞典》，旧金山大学利玛窦中西文化研究所、葡萄牙国家图书馆、东方葡萄牙学会，2001年，第97-209页。

如画一匹马，告诉我这个动物中国话叫‘马’，其他类推，世上有多少事物，就有多少中国字，他并无字母可循，这为葡萄牙人以及神父们学习简直是不可能的事”。“据说即使中国人，为能达到相当水平，也须读十五、二十年不可。”① 罗明坚就是在这样的困难条件下，在赴肇庆定居前基本学会了汉语官话和汉字。实际上，他只用两年时间，已学会了一万五千个中国字，能看懂中国书籍和翻译一些小册子。② 不过，由于他学的是官话，所以口语“尚不能运用自如”，还有待进入中国内地实践提高。③

利玛窦则是在1582年8月抵达澳门后即开始学习汉语，在与罗明坚一起进入内地之前，也已学会了许多汉字。“对于中国话已略有成就。……可以往中国大陆去了。”④

1583年，在肇庆，罗明坚与利玛窦一起学习汉语，并取得很大进步；1584年，利玛窦和罗明坚都已能流利地说汉语，并能较好地使用书面语。⑤ 罗明坚曾于1583年2月7日写信给耶稣会总会长阿桂维瓦（Claudio Aquaviva）神父说：“自我来到中国，迄今已三年了，时常加紧学习中文，目前我已撰写了几本要理书籍，其中有《天主真教实录》（*Doctrina*）、《圣贤花絮》（*Flos Sanctorum*）、《告解指南》或《信条》（*Confessionario*）、与《要理问答》（*Catechismo*）等。”⑥ 在《天主实录》中附有《祖传天主十诫》经文，1583年在肇庆正式付印，从而成为“第一篇在华天主教中文经文”以及“欧人明清间第一篇以汉字写的中文文献”。⑦1584年，罗明坚的《天主实录》出版，成为欧洲人在中国本土出版的第一本书。同年10月，利玛窦完成了他的世界地图《舆地山海全图》的第一版。⑧

---

① [意]利玛窦等:《利玛窦书信集》（下），罗渔译，光启出版社、辅仁大学出版社，1986年，第446页。

② [意]利玛窦等:《利玛窦书信集》（下），罗渔译，光启出版社、辅仁大学出版社，1986年，第431页。

③ [意]利玛窦等:《利玛窦书信集》（下），罗渔译，光启出版社、辅仁大学出版社，1986年，第447页。

④ [意]利玛窦等:《利玛窦书信集》（上），罗渔译，光启出版社、辅仁大学出版社，1986年，第32、41页。

⑤ 杨福绵:《罗明坚和利玛窦的〈葡汉辞典〉——历史语言学导论》,《葡汉辞典》，旧金山大学利玛窦中西文化研究所、葡萄牙国家图书馆、东方葡萄牙学会，2001年，第103页。

⑥ [意]利玛窦等:《利玛窦书信集》（下），罗渔译，光启出版社、辅仁大学出版社，1986年，第446、447页。

⑦ 张西平:《罗明坚——西方汉学的奠基人》,《基督教宗教研究》（二），社会科学文献出版社，2000年，第374页。

⑧ 魏若望:《序言》,《葡汉辞典》，旧金山大学利玛窦中西文化研究所、葡萄牙国家图书馆、东方葡萄牙学会，2001年，第86页。

1583—1588 年间，罗明坚和利玛窦编就《葡汉辞典》[①]，这是现今已被发现的世上最早的汉欧语辞典。关于此辞典笔者将在后续章节详细论述。

1588 年，为请求教皇遣使北京，以期巩固神父们在华的传教地位，罗明坚受范礼安指派自澳门回葡萄牙，后经多年努力，终未如愿，也未再来华，至 1607 年卒。此间，利玛窦则继续在中国各地开拓传教。据杨福绵梳理：1591 年，利玛窦居韶州，已经熟练地掌握了汉语书面语，并开始把四书翻译成拉丁语；1594 年，在韶州完成把四书从汉语译成拉丁语的翻译工作，并开始撰写《天主实义》以及其他汉语著作；1595 年，利玛窦在南京，已经精通汉语的书面语和口语。[②] 朱维铮曾于 2001 年主编过《利玛窦中文著译集》，内中收录了 17 部利玛窦的中文著作和译作，全部为利玛窦在 1595 年及以后所撰。

其实，自 1586 年起，罗明坚和利玛窦已完全适应了使用汉语的生活，他们的母语意大利语因几乎不用而逐渐遗忘。罗明坚在 1586 年写给耶稣会总会长的信函开头，还特意为此表达了歉意："很久不用意大利文，故很多文规已记不清了，如有错误，务必请您包涵。"[③] 在信尾他还不无自豪地写道："现在我们对此难学的中国语言已知梗概，也能看中国书籍，因此我们已被视为中国人了。利神父对中国语言与文学颇有研究，孟三德神父去年才到，他在努力学习中。"在利玛窦离世前，前后在华传教的神父共有过 13 位，他们都如孟三德（P. De Sande）那样，入华后即努力研习汉语，内中还不乏有帮助利玛窦编撰音韵字典（也即《汉葡辞典》）的郭居静（Lazzaro Cattaneo, 1560—1640）等精通汉语者，但无一强于利玛窦。

因此，早期来华耶稣会士直面汉语，使汉语与欧洲语言进行最初接触的主角就是罗明坚和利玛窦两人而已，但他们的语言才华、他们对汉语的深刻认知却一直影响至今。

---

① 魏若望：《序言》，《葡汉辞典》，旧金山大学利玛窦中西文化研究所、葡萄牙国家图书馆、东方葡萄牙学会，2001 年，第 90 页。

② 杨福绵：《罗明坚和利玛窦的〈葡汉辞典〉——历史语言学导论》，《葡汉辞典》，旧金山大学利玛窦中西文化研究所、葡萄牙国家图书馆、东方葡萄牙学会，2001 年，第 103 页。

③ ［意］利玛窦等：《利玛窦书信集》（下），罗渔译，光启出版社、辅仁大学出版社，1986 年，第 491 页。

第二节　罗明坚、利玛窦等来华耶稣会士眼中的汉语

早期中西语言接触的主角是罗明坚和利玛窦，当时西人对汉语的认识当然体现在了总结耶稣会士最初进入中国之历史的《利玛窦中国札记》中。利玛窦在《札记》第一卷第五章“关于中国的人文科学、自然科学及学位的运用”中，综合性地论述了中国的语言文字，并在第七章“关于中国的某些习惯”及其他一些章节中，还论述了中国人的语用习惯。当然，利玛窦对汉语的这些认识并不是在写书的当下一蹴而就的，它是一个逐步发展深入的过程。我们从罗明坚、利玛窦和其他最初入华的传教士的信函和文献之中不难看到这种认识的发展过程。

罗明坚是第一个被耶稣会指派学习汉语，进入中国内陆传教的人。而当时在日耶稣会的传教士已经通过日语的书面语——变体汉文，对汉语有了相当的了解，所以罗明坚对于汉语的最初印象或多或少被在日耶稣会士的传言所左右。由于日语的假名是音节文字，不到50个，而且，整个日本，各地方言差别并不大，所以日语相对易学。然而，汉语方言多，汉字多，语义又因汉字排列顺序而发生变化等等。因此，当时在澳门的传教士普遍认为，日语易学，但要学会汉语则几乎是不可能的。罗明坚在最初写给其他传教士的信中就不断地强调学习汉语这一任务的艰巨性。“中国语文非常难学，超出其他任何国家的文字，因为它无字母，字又多得不可计数，可说世界上有多少字，它也有多少字，因此为能达到会念的程度要学很长的时间，据说即使中国人也须读书十五年后方能读通、能写文章，由此可知是如何地难学写了。”[①] 罗明坚学习汉语首先遇到的难题是汉字，这同耶稣会士初入日本接触日语时的感触如出一辙。

当利玛窦抵澳学习汉语时，由于有了罗明坚的筚路蓝缕，对汉语有了更深层次的认识。不过，最困扰利玛窦的还是文字及其发音问题。他在1583年2月的一封信中这样写道：

---

① ［意］利玛窦等:《利玛窦书信集》(下)，罗渔译，光启出版社、辅仁大学出版社，1986年，第431页。

> 您要知道中国语文较希腊文和德文都难；在发音上有很多同音而异义之字，许多话有近千个意义，除掉无数的发音外，尚有平上去入四声；在中国人之间，有时还需借笔写以表达他们的思想，但文字在他们之间并无分别。不过中国文字的构造实难以形容，除非亲眼见、亲手去写，就如我们今天正学习的，真不知从何说起。有多少话、多少事，便有多少字，好像七万左右，彼此都不一样，非常复杂；……所有的话皆是单音的，他们的书法几乎等于绘画。……虽然如此，不少国家使用它，虽然说话大不一样，也没有我们所有的字母，但在书写上、或在书籍上，不少使用它，如日本、越南，与中国，彼此国籍不一，语言也大不相同，但在文字方面却相同。……中文没有冠词、性别、单复数、时间的区别；不过他们用副词作补救，表达得十分清楚。在中国谁识字越多便是最有学问的人，只有这些人才能担任官职，在社会中才有地位。这就是为什么科学在中国不发达的原因。①

看得出来，初学汉语的利玛窦对于汉语或者说汉字并没什么好感。然而，随着他对中国语言和文化的深入了解，他的这种认识也慢慢发生了转变。在他 1584 年 9 月写于肇庆的另一封信中则这样评述中国的文字：

> 中国人的智慧，由他们聪明的发明可以得知，论他们的文字，每样东西都有代表的字，而且，结构很巧妙，所以，只要世界上有多少语句，就有多少个各不相同的文字来代表，而他们都能将他们学会并认识得清清楚楚。他们也用它作各种学问，例如医药、一般物理学、数学与天文学等，真是聪明博学。……②

不过，利玛窦即便到后来已经完全掌握了汉语的“官话”和书面语，在他写给其他耶稣会士的信函中还是认为汉字太多、太难学。这也正是促使他和罗明坚合编了《葡汉辞典》、与郭居静合编了《汉葡辞典》的原因，他们对汉字进行音韵的解剖，进行罗马字的注音转写，并发现汉字形声义

---

① ［意］利玛窦等:《利玛窦书信集》(上)，罗渔译，光启出版社、辅仁大学出版社，1986 年，第 31、32 页。

② ［意］利玛窦等:《利玛窦书信集》(上)，罗渔译，光启出版社、辅仁大学出版社，1986 年，第 52 页。

相结合的特点，从而总结出了一套巧记汉字的方法。他在南昌等地屡屡向中国文人和官员显示记诵无序汉字组合的能力，对于正常的文章更是能过目不忘，倒背如流。后来还应中国朋友之请，撰写了《西国记法》，洋洋洒洒共六篇。因此而深得其周围中国人的赞赏和尊敬。其所谓记忆之法，实际上，就是巧妙地利用了汉字符号之概念与书写形象、概念与音响形象双结合的特点。他在 1597 年的一封信函中这样写道："中国文字如同埃及的象形文字，每一图形为一字，且单音字居多，因此在图形、发音与含意三方面皆为那一个图形。"[①] 西班牙神父古士曼（Luis de Guzman, 1544—1605）在出版于 1601 年的《东方传道史》一书中，对利玛窦的这种记忆技巧也有过揭秘，说："因为中国的每一个文字相当于我们的一个完整的词句，所以那对（利玛窦）神父而言并不那么困难。他在故作研究一部分文字的同时，记住了这些词句。当纸和笔拿上来时，写出了他脑中一一回忆起来的事物。"[②]

利玛窦于 1601 年定居北京后，一方面是他自己对汉语已经驾轻就熟，另一方面无论是在东亚还是在西方的传教士都已经对汉语和汉字不再陌生或是一无所知，所以，他在来往信函中不再多谈对汉语的认识，只是偶尔提提汉文的书写习惯及一些语法现象，如："中国文没有我们的大写，以分别固有名词，中国人如欲强调某一名词，显示某一词的重要性，往往空一格或两格，正如我们常把天主、耶稣、圣父、圣子、圣神之名下空两格，对圣母玛丽亚之名则空一格一样。"[③]

1608 年底，利玛窦自觉在世时日不多，于是便动笔写了耶稣会士进入中国传教的历史回顾，即《利玛窦中国札记》。书中，利玛窦对中国语言文字的认识应该说已是成熟的、深入的，而且是全面的。他不仅对汉语言文字进行了语形学和语义学的介绍，而且对汉语的语用习惯、身体语言等也作了很多描述和阐释。例如：

……两人面对面，谦恭地把仍然缩在袖子里的手抬起来，再慢慢地放下来，同时压低声调重复地说"请，请"。"请"这个字没有特别的意

① ［意］利玛窦等：《利玛窦书信集》（上），罗渔译，光启出版社、辅仁大学出版社，1986 年，第 244 页。
② Luis de Guzman：《グスマン東方傳道史》，新井トシ译，日本天理时报社，1944 年，第 440 页。
③ ［意］利玛窦等：《利玛窦书信集》（下），罗渔译，光启出版社、辅仁大学出版社，1986 年，第 279 页。

思，只是一种尊敬的表示。我们可以称之为表示尊敬的感叹词。①

又如：

> 两个人谈话时，他们从来不用语法上的第二人称，在谈到在场和不在场的人时可以使用各种不同的语法形式。在谈到自己时从不用第一人称的代名词，除非是主人对仆人，或上级对下级讲话。谈话中，他们用以称赞别人和避免自我赞扬的办法是同样之多，或许最谦恭的一种是讲到自己时就直呼本名而不说我。如果谈到父母、兄弟或子女，或者提到身体的一部分，或家庭或祖国以及什么人的文章，或甚至别人的疾病，总是要加进一个表示赞美或同情的客气词句。然而，谈话的内容涉及正在谈话的人，用词就要更含蓄一些。②

利玛窦在列举了许多汉语的语用习惯后，还深刻地指出："由此可见，如果不想显得没有教养或无知，或想懂得别人所说的或所写的是什么，一个人就必须深通各种不同的表达思想的方式。"这不能不说利玛窦已经有了一种语用学思想的萌芽，尽管还只是停留在朴素的状态，没有形成系统的理论。

第三节　早期来华耶稣会士对汉语的贡献

由于罗明坚、利玛窦等早期来华耶稣会传教士研习汉语，是几乎没有可资前鉴信息的崭新的语言接触，东西方思维以及对问题切入点的不同，使得他们对汉语的认知与中国人自己数千年以来所形成的语言认知之定式有了相当大的差异。这种差异在客观上促进了人们对汉语的研究，从而推动了汉语本身以及汉语教学等各方面的发展。

1930 年，罗常培在《中央研究院历史语言研究所集刊》第一本第三分

---

① [意]利玛窦、[比]金尼阁:《利玛窦中国札记》，何高济、王遵仲、李申译，广西师范大学出版社，2001 年，第 45 页。

② [意]利玛窦、[比]金尼阁:《利玛窦中国札记》，何高济、王遵仲、李申译，广西师范大学出版社，2001 年，第 46 页。

上发表了《耶稣会士在音韵学上的贡献》一文，通过对金尼阁的《西儒耳目资》、利玛窦的《西字奇迹》等早期耶稣会士对汉语的罗马字注音文献的研究，得出结论，认为明清之交耶稣会士在中国学术思想界的影响，除天文算法以外，也不能忽视他们曾对中国音韵学作出过三大贡献。第一，用罗马字母分析汉字的音素，超越传统的反切法，使后人对于音韵学的研究，可以执简驭繁，由浑而晰；第二，使现今的人们可以透过他们对汉字的罗马字母标音，去大致推知明末的官音音值；第三，启发中国学者重新审视传统的音韵学研究方法，为中国音韵学研究开出了一条新路。由此，罗常培还将明季的耶稣会士赞誉为对音韵学开辟新径的“筚路蓝缕，以启山林”之功臣。[①]

其实，罗常培对耶稣会士在汉语音韵学上的贡献之研究本身就可被视作近现代学者对早期中西语言接触史研究之嚆矢。随着新史料陆续被发现，此种研究得以不断深入，尤其是20世纪80年代末，杨福绵在台北出版的《第二届国际汉学研讨会论文集》上发表了震惊现代史学和语言学界的《The Portuguese Chinese Dictionary of Michele Ruggieri and Matteo Ricci: A Historical and Linguistic Introduction》（《罗明坚和利玛窦的〈葡汉辞典〉——历史语言学导论》）一文，后来，此文葡中英三种语言的修改稿作为书的导言被收入东方葡萄牙协会等单位影印出版的《葡汉辞典》中，魏若望专门为该辞典的出版写了序言，内中高度评价了杨福绵的论文，言“他的论文，可以被认作从语言学角度分析该部辞典的首创之举，因为这篇论文不仅为继续研究该辞典，也为研究现存其他汉语与其他欧洲语言的双语手稿辞典铺设了道路”。[②] 杨福绵对这本被称为世上首本汉欧辞典的《葡汉辞典》作了音韵学上的详细论考，但由于重病与早逝，没来得及对辞典中的条目作进一步的细考。无论如何，罗明坚和利玛窦编写于1583—1589年间的这本《葡汉辞典》手稿的被发现并影印出版，是历史学界和语言学界的喜事。诚如杨福绵所言，“该辞典所收录的音韵学及词汇学方面的资料，是研究明朝晚期达官贵人及文人使用官话的宝贵（的）语言学方面的

---

① 罗常培：《耶稣会士在音韵学上的贡献》，《历史语言研究所集刊》，中央研究院历史语言研究所，1930（3）；中华书局，1987重刊；以及《罗常培语言学论文集》，商务印书馆，2004年，第251-358页。

② 罗明坚、利玛窦著，魏若望主编：《葡汉辞典》，旧金山大学利玛窦中西文化研究所、葡萄牙国家图书馆、东方葡萄牙学会，2001年，第90页。

材料”。[①] 因此，笔者将在另章对此本《葡汉辞典》以及其后的《西字奇迹》，从东西语言接触的综合角度作一专门的考察，此处从略。

不过，在此先得指出的是，罗明坚和利玛窦对汉字进行罗马字的注音，其最初本意是为自己及其他入华传教士学习汉语提供记忆便利和用母语书写一些中国的专有名词用的。在《利玛窦中国传教史》中，关于1598年编写的《汉葡辞典》有过这样一段记述：

> 这部辞典按照一定的规则和顺序，包括了和汉语有关的所有问题。因此，从现在起所有的人都可以毫不费力地学习汉语。……正是这点（指汉语的声调和送气音）使汉语变得比较难学。为了很好地区别带送气音的字，他们发明了五种不同的重音符号。对于解决这个问题，郭居静神父做出了很大贡献，因为他具有音乐知识，能够很好地察觉并辨别不同的声调。他们决定使用五个重音符号和一个送气音符号，并把这些符号连同我们的罗马字母一起使用，来描写一个汉字的发音。为了获得一致，他们采用这个方法从事所有的写作。利玛窦神父命令从即时起所有耶稣会士都必须遵守这些规则，不允许任何人在书写时随意违反之，否则将会产生许多混乱。这样，由于我们研究工作的巨大成就，人们便可以通过文章和笔记互相帮助。[②]

正是罗明坚、利玛窦以及郭居静的这些努力，以及他们本身成功学习汉语的榜样作用，使得后来的入华耶稣会士完全改变了关于汉语绝对难学的先入观，曾德昭（Alvaro Semedo,1585—1658）在其《大中国志》中介绍中国的语言文字时，就说：

> 中国今天只通用一种语言，即他们称呼的官话（Quonhoa），也即曼达林语。当他们在认真、慎重地把他们的政体介绍到别国时，也把他们的

① 罗明坚、利玛窦著、魏若望主编：《葡汉辞典》，旧金山大学利玛窦中西文化研究所、葡萄牙国家图书馆、东方葡萄牙学会，2001年，第22、90、160页。

② 利玛窦：《利玛窦中国传教史》，刘俊余、王玉川译，台北光启出版社，1987年，转引自罗明坚、利玛窦著，魏若望主编：《葡汉辞典》，旧金山大学利玛窦中西文化研究所、葡萄牙国家图书馆、东方葡萄牙学会，2001年，第110、111页。在经金尼阁改编后的《利玛窦中国札记》中（何高济、王遵仲、李申译，广西师范大学出版社，2001年）第236页，也有此段文字，但由于翻译原本的不同及翻译表述的不同，意思上有些出入，而且《札记》译者将此本辞典注解为《平常问答词意》，似乎有误，因为编写的时间不符。

> 语言传去，所以至今官话已传遍全国，有如拉丁语之传遍欧洲。但一般说来，每省仍保留自己的方言。他们是一种有限度的语言，字体之多超过其他语言，但使用的词汇不多，总的说不超过328个词，词汇则有1228个（它们除了音调和气音不同外，实际相似）。所有的字几乎都以母音结尾，有几个不以母音结尾的，要么以M，要么以N结尾。他们全是单音词，动词和名词均无语尾变化，适合他们使用，有时动词充当名词，名词充当动词，必要时也充当副词。因此它比拉丁语容易学，因为仅拉丁语法就得花费孩子的全部时间。它的简短使他充满多义词，所以是简明的。①

当然，曾德昭也客观地指出："（汉语语法）对于有些人是困难的，但使中国人满意。"他在这里所说的"有些人"，排除后者的"中国人"，显然是指像他们那样的外国人。

由于利玛窦采用了"学术传教"的方针，以利玛窦为首的具备数学、天文、历法、机械知识的耶稣会士接踵来华，在徐光启、李之藻等中国文人的帮助下翻译和介绍了当时欧洲的科技文明。② 毋庸说关于天主教的宗教词汇，在科技方面也为汉语增添了大批新词或旧词新义。例如，"几何"一词，中国自古有之，意为"多少"，《诗经》有云："俟河之清，人寿几何"；《史记·陈丞相世家》也有"天下一岁决狱几何"句。然而，利玛窦在其《几何原本》中赋予"几何"以新义，言："几何家者，专察物之分限者也，其分者若截以为数，则显物几何众也；若完以为度，则指物几何大也。其数与度或脱于物体而空论之，则数者立算法家，度者立量法家也。或二者在物体，而偕其物议之，则以数者如在音相济为和，而立律吕乐家；议度者如在动天迭运为时，而立天文历家也。此四大支流，析百派。"③ 显然，利玛窦所说的"几何"，是一种研究"数"与"度"的学问。在此大学科下，有人是"算法家"；有人为"量法家"；有人从事将数与音相结合的研究，称

---

① ［葡］曾德昭：《大中国志》，何高济译，上海古籍出版社，1998年，第39页。此段文字中对于328个词和1228个词汇的表述或译文不妥，应该译为328个音节和1228个语音。另据计翔翔考述（《十七世纪中期汉学著作研究》，上海古籍出版社，2002年，第139页），译文的具体数字也有误。在法文本 *Histoire universelle de la Chine*，p.49 和英文本 *The History of that Great and Renowned Monarchy of China,* p32. 中，原文前者为法语 mot、英语 letter，且为326个；后者法语为 term、英语为 word。不过，计翔翔将后者翻译为"同音字"也是欠妥的，笔者认为应该将其译为"语音"较为正确。

② 江晓原、钮卫星：《天文西学东渐集》，上海书店出版社，2001年，第270页。

③ 利玛窦著、朱维铮主编：《利玛窦中文著译集》，复旦大学出版社，2001年，第298页。

作“律吕乐家”；有人从事将度与天文相结合的研究，称作“天文历家”。此四大支流下，又细分为更多的学科小分支。后人单单根据其《几何原本》“界说三十六则”中所言“凡论几何，先从一点始，自点引之为线，线展为面，面积为体”等论述，将“几何”局限于研究空间图形的形状、大小和位置的相互关系的科学，即“几何学”而沿用至今。笔者统计了一下香港中国语文学会统筹出版的《近现代汉语新词词源词典》（汉语大词典出版社，2001 年），内中被追溯至 17 世纪的新词或旧词新义词共有如下 102 个，其中 100 个都起始于 17 世纪上半叶来华耶稣会士们的中文著作或译著。与“几何”一词一样，有些沿用至今，有些不复有当初的意思，有些则已经消亡，被新的译词所更替。

阿利袜（油橄榄）、罢达（犀牛）、把勒亚（鲸）、半径、北极规（北极圈）、边、编箫（管风琴）、比例、比率、俾斯玻（主教）、叉、齿轮、点、地平线、地心、冬至规（南回归线）、陡禄日亚（神学）、度、对角线、独角（犀牛的一种）、多边形、厄马（美洲鸵鸟）、斐录所费亚（哲学）、费西加（物理学）、飞鱼、风车、弗尼思（长生鸟）、杠杆、公学（大学）、共学（大学）、海马、海女（美人鱼）、海人（传说中的半人半鱼）、海豚、海峡、虹吸、剑鱼（锯鲨）、教皇、几何、经度、救世主、懒面（树懒）、两角（犀牛的一种）、立方、理科、流体、力艺之学（力学）、力艺学（力学）、罗经（罗盘）、落日加（逻辑学）、螺丝转（齿轮）、玛得玛第加（数学）、弥撒、默达费西加（形而上学）、南极规（南极圈）、凝体（固体）、平面、平行、平行线、平行线方形（平行四边形）、切线、曲拐（曲轴）、曲面、曲线、锐角、三边直角形（直角三角形）、上帝、珊瑚岛、神父、圣母、圣堂（教堂）、石台（金字塔）、十字圣架（十字架）、四边形、滕线器（齿轮）、天帝（上帝）、天鹅绒、天理堂（元老院）、天禄（犀牛）、天文之学（天文学）、天主、天主教、天主堂、望远镜、温带、文科、文学、小学、夏至规（北回归线）、性学（哲学）、医科、原文、造物主、正教、直角、直线、重心、中学、自动、字母、子午规（子午线）、宗徒

以上这些词汇除加有括弧注解的以外，一直沿用至今。由于《近现代汉语新词词源词典》只是根据《几何原本》《职方外记》等寥寥几本耶稣

会士的著述辑录了以上这些新词，所以，诸如“地球”“地行”（地转）等当时产生的新概念词还有很多未列其中。徐宗泽编著的《明清间耶稣会士译著提要》列徐汇书楼、巴黎国立图书馆和罗马梵蒂冈图书馆三馆所藏明清间耶稣会士译著就多达 187 部，其中 102 部是 1644 年明清更替前出版的。[①] 以此推算，因耶稣会士译著而产生的新词当数倍甚至数十倍于以上所列词目，内中出自明亡之前在华耶稣会士译著的理当占一半以上。

总之，早期耶稣会士在中国文人的帮助下，除了在音韵学方面对汉语作了很大贡献以外，我们也不能忽视他们还给汉语增添了很多重要的“借字”，丰富了汉语的词汇，从而也为我国科技与文化的发展做出了贡献。

第四节　耶稣会士赴日和来华初期日欧语言接触与汉欧语言接触之异同

耶稣会传教士赴日和来华尽管时间有先后，当时两国国情亦相差甚远，但毕竟耶稣会士在日和在华面对的是全然陌生的东方语言以及几乎相同的书面语和以儒释为主体的文化，所以，两地因耶稣会士入境传教而引起的与欧洲语言相接触的状况，势必有很多相同之处。而沙勿略先驱的精神示范，以及在日耶稣会相对顺利发展 40 年的传教成就，给了历经千辛万苦初入中国内地的罗明坚、利玛窦许多可资借鉴的经验和教训。例如，所谓的“文化适应”策略就是仿学于范礼安在日本推行的传教策略。因此，罗、利等早期入华的耶稣会士在对于汉语的态度和研习措施以及所得结果上有很多相仿于在日耶稣会士所进行和获得的。

第一，无论在日耶稣会士还是入华耶稣会士，为了更好地进行传教，都努力学习当地语言，特别是上层人物所用的语言。对在日耶稣会士而言，他们为了做好忏悔师和宣教师的双重角色的工作，一方面他们尽力学习听懂一般百姓的日语口语，但另一方面，他们为了能迎合日本上层阶级的交际规范，他们更注重于学习掌握日语书面语和士大夫们普遍使用的变体汉文。而罗明坚、利玛窦等入华传教士从在澳门初学汉语起就明确将目标锁定在了“官话”上，以利于与各地的中国人特别是上层的士大夫们相沟通。

---

① 徐宗泽编著:《明清间耶稣会士译著提要》，中华书局，1989 年，第 473-478 页。

第二，中日两地的耶稣会士努力学习当地语言的动机和实际行动，几乎导致了相同的结果，那就是一方面他们为了便于自己的学习和书写，都对当地语言进行了罗马字的注音和转写；另一方面，当他们对当地语言掌握到一定程度后，为后来者能更好地学习，都相继编纂了双语辞典。1552年1月29日，沙勿略在发自科钦的一封信函中，介绍了他在日本学习日语并用日语翻译天主教教义说明书的情况。他写道："经过很多的辛劳，我们将此（教义说明）书译成了日语。为使我们能朗读此日语译文，进而把它改写成了罗马字。"①1590年，活字印刷机传入日本后，在日耶稣会印刷了用日语罗马字书写的《圣人传辑录》，将日语罗马字实际应用于传教书籍之中；在中国，罗明坚和利玛窦为了学习汉语的便利，也用罗马字对汉语"官话"进行了注音，到后来，也印刷出版了用汉语罗马字注音书写的天主教相关书籍——《程氏墨苑》中的四幅宗教画和题记，也就是《西字奇迹》。《圣人传辑录》的出版对规范和普及日语的罗马字转写起了很大的作用；同样，《西字奇迹》是最初的罗马字转写汉语的印刷品，它对传教士们使用罗马字注音和转写汉语起了很大的规范作用。在日耶稣会士在日本信徒的帮助下编撰了《罗葡日辞书》和《日葡辞书》，罗明坚和利玛窦在中国信徒的帮助下编撰了《葡汉辞典》和《汉葡辞典》；在日耶稣会士编撰了既可以以音求汉字及和训又可以以训寻汉字及其日语读音的《落叶集》，而金尼阁则编撰了可以"以音察字"同时又可以"以字察音"的《西儒耳目资》。

诚然，中日两国在大背景上有着很多的相同点，但毕竟两国的语言有很大的差异性，汉语属于孤立语，日语是黏着语；当时两国的政治环境有很大的不同，中国是一个统一的中央集权国家，那里的人们有着极强的华夷尊卑观，而日本正从战国时期走向织丰幕府统治，在每一股政治势力站稳脚跟之前，都不会排斥可利用的外来力量；中国的宋明理学之发展，奠定了儒家文化的绝对主导地位，而日本正处于崇尚佛儒道三教合一的禅宗文化鼎盛时期，世俗化、平民化倾向明显。以上这些传教"语境"的不同，必然地导致了日欧语言接触与汉欧语言接触存在相同点的同时，更多的会是差异。

第一，汉语文言与日常口语的脱节、有诸多方言以及单音节、无语形变化等孤立语的特点，使得早期入华的耶稣会传教士觉得汉语的文法很

① 河野纯德译:《聖フランシスコ·ザビエル全書簡》，日本平凡社，1985年，第526页。

难，利玛窦在其《中国札记》中甚至得出结论认为："中文或许是所有语言中最模棱两可的了。"汉语的口语则是缺乏清晰的声音和语调，需要运用五种不同的声调或变音，来解决"含义不清或模棱两可的困难问题"，但此种声调和变音又"非常难于掌握，区别很小而不易领会"。[①]继利玛窦之后的入华传教士虽有像曾德昭那样称道汉语文法简洁的，但他还是认为对外国人而言，要掌握它并非易事。所以当中国政府虽然接纳他们在北京等地居住，但限制他们传播天主教时，他们在翻译著述一些天主教教义的书籍之外，只好将更多的精力和时间放在研究中国文化上，以及采用"学术传教"的方针，大量翻译介绍欧洲科技文明，出版了一大批介绍欧洲科学技术的书籍。然而，对于汉语言文字的语法则几乎没有系统性的研究。入华耶稣会士最早关于汉语语法的专论迟至利玛窦死后近半个世纪的卫匡国（Martin Martini, 1614—1661），撰写了《中国文法》，但只有抄本，并未见有单行本刊印发行。[②]马若瑟（Joseph-Henrg-Marie de Prémare, 1666—1735）全面系统地论述中文语法和中国文学的《中国语言志略》（即《汉语札记》）则是编撰于百余年后的1728年，刊印于1831年。[③]而被称为"世界上第一部正式刊行的汉语语法书"——《华语官话语法》（*Arte de la lengua Mandarina*）则是由来华的西班牙多明我会修士万济国（Franciscus Varo, 1627—1687）于1682年在福建撰写完成的，在广州正式出版是1703年，离耶稣会士利玛窦去死也已过去近一个世纪。[④]然而，在日耶稣会士在此方面则完全有别于入华耶稣会士。第一批随沙勿略抵日传教的费尔南德斯以及席尔瓦早在抵日十余年后的1564年就编撰了日语文法书。当耶稣会遭受丰臣秀吉"驱逐"时，他们则将更多的时间用于研究日语的词汇

① [意]利玛窦、[比]金尼阁:《利玛窦中国札记》，何高济、王遵仲、李申译，广西师范大学出版社，2001年，第21页。

② 最近，随着中文版卫匡国《中国文法》（[意]白佐良、白桦译，华东师范大学出版社，2009年）的出版，该书序中关于此手稿流传情况以及曾被作为某著作的附件刊印之史实得以公之于世。"1696年，这本文法作为附录被收录进泰夫诺文集的新版本第二册而印刷出版"；卫匡国写于1651—1652年间这本文法书"是有史以来第一部手写的，并第一部被出版的中国官话语法"。（见[意]陆商隐《从〈中国文法〉到〈中国语文文法〉：卫匡国语法的流传与不断丰富的过程探讨》，《中国文法》，华东师范大学出版社，2009年，第24-41页）意大利罗马智慧大学的陆商隐（Luisa Paternicò）还另外撰文指出，"现存最早的汉语语法书"应该是某位生活在菲律宾的西班牙多明我会传教士所撰的《漳州语语法》（*Arte de la lengua chio chiu*），极有可能编于1620—1621年间，只不过它是福建漳州地区的方言语法。（见《卫匡国〈中国语文文法〉对欧洲"中文钥匙"的影响》，《北京行政学院学报》2013年第2期，第124页）

③ [法]费赖之:《在华耶稣会士列传及书目》（上册），冯承钧译，中华书局，1995年，第524页。

④ 董海樱:《16世纪至19世纪初西人汉语研究》，商务印书馆，2011年，第191-192页。

和语法上，所以不仅有了刊印的《日葡辞书》，而且也有了陆若汉的《日本文典》的印刷问世。陆若汉虽然后来到了中国，也精通了汉语，但始终未见其对中文语法有专门的论述，只是在他所写《日本教会史》的许多章节中一再强调，汉字汉文对于日本以及高丽（朝鲜）等邻国的重要性。他认为，汉字的数目与汉语的单词和词汇相当，有七八万之多。汉字每个字意指一个事物，有些既是动词又是形容词，这些词单一个词就是文句，能完整地表达肯定否定或者真伪判断。汉字中的大部分字一字多义，同一个字根据它在句中所处的位置和先行词、后续词等的不同，时而变成助词，时而变成名词等，能够以汉字遣词造句撰写佳作并能判读和理解佳作的人也就是希伯来人所谓的博士以及律法学家。[①] 可见，在陆若汉的眼中，汉文或者说汉语语法是相当难的。这也是早期入华耶稣会士没有编写汉语语法书的主要原因之一。

第二，虽然利玛窦等第一批耶稣会传教士进入中国时，明朝已经走向没落，但毕竟是一个统一的中央集权国家，儒家文化在整个中国社会占主导地位，它完全有别于当时还处于战国时期、禅宗昌兴的日本。利玛窦在起初以为日本与中国文化同源，社会状况大体应该相似，所以他穿和尚服，并自称“野僧”[②]，企图以此融入中国社会，达到传教目的。当他了解真正的中国政治社会等状况后，他马上改用了“合儒”或者说是“易佛补儒”的传教策略。最能迎合皇朝统治需要的当然是儒学中有着“王学”之称的天文历算，因此，利玛窦等首批来华的耶稣会士有别于在日耶稣会士，当他们学会汉语后，除了翻译一些天主教教义以外，更多的语言活动是翻译和著述了一大批天文历算方面的书籍。仅朱维铮主编的《利玛窦中文著译集》中，就有一半篇幅是关于天文历算的。另一方面，利玛窦等为了让欧洲了解中国的文化思想，还以拉丁文译注了儒家的经典《四书》。而在日本则完全不同，一方面是汉文的通用性使得在日耶稣会士可以省略此种翻译工作，将利玛窦等的译本直接引入日本。另一方面，禅宗的世俗化倾向以及禅院所办学校在日本大众教育中的主导地位，使得在日耶稣会也注重举

---

① 陆若汉:《日本教会史》(下)，土井忠生等译注，日本岩波书店，1979年，第63-90页。

② 德礼贤1934年在罗马耶稣会发现的罗明坚和利玛窦的《葡汉辞典》等手稿的第189a页中，有几个汉语词和词组表，其中有“野僧”一词，“意思是外国和尚，也就是说指的是‘天主教神父’”。在第12a-16a的一篇汉语文章中，罗明坚和利玛窦自称为“僧”。(参见罗明坚、利玛窦著，魏若望主编:《葡汉辞典》，旧金山大学利玛窦中西文化研究所、葡萄牙国家图书馆、东方葡萄牙学会，2001年，第107、108页)

办学校，除向日本民众尤其是青少年教授神学以外，还在神学校和神学院开设科学和人文科学课程，尤其是日语、拉丁语和葡语课程，培养了一批精通日本语言文化的欧洲传教士和通拉丁语和葡语的日本信徒。这就是入华耶稣会士和在日耶稣会士所从事语言活动的最大不同，一个是以翻译活动为主，一个是以双语教学为主。正是这一语言活动的不同，影响到了两个耶稣会出版物的不同。在中国，除了《西字奇迹》和《西儒耳目资》这两部与汉字读音有关的书以外，并没有辞典和语法之类的书籍出版，但在日本则不同，不仅有许多类似于《西字奇迹》的用日语罗马字书写天主教教义的书籍，而且有凝聚了欧洲传教士和日本信徒智慧与辛劳的高质量的双语、三语辞典和语法书的出版。虽然，在中国有罗明坚和利玛窦等人编写的《葡汉辞典》和《汉葡辞典》手稿，但相比较于由众多欧日精通双语的传教士和信徒集体编撰且内容翔实的《罗葡日辞书》和《日葡辞书》，《葡汉辞典》不免显得过于简略，与其说是辞典，还不如说是词汇对照手册更为妥帖，它离印刷出版的要求还有一定的差距。

第三，造成中日与欧洲语言接触在以上辞典和语法书编撰方面的差距的很大一个原因是，日欧语言接触是双向互动的，而汉欧语言接触则几乎是单向性的。耶稣会到日本传教，一方面是传教士们采取文化适应策略，努力学习日本的语言文化，另一方面，他们还努力让日本信徒尤其是日本青少年学习拉丁语、葡语和欧洲文化，使日欧语言接触产生了双向互动，为在日耶稣会研究日语并编撰辞典和语法书提供了广大的群众基础。就拿前章所述的《日葡辞书》而言，有条件和可能是该辞典主编的同姓罗德里格斯的在日传教士就有三个之多，参加了辞典编撰工作的欧日传教士和信徒则更为众多。在日耶稣会士与当地信徒之间能够形成研习彼此语言的互动，一是因为日本当时正从战国时代走向统一，各地大名都欲借以葡萄牙商船作后台的耶稣会传教士之力，壮大自己的力量，所以有许多大名领主都成了教徒；二是日本的信徒除大名和个别汉学造诣较深的改宗者以外，文化素养普遍不高，他们本身有待学习提高；三是就文化心理而言，面对汉文，日本人信徒比西方传教士好不到哪里去，他们都被当时的中国人视为“夷”，没有尊卑之别，所以才会有传教士学习日语、日本信徒学习葡语和拉丁文的互动。但在中国则不然。首先，如罗明坚所说：“归化中国最大的困难并不是老百姓不愿接受基督信仰，他们对研究要理也无困难，而困难在他们的从属关系妨碍传教工作，上有父母、官长，直到高高在上的皇帝。因此必须面觐皇帝，得其准许传扬天主教，凡愿接受者，可以自己信仰。”[①] 这种君臣父子的等级关系，阻碍了他们的传教工作，当然也阻碍了本来就有限的信徒去学习西文。二是利玛窦等传教士在中国结交的都是具有较高文化层次的士大夫，内中有瞿太素、徐光启等文人和官员，他们有心于学习西方的科学文明，与传教士合作翻译著述了很多汉译西书，但他们的合作是语言的互补而并不是互动。徐光启曾就历法修缮事宜报告皇上说：“臣等借诸臣（耶稣会士）之理与数，诸臣又借臣等之言与笔，功力相倚，不可相误。”[②] 实际上，徐光启等人并无心于学习传教士的语言。原因是，传统华夷观所带来的中国人自身的优越感，和传教士的文化适应的传教策略之迁就，阻碍了他们去学习洋夷的语言文字。樊洪业曾对此作过专门的论述：明永乐五年（1407），朝廷为处理与朝贡国的事务，专门设立了“四夷馆”，从监生中选年幼者，将他们培养成翻译人才。由于处理的是与“夷”之事务，所以，这些翻译仅仅为下层文吏而已，不可能出仕入大官。对于远“夷”欧洲，传统的四夷馆并没有专门的通语言者，而与传教士交往甚密的徐光启等士大夫囿于价值观念，不可能屈尊去干监生们的营生。更何况士大夫们如若学习异族语言文字不免有“以夷变夏”之嫌，因此，就鲜有中国人学习传教士们所操的欧洲语言。[③] 这当然与利玛窦在中国的传教远没在日耶稣会顺利也有关系。“罗明坚、利玛窦于一五八三年进入内地，到一五九六年利玛窦进入江西，长达十四年里才有付洗教徒百余人。”[④] 所以在中国内地，不可能像在日本那样，建立神学校和神学院，成规模地培养神学后备力量，教授中国信徒欧洲语言。在利玛窦存世的所有信函及他离世前两年写就的《利玛窦中国札记》中，记录有中国内地教徒学了些许欧洲语言的仅有两处。[⑤] 在中国士大夫中，所谓最通拉丁语者，

---

① 利玛窦等：《利玛窦书信集》（下），罗渔译，光启出版社、辅仁大学出版社，1986 年，第 433 页。

② 徐光启著、王重民辑校：《徐光启集》，上海古籍出版社，1984 年，第 344 页。

③ 樊洪业：《耶稣会士与中国科学》，中国人民大学出版社，1992 年，第 122-123 页。

④ 朱维铮主编：《利玛窦中文著译集》，复旦大学出版社，2001 年，第 11 页。

⑤ 此两处的记述，一是在《利玛窦中国札记》中，“并不满足于能够用中文背诵记忆中的全部简化的教义问答而已，弥坚（Michael）还学习用拉丁文背诵它，做到了一个中国人之所能。他们在这方面的困难在于缺乏某些相当的字母。除此之外，他还记住了其他尚未译成中文的祈祷格式”。（见《利玛窦中国札记》第 411 页）二是在《利玛窦书信集》中，“其中有一位教友相当显贵，对告解圣事十分重视，他本人、他的妻子、子女与家中的佣人都常办告解。叫我感觉奇妙的是他的妻子竟然会背诵拉丁文痛悔经，这为中国人是很难学会的”。（见《利玛窦书信集》第 267 页）

可能要数帮助金尼阁编纂《西儒耳目资》的王征，然而，王征在帮助金尼阁时，仅仅是向金尼阁学习过拉丁文发音而已，根本看不懂西书。[①]《王征遗著》中就有云："虽余在里中得金四表（金尼阁）先生为余指授西文字母、字符二十五号，……亦略知其音响乎。顾全文全义，则茫然其莫测也。"[②]连帮助编撰了《西儒耳目资》的王征都尚且如此，更不用说其他中国文人了。徐宗泽曾就耶稣会士的中文著述作过较为全面的考述，他认为："西士之著述，种类甚多，文字亦深浅不同。深者非常奥雅，非翰曹不能读，浅者通俗易晓，儿妇孺皆知。于是兴起问题，此种书籍，是否由西士亲自执笔著述，或西士口授，而华人笔之，或由西士起稿而华人润色之？曰此三种方法大抵皆用，不能执一而言之。"[③]从这段论述中，我们也可看出，因耶稣会士入华而致的汉欧语言接触并没有像同期在日本的日欧语言接触的双向互动。此种中日间的差别基本延续到了中国的洋务运动和日本的明治维新时期，结果是中国从日本反向引进了很多日本"制造"的汉字新词汇，如"哲学""阶级"等等。

总之，中日间相似但又不同的社会文化背景，导致了耶稣会士进入两国传教后所产生的语言接触既有相似之处，也有差别存在。不过，无论是日欧、汉欧还是朝欧语言接触，有一点相似性是极其明显的。如果我们共时地比较耶稣会传教士进入日本和中国传教的进程，再历时地比较耶稣会传教士和新教传教士进入中国、日本和朝鲜的传教过程，就会发现，当传教士在东亚的传教事业受阻而陷于困境时，客观上往往使传教士有更多的时间去研习当地的语言和文化。他们并不因传教事业本身的受阻而气馁，而是抱着满腔的热忱去学习当地语言和文化，以待机进入这些国家后更好地完成他们的传教使命。罗明坚、利玛窦编写《葡汉辞典》《汉葡辞典》；在日耶稣会编纂出版《罗葡日辞书》《日葡辞书》以及《日本文典》；新教传教士编纂《英华字典》《英和和英语汇》[④]以及《朝鲜伟国字汇》等，这些语言接触的成果无不是在这样的情势下问世的。政治制度和地缘关系等因素的限制，耶稣会传教士终究未能在 19 世纪以前直接进入朝鲜半岛传教，因而未能与日欧、汉欧语言接触同步发生朝欧语言接触。但两百年后，当

① 樊洪业：《耶稣会士与中国科学》，中国人民大学出版社，1992 年，第 126 页。

② 王征：《王征遗著》，陕西人民出版社，第 219 页。

③ 徐宗泽编著：《明清间耶稣会士译著提要》，中华书局，1989 年，第 10、11 页。

④ 即麦都思 1830 年编写出版于巴达维亚的 *An English and Japanese and Japanese and English Vocabulary*。

麦都思等来华的新教传教士被困东南亚时，他们除了努力进入中国内地以外，还将目标指向了以汉字文化为主体的朝鲜，并通过文献书籍开始了与朝鲜语言的接触，在罗马字母与朝鲜谚文字母（韩字）同为音素文字上找到了切入点，并通过《千字文》等东亚共同的蒙学教材，将汉字汉文与罗马字欧洲语言有机地进行了语言的比较研究，成为 19 世纪 30 年代兴盛的欧洲比较语言学的绝好素材。

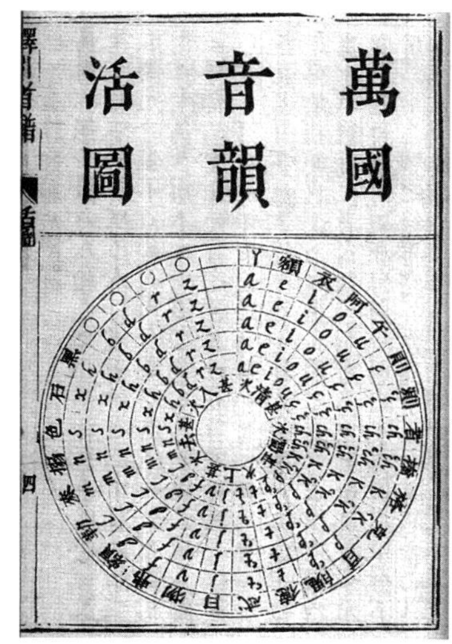

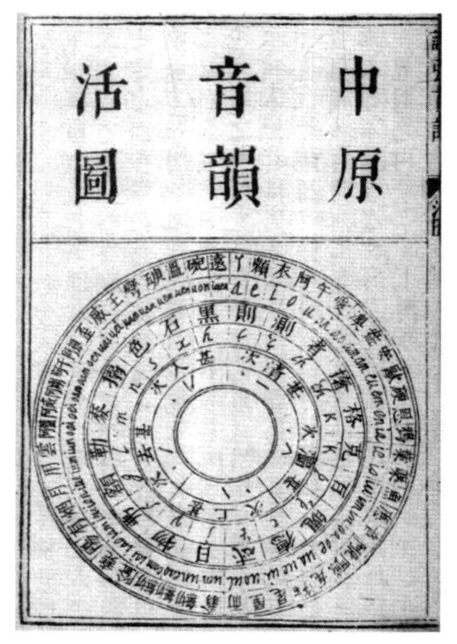

金尼阁《西儒耳目资》中的两个活图（引自 1933 年北京大学研究院文史部影印本）

第五章　罗明坚、利玛窦《葡汉辞典》抄本及相关汉语札记

1930年，罗常培在中央研究院历史语言研究所出刊的《历史语言研究所集刊》（第一本第三分）上，发表了题为《耶稣会士在音韵学上的贡献》一文，重点探讨了金尼阁作于1626年并于翌年刻印于杭州的《西儒耳目资》。文中，罗常培将《西儒耳目资》中的汉语罗马字注音之渊源追溯到了利玛窦之《西字奇迹》（《程氏墨苑》）。不过，他根据《西儒耳目资·自序》"敝会利西泰（玛窦）、郭仰凤（居静）、庞顺阳（迪我）实始之，愚窃比于我老朋而已"一句推断出：除《程氏墨苑》外，应当还有更早、更翔实的文献资料可考，只是自己只找到了《程氏墨苑》，才不得已，仅用《西儒耳目资》和《程氏墨苑》两份文献作为撰写《耶稣会士在音韵学上的贡献》一文的材料罢了。[①] 果不其然，四年后，耶稣会历史学家德礼贤神父(Pasquale D'Elia, 1890—1963）在罗马耶稣会的档案馆发现了一组未署名的手稿，编号"Jap.-Sin., Ⅰ, 198."。他根据各种线索考定这就是罗明坚和利玛窦编写于1583—1588年间的《欧汉辞典》[②]，后来他在编纂《利玛窦史料》时，正式将其定名为《葡汉辞典》。1986年，美国华人语言学家杨福绵神父对该手稿经过长年的研究后，携英文论文：《罗明坚和利玛窦的〈葡汉辞典〉——历史语言学导论》（*The Portuguese-Chinese Dictionary of Matteo Ricci: A Historical and Linguistic Introduction*）参加了在台北召开的第二届国际汉学研讨会，该论文被收入1989年6月在台北出版的《第二届国际汉学研讨会论文集》中。论文从历史语言学、音韵学等角度，对《葡汉辞典》做了较为

① 罗常培：《罗常培语言学论文集》，商务印书馆，2004年，第254页。

② 德礼贤发现该档案后，即对其进行了考证，并在该档案扉页上粘上了他的一页笔记，内容如下："此为罗明坚利玛窦所著《欧汉辞典》，属首创。意大利文罗马拼音可能为利玛窦所写，手笔常出自罗明坚。最开始为1583—1588年间首部教义手册及一些有关宇宙结构学的主张。大约写于1583—1588年之间。非常宝贵。1934年10月6日。耶稣会士德礼贤。"（参见罗明坚、利玛窦著，魏若望主编：《葡汉辞典》，旧金山大学利玛窦中西文化研究所、葡萄牙国家图书馆、东方葡萄牙学会，2001年，第87、93页）

深入细致的考述，使中国读者有了了解此本辞典手稿概貌的途径。2001 年，在杨福绵、澳门文化局等学者和机构的共同努力下，影印出版了《葡汉辞典》全部手稿内容。杨福绵本人虽因病早逝，未能对《葡汉辞典》的具体条目等继续作全面深入的研究，但其在台北发表的论文修改稿以葡中英三种语言作为导论编入影印本之中。① 他的论文，“可以被认作从语言学角度分析该部辞典的首创之举，因为这篇论文不仅为继续研究该辞典，也为研究现存其他汉语与其他欧洲语言的双语手稿辞典铺设了道路”。②

第一节 《宾主问答私拟》及其他相关语言学材料

德礼贤在罗马耶稣会档案馆发现的手稿材料，共有 189 张，规格为 23 厘米 ×16.5 厘米。可能是档案工作人员不懂中文的缘故，他们虽然为手稿加了页码，但编排上存在着一些缺陷，有些前后页内容缺少连贯性。据杨福绵考析，此 189 张手稿并非全是《葡汉辞典》的内容。除第 32 张至 156 张确为《葡汉辞典》正文以外，之前和之后是罗明坚或利玛窦手书的有关语言学、神学或科学的笔记。这些笔记很可能是罗明坚返回欧洲时带回罗马的，后人将其与辞典手稿归并在了一起。它们与《葡汉辞典》一样，有非常大的语言学研究之史料价值。

例如，从 3a 到 7a 是一本共 9 页的线装小册子。其标题为“Pin ciù ven tà ssì gnì”。内容是一位外国传教士及其童仆与一位初次来访的中国文人之间的对话录，全部用汉语罗马字写成。由于德礼贤误将标题中第二个字的“ciù”抄成了“ciã”，遂将其对应成汉字“平常问答词意”，以致有些中国学者以讹传讹，误以为利玛窦和罗明坚未完稿的葡汉辞典书名就称作《平常问答词意》。杨福绵对此小册子曾做过专门的研究。他根据小册子第 5 页中有：来客问“师傅来（此肇庆）几时”，传教士答“仅二年”的对话，推定该小册子是罗明坚手书于 1585 年秋的作品，因为，罗明坚和利玛窦是 1583

① 该影印本可谓白璧微瑕。在魏若望所写的《序言》和杨福绵的《罗明坚和利玛窦的〈葡汉辞典〉——历史语言学导论》中文稿中，浙江大学黄时鉴曾校出 50 余处明显的错误。笔者比对其英文原稿后发现，错误还不止 50 多处。好在这些错误大多属于用字、用词以及印刷排版上的问题，而且又有英文和葡文稿并存，读者不难自行比照纠错。

② 魏若望：《葡汉辞典·序言》，《葡汉辞典》，旧金山大学利玛窦中西文化研究所、葡萄牙国家图书馆、东方葡萄牙学会，2001 年，第 90 页。

年9月10日前往肇庆的。另外，杨福绵还认为，该小册子的汉字名应该是《宾主问答辞义》，而非德礼贤所说的《平常问答词意》。"'辞义'两字可解释为'辞和辞组的意义'。"① 日本早稻田大学的古屋昭弘给此小册子定的汉字名是《宾主问答私拟》②，然而，当中国学者刘丽川将古屋昭弘的论文《〈宾主问答私拟〉的音系》一文译成中文发表在《音韵学研究通讯》上时，注释说是"根据杨福绵文改"《宾主问答私拟》为《宾主问答释疑》③。不知此改动有否征得原作者古屋昭弘的首肯，否则只能代表译者的观点。而韩国的金薰镐采用了古屋昭弘原作的汉字名:《宾主问答私拟》，认为它是利玛窦所编写的"汉语拼音会话课本"。④ 中国学者李葆嘉在其所撰《中国语言文化史》中，则是采用了刘丽川对古屋昭弘论文的译名:《宾主问答释疑》。⑤

对这本小册子，之所以有以上许多不同的汉字对应名称，其最根本的原因在于此小册子本身通篇没有一个汉字，使得我们只能从其内容上来考量判别每个汉语罗马字所对应的汉字。为此，笔者将其与同一档案中的《葡汉辞典》抄本的罗马字注音相对照，对小册子的书名进行了重新推测。因为此小册子和《葡汉辞典》中的汉语罗马字注音都是由罗明坚执笔书写的，且在同一时期，应该具有相当的一致性，而《葡汉辞典》中的汉语罗马字有其所对应的汉字这一点，为检验我们推测的正确性提供了最好的工具。在《葡汉辞典》中，基本不区分舌尖前音和舌尖后音，如"ssi"既用来标注"思""死""寺"等舌尖前音字，同时也用来标注舌尖后音字，如"施""狮""事"等。不过，舌尖后音字的声母用得更多的是"sc"，如"sci 是""scioi 水""scie' 十"等等。而"释"字在古汉语中是入声字。对于入声字，《葡汉辞典》中全部用"e'"标注，如:"ge' 入""te' 得""me' 墨""scie' 舌、瑟、十"等。事实上，辞典中有"解释"一词，罗马字注音为"chiai scie'"或"chiay scie'"；有"释"一词注音为"scie'"，都没有标注成"ssi"。因此，将"Pin ciù ven tà ssì gnì"改译成"宾主问答释疑"似乎

① 杨福绵:《罗明坚和利玛窦的〈葡汉辞典〉——历史语言学导论》,《葡汉辞典》，旧金山大学利玛窦中西文化研究所、葡萄牙国家图书馆、东方葡萄牙学会，2001年，第107页。

② 古屋昭弘:《明代官話の一資料 -- リッチ・ルッジェーリの「賓主問答私擬」》,《东洋学报》，第70卷第3、4号，1989年。

古屋昭弘:《「賓主問答私擬」の音系》,《开篇》第6卷，日本好文出版，1988年。

③ 古屋昭弘:《〈宾主问答释疑〉的音系》,《音韵学研究通讯》，刘丽川译，第15期，1991年，第32页。

④ 金薰镐:《西洋传教士的汉语拼音所反映的明代官话系统》,《古汉语研究》，2001年第1期，第33页。

⑤ 李葆嘉:《中国语言文化史》，江苏教育出版社，2003年，第284页。

不妥。另外，对于古汉语中的硬腭声，罗明坚在《葡汉辞典》中用“gn”标注，但由于明末时期硬腭声母正在逐渐消失，所以，他有时也略去“gn”不用，直接用“y”表示。如“gnie’”和“ie’”都可表示“业”；“gni”和“y”（或“i”）都表示“义”“疑”“宜”等。① 我们虽然在《葡汉辞典》中找不到带“拟”字的词汇，但找到了与其同音的“疑”，其注音就是“gni”。以此推知，将罗马字“ssì gnì”对应于“私拟”这两个汉字，完全成立。再从《Pin ciù ven tà ssì gnì》这本小册子的具体内容来看，笔者认为，它是一本相当于现代外语教学中的情景会话教材，杨福绵的“‘辞义’即所谓‘辞和辞组的意义’”的推测并不能直接涵盖这一主题，但“私拟”却是与当时罗明坚、利玛窦编写这本汉语会话教材的具体背景非常吻合。为了能培养更多懂中文的传教士进入中国内地、日本、越南等以拓展传教事业，1584 年以后，范礼安决意在澳门建立神学院，使其成为精通汉语、熟悉中国礼仪的神学人员的培训基地②，所以，编写一批汉语基础教材和汉葡互译辞典便成为当务之急。于是，就有了 1585 年在澳门木版印刷的《汉和字母》（*Latin-Chinese Alphabet*），也有了罗明坚和利玛窦的《葡汉辞典》和取名《Pin ciù ven tà ssì gnì》的手稿。而根据当时耶稣会制度规定，出版书籍需要征得上级有关机构官员的“出版许可”，才能付印，“以防谬论以及违背良好德行的言论流传”。③ 所以，在日耶稣会吉利支丹版书籍《圣人传辑录》《日葡辞书》等书的扉页上都印有耶稣会“许可书”和“认可书”。由此可以推想，罗明坚和利玛窦拟就这本汉语会话教材后，为呈报上级部门审批，在题目中加上“私拟”一词，完全在情理之中，合乎逻辑。基于以上分析，笔者认为，在诸多《Pin ciù ven tà ssì gnì》的汉字对应名称中，古屋昭弘之“宾主问答私拟”，最为妥帖。

在德礼贤发现的手稿档案中，除《宾主问答私拟》外，与汉语紧密相关的内容还有：

1.《汉字声韵母字表》，该表列表示声母的汉字 339 个，表示韵母的汉字 39 个，有好多字显然是重复表示同一声韵母的，实际与周德清的《中原

---

① 杨福绵：《罗明坚和利玛窦的〈葡汉辞典〉——历史语言学导论》，《葡汉辞典》，旧金山大学利玛窦中西文化研究所、葡萄牙国家图书馆、东方葡萄牙学会，2001 年，第 114、124 页。

② 刘羡冰：《双语精英与文化交流》，澳门基金会，1994 年，第 15 页。

③ ［意］利玛窦、［比］金尼阁：《利玛窦中国札记》，何高济、王遵仲、李申译，广西师范大学出版社，2001 年，第 323 页。

音韵》完全一致。

2.《汉语词汇表》，包括一份由两个汉字构成的汉语反义词表；一份以方位、季候、职业等为内容的二字汉语同义词表；一份量词表；一份天干、地支、部首和二十四节气表（杨福绵认为，此词汇表可能后来被利玛窦纳入了《汉葡辞典》中）。

3.《葡汉词汇对照表》，此表以罗马字母顺序排列，带有汉语对译词。与《葡汉辞典》不同的是，它没有汉语罗马字注音。其内容包括中国特产、官衔、科学术语和地理名称。可以看作是《葡汉辞典》的“增补篇”（在该部分手稿起始第二页即 158b 页上有标题“appendiz”）。因为内中词汇表达的很多是欧洲原本没有的事物，所以，有些所谓的葡萄牙语实际借用了在日耶稣会士对日语的罗马字注音。

4.《中国十五省名称表》，该表在关于日晷的图解说明后，列出了当时中国 15 个省名的罗马字转写，并标明了每个省的纬度。

5.《汉语词及词组表》，此表虽然以“人门”“地门”等分类，但词条极少，“人门”类仅有 5 个词，其中之一就是“野僧”，即指罗明坚、利玛窦他们自己这些“天主教神父”。

以上这些表，原本并无名称，是笔者根据个中内容所加。它们产生于 1583—1588 年间，与利玛窦和罗明坚两人同时居留在肇庆的时间段相吻合，以此，杨福绵推断，《葡汉辞典》也应该编写于 1583—1588 年之间。从这些表的具体内容来看，笔者认为它们很有可能就是利玛窦 1598 年在郭居静协助下所编《汉葡辞典》之雏形。

第二节　《葡汉辞典》之体例及其汉语罗马字注音系统

手稿档案中的第 32—156 张为《葡汉辞典》，以词条“Aba da vestidura chiũ zi 裙子”开始，以词条“Zunir a orelha gi to schiã 耳朵响（汉字空缺）”结束。其中，除 32a—33b 页和 34a 页中的前三词条有第四栏的意大利语译文以外，另外页面全部由三栏文字构成。也就是：第一栏，葡萄牙语词条；第二栏，对译汉语的罗马字注音；第三栏，对应的汉字词汇。因为此辞典只是一部有待完备的手稿，所以，我们很难通观其全貌。据杨福绵估计，它应该有约 6000 个葡萄牙语词条，不过，在手稿中，实际仅有 5461

个词条有汉语的对译词。近年来，已有一些学者对该辞典的葡萄牙语词条的选取依据有所研究。迪特尔·梅斯纳（Dieter Messner）认为，“该辞典中的一些条目源于人文主义者卡尔多索（Jerónimo Cardoso, 1500—1569）所著、于1569年出版的《葡拉辞典》第三版”。[①] 杨福绵则认为，辞典作者并不是漫无目的地从某本葡萄牙语辞典中抄录了词条，而是“在考虑到汉语的通用性的情况下，精心选取出来的”。[②] 例如，手稿第37a—37b中有19个关于“Aguoa”（水）的词条（参见本章文末附图）：

葡萄牙语	汉语罗马字	汉语
Aguoa	Scioj	水
Aguoa de frol	zen sciã scioj	甑香水
Aguoa de poso	çin scioj	井水
Aguoa de fonte	yuõ scioj	泉水
Aguoa de rio	ho scioj	河水
Aguoa de chuva	yu scioj	雨水
Aguoa salguada	yen scioj	盐水
Aguoa salobra,	chiu quo scioj	煮过水
Aguoa cozida	（同上）	（同上）

Aguoa…（此处紧接着有Aguoa rosada（红水）等6个词条空缺所对应的汉语词汇）

葡萄牙语	汉语罗马字	汉语
Aguoa clara	çin scioj	清水
Aguoa da fazer	tiau scioj	挑水
Aguoar		灌水
Aguoa o vinho	zã scioj	渗水[③]

① John W. Witek S.J:Changing Perspectives on Michele Ruggieri（Luo Mingjian 罗明坚 1534—1607）and the Origins of Sinology, 黄时鉴主编:《东西交流论谭》(二)，上海文艺出版社，2001年，第341页。

魏若望:《序言》,《葡汉辞典》，旧金山大学利玛窦中西文化研究所、葡萄牙国家图书馆、东方葡萄牙学会，2001年，第89页。

② 杨福绵:《罗明坚和利玛窦的〈葡汉辞典〉——历史语言学导论》,《葡汉辞典》，旧金山大学利玛窦中西文化研究所、葡萄牙国家图书馆、东方葡萄牙学会，2001年，第109页。

③ 葡语“vinho”为“酒”之意，所以此词条对应汉语是“掺水”而非“渗水”。在V字母开头的词汇中，有“Vinho aguoa”，其汉字也同样错成了“ciu zan scioj 酒渗水”。而在E字母开头的词汇中，是有正确的“掺”字的，即“Entre meter　zan　掺”。

如上所示，第二栏为汉语罗马字注音，不过有个别词条第二栏空缺，如上例中的“灌水”一词；第三栏为汉语译词，汉语译词往往不止一个，一般第一、二个为口语词汇，后面是文言词汇。因为中国古代言文相殊的语言传统，前人留给我们的往往是千年一脉相承的文言材料，所以，该辞典的汉语口语词汇对现今学者研究明末汉语口语状况具有极其珍贵的史料价值。例如，手稿第 99b 页中，有几个第一个字母为 F 的词条如下：

Fallar	chiã cua, sciuo cua	讲话，说话，说，曰，云
Fallar Mãdarin	cuõ cua, cin yin	官话，正音
Falecer	ssi, uan, cu	死，亡，故，殁
Falso	chia, guei	假，伪

手稿第 32a—33b 页和 34a 页中的前三词条有第四栏意大利语译文，从笔迹看明显是后加的。杨福绵分析认为是利玛窦所为，但魏若望通过笔迹比对以及第四栏使用的是欧洲产的墨水等理据，否定了杨福绵的推测。他认为，曾有一位以意大利语为母语的人试图将全辞典译成意大利语，大概是由于能力所限而最终放弃了。不过这位热心者为辞典手稿第二栏空白处填写了一些汉字罗马字注音。[①]

从以上示例中不难看出，此《葡汉辞典》手稿，其结构是比较简单的，它只有葡汉词汇对照，而没有具体的解释说明和具体用例，颇似现今我们使用的外语教材中每课课文的词汇表或书末的总词汇表。不过，由于传统的反切法无法将每个汉字音节分解到音素单位，以汉字谐音汉字很难确定具体的音值，而如果借用日语或朝鲜语的汉字音读之假名或韩字（谚文字母）来推测古汉语中的读音，虽然都称作“音读”，但毕竟日语、朝鲜语与汉语是不同的语言，每个汉字的发音音值差距还是很大，所以难免有隔靴搔痒之感。故此，耶稣会传教士直接针对当时汉语的罗马字注音，为当今学者研究明代官话（正音）的实际音值提供了最直接的音韵学研究依据。正如罗常培所言：“我们现在要想推测明末‘官音’的音值，他们的注音便是顶好的参考材料。”[②] 罗常培在研究明末传教士有关音韵学方面的历史文献时，虽然还没有发现《葡汉辞典》的手稿档案，但他对《西字奇迹》《西

① 魏若望：《序言》，《葡汉辞典》，旧金山大学利玛窦中西文化研究所、葡萄牙国家图书馆、东方葡萄牙学会，2001 年，第 88 页。

② 罗常培：《耶稣会士在音韵学上的贡献》，《历史语言研究所集刊》，1930（3），中华书局，1987 年，第 308 页。

儒耳目资》等文献研究后，得出结论说：当时的“官话”是“一半折衷各地方言，一半迁就韵书的混合产物”。[①]后来，随着《利玛窦中国札记》《利玛窦全集》等相关来华耶稣会传教士所著书籍的出版问世，尤其是《葡汉辞典》抄本的发现，中外语言学家们纷纷撰文，越来越肯定当时的官话是以明代最初的首都也就是南京的方言音为“正音”的。[②]至于罗明坚与利玛窦在《宾主问答私拟》以及《葡汉辞典》中所用的罗马字母，古屋昭弘和杨福绵都认为是合用了意大利语和葡萄牙语中的字母和音系。[③]意大利语是罗明坚和利玛窦的母语，葡萄牙语是当时在亚洲的耶稣会传教士之间的“通用语言”。他们利用意大利语和葡语中的罗马字母来标注汉语发音是最自然不过的事情了，正如在日耶稣会士沙勿略、费尔南德斯都是西班牙人，他们所使用的日语罗马字主要受葡萄牙语影响的同时，也受到了拉丁语和西班牙语的影响。

关于《葡汉辞典》具体的罗马字注音系统以及由此推导出来的明朝官话的语音系统，杨福绵的论文已经做了详细深入的考论。为能更清楚直观地了解该罗马字系统以及当时汉语的音节状况，笔者在杨福绵论文的基础上，结合《葡汉辞典》抄本，编制《罗明坚式明代官话声韵母拼合表》[④]如下：

① 罗常培:《耶稣会士在音韵学上的贡献》,《历史语言研究所集刊》, 1930（3）, 中华书局, 1987 年, 第 307 页。

② 此方面的代表作有：鲁国尧的《现代官话及其基础方言问题——读〈利玛窦中国札记〉》(《南京大学学报》, 1985 年第 4 期)；鲍明炜的《南京方言历史演变初探》(《语言研究集刊》, 江苏教育出版社 ,1986 年)；美国杨福绵的《罗明坚和利玛窦的〈葡汉辞典〉——历史语言学导论》,《第二届国际汉学研讨会论文集》, 1989 年)；曾晓渝的《试论〈西儒耳目资〉的语音基础及明代官话的标准音》(《西南师范大学学报》, 1991 年第 1 期)；张卫东的《论〈西儒耳目资〉的记音性质》(《王力先生九十诞辰纪念文集》, 山东教育出版社, 1991 年)；张卫东的《试论近代南方官话的形成及其地位》(《深圳大学学报》, 1998 年第 3 期)；日本古屋昭弘的《明代知識人の言語生活 -- 万曆年間を中心に》(《神奈川大学中国語学科創設十周年記念論集　現代中国語学への視座 -- 新シノロジー・言語篇》, 1998 年)；韩国金薰镐的《西洋传教士的汉语拼音所反映的明代官话系统》(《古汉语研究》, 2001 年第 1 期)；李葆嘉的《中国语言文化史》(江苏教育出版社, 2003 年) 等论文或专著。

③ 杨福绵:《罗明坚和利玛窦的〈葡汉辞典〉——历史语言学导论》,《葡汉辞典》, 旧金山大学利玛窦中西文化研究所、葡萄牙国家图书馆、东方葡萄牙学会, 2001 年, 第 112 页。

古屋昭弘:《〈宾主问答释疑〉的音系》,《音韵学研究通讯》, 刘丽川译, 第 15 期, 1991 年, 第 27 页。

④ 根据杨福绵、魏若望等人的研究,《葡汉辞典》虽为罗明坚与利玛窦合编, 但内中的汉语罗马字和绝大部分葡语词条为罗明坚执笔书写。为区别利玛窦在《西字奇迹》中的汉语罗马字注音系统, 依据《葡汉辞典》中的汉语罗马字编制出来的这套系统和表格仅以罗明坚的名字命名。

罗明坚式明代官话声韵母拼合表

声母＼韵母	/ɿ/ i,y	/ʅ/ i,y	/i/i,ij,y	/u/ u	/y/u,iu	/a/ a	/aʔ/ a
/p/, /p'/ p			Pi 备			Pa 怕、把	
/m/ m						Ma 玛、马	
/f/ f			Fi 非、肥	Fu 斧			Fa 法
/t/,/t'/ t				Tu 都、徒		Ta 大、他	
/n/ n					Nu 女 Niu 纽	Na 拿	
/l/ l			Li 利		Lu 驴		La 拉
/k/,/k'/ c ch q		Chi 起	Chij 欺， chi 其	Cu 故、苦	Chiu 锯、 去、居		
/x/ h c g sch		Schi 喜		gu 湖	Schiu 许		
/ts/,/ts'/ c, ç, çc z	Ci 自，çci 姊，zi 子， çci 慈			Zu 助、粗	çiu 酒	Za 渣、茶	
/s/ s,ss	Si 死、四、 事 ssi 死、 事、思、施						Sa 杀
/ʧ/,/ʧ'/ c（i）,cc		Ci,ccy 知、 齿、之			Ciu 主		
/ʃ/ sc（i）		Sci 是、 时、屎			Sciu 树、 序		
/ʒ/ g（i）		Gi 日			Giu 如		
/ŋ/ ng ngh							
/ɲ/ gn		Gni 义、 疑、宜			Gnu 女		
/ʔ/ g				Gu 吾			
/v/ v,u				Uu 无			
					Iu 於		

声母＼韵母	/ia/ ia	/iaʔ/ia	/ua/ua	/uaʔ/ua	/ɛ/ e	/i ɛ / ie	/ieʔ/ie'
/p/, /p'/ p							Pie' 别
/m/ m							
/f/ f							
/t/,/t'/ t							

续表

声母 \ 韵母	/ia/ ia	/iaʔ/ia	/ua/ua	/uaʔ/ua	/ɛ/ e	/i ɛ / ie	/ieʔ/ie’
/n/ n							
/l/ l							Lie’ 裂
/k/,/k’/ c ch q	Chia 家、价	Chia 甲		Cua 刮			Cie’ 节 Chie’ 客
/x/ h c g sch	Schia 下	Schia 瞎	Cua 花、化、瓜	Gua 滑 sciua 刷			
/ts/,/ts’/ c, ç, çc z					Çe 则，ce 窃		Çie’ 即 Cie’ 食
/s/ s,ss						Sie 些	
/ʧ/,/ʧ’/ c（i）,cc					Cie 车、者、这		
/ʃ/ sc（i）							Scie’ 十
/ʒ/ g（i）							
/ŋ/ ng ngh					Nghe 额		
/ɲ/ gn							Gnie’ 业、逆
/ʔ/ g				Gua 瓦			
/v/ v,u					Ve 物		
	Ia 牙、雅	Ia 压				Ie 也、夜	

声母 \ 韵母	/əʔ/ e’	/iəʔ/ie’	/ɔ/ o	/ɔʔ/o	/io/io	/iɔʔ/io	/oʔ/ o
/p/, /p’/ p		Pie’ 僻、笔	Po 破	Po 博			Po 不
/m/ m	Me’ 墨		Mo 磨				
/f/ f							
/t/,/t’/ t	Te’ 得		To 多	To 读			
/n/ n							
/l/ l	Le’ 肋	Lie’ 力		Lo 落		Lio 略	
/k/,/k’/ c ch q			Co 过、可		Chio 痂		
/x/ h c g sch	He’ 黑		Ho 何		Schio 靴	Schio 学	

续表

声母 \ 韵母		/əʔ/ e’	/iəʔ/ie’	/ɔ/ o	/ɔʔ/o	/io/io	/iɔʔ/io	/oʔ/ o
/ts/,/ts’/	c, ç, çc z			Zo 做			Çio 雀	Cio 逐
/s/	s,ss	Se’ 色			So 索			
/ʧ/,/ʧ’/	c(i),cc					Cio 煮		Cio 出
/ʃ/	sc（i）		Scie’ 释					
/ʒ/	g（i）	Ge’ 入、日、热						Gio 肉
/ŋ/	ng ngh			Ngo 我				
/ɲ/	gn							
/ʔ/	g							
/v/	v,u							
				O 屙				

声母 \ 韵母		/ioʔ/io	/uɔ/uo	/uoʔ/uo	/yoʔ/iuo	/uʔ/u	/ai/ai,ay	/iai/iai,yai
/p/, /p’/	p						Pay 败	
/m/	m					Mu 没		
/f/	f							
/t/,/t’/	t						Tai 代	
/n/	n							
/l/	l						Lai 赖、来	
/k/,/k’/	c ch q	Chio 曲	Cuo 官	Cuo 国	Chiuo 蹶	Ciu 祝	Cai 改、开	Chiai 解、街
/x/	h c g sch	Hio 蓄	Cuo 火				Hai 海	Schiai 鞋
/ts/,/ts’/	c, ç, çc z		Zuo 座		Ziuo 绝		Zai 哉、菜、柴、在	
/s/	s,ss							
/ʧ/,/ʧ’/	c(i),cc							
/ʃ/	sc（i）			Sciuo 说				
/ʒ/	g（i）							
/ŋ/	ng ngh						Ngai 爱	
/ɲ/	gn							

续表

声母 \ 韵母		/ioʔ/io	/uɔ/uo	/uoʔ/uo	/yoʔ/iuo	/uʔ/u	/ai/ai,ay	/iai/iai,yai
/ʔ/	g		Guo 卧				Gai 艾	
/v/	v,u							
		Io 欲			Iuo 月			

声母 \ 韵母		/uai/ uai	/uei/ uei,uej oi	/ui/ ui,uj	/au/ au	/iau/ iau	/əu/ eu	/iəu/ieu
/p/, /p'/	p		Poi 贝、陪		Pau 包	Piau 嫖		
/m/	m		Moi 妹		Mau 猫			
/f/	f							
/t/,/t'/	t			Tui 对	Tau 道、桃、倒	Tiau 挑	Teu 头	
/n/	n			Nui 内	Nau 脑	Niau 尿		
/l/	l			Lui 雷、泪		Liau 燎、了	Leu 流、硫、刘	
/k/,/k'/	c ch q	Quai 怪、快、乖	Quei 鬼、睽，quey 窥		Cau 靠	Chiau 巧、叫	Cheu 狗、口	Chieu 求、九、救
/x/	h c g sch	Guai 淮	Guei 灰		Hau 好	Schiau 晓	Heu 后	
/ts/,/ts'/	c, ç, çc z				çau 草 Zau 早、草、抄	Ziau 蕉、焦	Zeu 愁	
/s/	s,ss		Soi 衰、碎			Siau 小		
/ʧ/,/ʧ'/	c(i),cc			Ciui 锥、吹			Ceu 臭、州	
/ʃ/	sc（i）		Scioj 水 Scioi 水	Sciui 睡	Sciau 少		Scieu 手	
/ʒ/	g（i）			Giuj 乳				
/ŋ/	ng ngh				Ngau 傲			
/ɲ/	gn							
/ʔ/	g	Guai 外	Guei 为					
/v/	v,u							
						Yau 要		

续表

声母＼韵母		/an/ an	/i ɛn/ian, ien	/uan/ uan,oan	/ɔn/ on	/uɔn/uon	/yɔn/iuon	/ɛn/ en
/p/, /p'/	p	Pan 办			Pon 半			
/m/	m							Men 门
/f/	f	Fan 还						
/t/,/t'/	t	Tan 谈、单	Tien,tian 天、点		Ton 团、短	Tuon 饨、吞		Ten 灯、等
/n/	n	Nan 难						Nen 能
/l/	l	Lan 鉴	Lien 粘			Luon 乱		Len 冷
/k/,/k'/	c ch q（u）	Can 堪、感	Chian 间	Cuan 关 Quoan 宽		Cuon 观、欢、滚、困、官	Chiuon 卷、裙、劝	Chen 根、更
/x/	h c g sch	Han 罕	Schian 闲	Cuan 还 Guan 还		Cuon 玩		
/ts/,/ts'/	c, ç, çc z	Zan 站	Çien 前			Çuon 寸	Çiuon 全、尊、村	Cen 珍，çen 曾
/s/	s,ss	San 三、山	Sien 先					Sen 生
/ʧ/,/ʧ'/	c（i）,cc						Ciuon 船	Cen 战
/ʃ/	sc（i）					Sciuon 顺		Scien 善
/ʒ/	g（i）							Gen 然
/ŋ/	ng ngh							Nghen 恩、硬
/ɲ/	gn							
/ʔ/	g			Guan 玩				
/v/	v,u	Van 万						Ven 问
			Yan 眼，ien 焉				Yuon 冤、云、圆	

声母＼韵母		/uɛn/uen	/in/ in	/un/ un	/yn/iun	/aŋ/ am	/iaŋ/iam	/uaŋ/uam
/p/, /p'/	p		Pin 宾、兵、平			Pam 邦		
/m/	m		Min 明、命			Fam 方、房		
/f/	f	Fuen 分		Fun 粪、缝				
/t/,/t'/	t		Tin 鼎	Tun 顿		Tam 倘、当		
/n/	n							
/l/	l		Lin 林、灵			Lam 浪	Liam 量	

续表

声母 \ 韵母		/uɛn/uen	/in/ in	/un/ un	/yn/iun	/aŋ/ am	/iaŋ/iam	/uaŋ/uam
/k/, /k'/	c ch q		Chin 谨、经、近		Chiun 君、裙		Chiam 降、讲、强	Quam 广、旷、光
/x/	h c g sch		Schin 形					Guam 荒、黄
/ts/,/ts'/	c, ç, çc z		Cin 沉，çin 尽、净、请			Zam 藏、撞	Çiam 将 Ciam 状	
/s/	s,ss		Sin 心、醒				Siam 想	
/ʧ/,/ʧ'/	c(i),cc		Cin 正、城、整				Ciam 常	
/ʃ/	sc（i）		Scin 辰、身			Sciam 上		
/ʒ/	g（i）		Gin 人					
/ŋ/	ng ngh							
/ɲ/	gn							
/ʔ/	g	Guen 瘟						Guam 王
/v/	v,u	Vuen 问						
			In 因、应		Iun 云			Uam 往

声母 \ 韵母		/uŋ/ um	/yŋ/ ium	（/ər/）i				
/p/, /p'/	p							
/m/	m							
/f/	f	Fum 风						
/t/,/t'/	t	Tum 东、通						
/n/	n							
/l/	l							
/k/,/k'/	c ch q	Gum 工	Chium 穷					
/x/	h c g sch	Cum 红 Gum 红	Schium 兄、熊					

续表

声母 \ 韵母		/uŋ/ um	/yŋ/ ium	（/ər/）i				
/ts/,/ts'/	c, ç, çc z	Zum 从						
/s/	s,ss							
/ʧ/,/ʧ'/	c(i),cc	Cium 中、虫、踵、众						
/ʃ/	sc（i）							
/ʒ/	g（i）		Gium 冗	Gi 二				
/ŋ/	ng ngh							
/ɲ/	gn		Gnium 浓					
/ʔ/	g			Gi 而、耳、二				
/v/	v,u							
			Yum 容、勇、用					

*《葡汉辞典》中，除用 n 或 m 表示鼻音以外，还用上加符号“~”或“'”表示鼻音，如 ã 或 a' 表示 an 或 am；ũ 表示 un 或 um。以上表中笔者都将其统一为用纯罗马字母标注。

由于《葡汉辞典》汉语词汇本身有限，加之抄本罗马字母手写体辨认的困难，以上《罗明坚式明代官话声韵母拼合表》中实际只拼合出了 270 多个音节及其在《葡汉辞典》中出现的一些汉字实例。它与曾德昭《大中国志》所介绍的 328 个音节（不区分声调和送气非送气音）虽然还差 50 多个，但基本上已能反映当时“官话”的语音特征以及罗明坚使用罗马字标注汉字读音的概貌。从语音上看，当时的“官话”确实如杨福绵等许多学者撰文论证的那样，有很多南方音系的特征。例如，有入声韵的存在，用“e'”特别标注；有硬腭声母 /ɲ/，用“gn”标注；舌尖前音和舌尖后音没有明确的区分，如“事”字有时标注为“ssi”，有时又标注为“si”，而“死”字有时标注为“si”，有时却又标注为“ssi”，比较随意；没有前后鼻音之分，“in”既表示现代汉语中发 [in] 的音，也表示发 [ing] 的音，如“因”与“应”同音等等。以上这些语音特点，在现今的吴越方言中依然存在。从用罗马字标注汉字音的具体方法上看，受意大利语和葡萄牙语没有声调和送气非送气音之别的影响，罗明坚的这套系统并没有具体体现汉语声调和气音状况的符号；并且，他的注音系统还缺少严格的“统一性”，在《葡汉辞典》中，不仅有多种拼写方法表示相同的声母与韵母的情况，而且同一汉字在不同的地方会有不同的罗马字转写；在辞典的开头，也没有对每个罗马字所表示的音值加凡例说明。所以说，总体说来，它“尚处于初步的或者说实验的阶段”①。不过，正是这套尚待完备的、试验性的汉语罗马字注音系统，开启了用罗马字注音和转写汉语的历史，从而翻开了汉语音韵学研究的新篇章。故此，利玛窦，尤其是罗明坚，堪称现代汉语拼音方案之鼻祖。

第三节 《葡汉词汇对照表》中所见源自日语的葡萄牙语借词

如笔者在导论中所述，一种语言与另一种语言的接触，最直接的相互影响是产生借词。罗明坚和利玛窦在编写《宾主问答私拟》《葡汉辞典》等汉语教材和双语辞典时，他们还只零星撰有《天主实义》等少量中文文献，所以，反映在《葡汉辞典》中，仅有“天主”等极个别新词。在手稿 63b 页中，有词条“Criador　Tianciu sunvanue　天主生万物”。这是最早使用“天主”一词表述基督教中“上帝”概念的汉语文献记录。②

不过，非常有意思的是，在具有《葡汉辞典》“增补篇”性质的《葡汉词汇对照表》中（在该手稿档案的第 158a 页至 185b 页），我们却发现了一些源自日语的葡萄牙语词条，如用 faxas（はし箸）、miso（みそ味噌）等日语罗马字作为葡语词条对应汉语的“筷子”“酱”等。显然，由于原本欧洲并没有这些事物，当在日耶稣会士首先将这些东亚的物品介绍给欧洲人时，这些物品的日语读音也随之被转写成罗马字，从而将这些词“贷”给了葡萄牙语乃至其他欧洲语言。现今许多欧洲语言中依然在使用的“cha 茶”“bonsai 盆栽”“tofu 豆腐”等，就是非常典型的例子。

---

① 杨福绵：《罗明坚和利玛窦的〈葡汉辞典〉——历史语言学导论》，《葡汉辞典》，旧金山大学利玛窦中西文化研究所、葡萄牙国家图书馆、东方葡萄牙学会，2001 年，第 113 页。

② 魏若望认为《葡汉辞典》中的这一词条可能是存世文献中最早用“天主”一词表述 God 的记录。（参见 John W. Witek S.J: Changing Perspectives on Michele Ruggieri（Luo Mingjian 罗明坚 1534—1607）and the Origins of Sinology, 黄时鉴主编：《东西交流论谭》（二），上海文艺出版社，2001 年，第 342 页）而据日本的海老泽有道、松田毅一、土井忠生等学者的研究，日本最早出现“天主”这一汉字译语的，可以追溯到 1580 年末 1581 年初范礼安在“南蛮屏风”中的《公教要理》及《对修炼士的讲义录》。该“南蛮屏风”现藏于葡萄牙埃武拉图书馆。（土井忠生：《吉利支丹论考》，日本三省堂，1982 年，第 33-35 页）戚印平则撰文指出：罗明坚使用与在日耶稣会士如此雷同的“天主”一词，并非巧合，而是沿用了日本教会的通行译法。（参见戚印平《“Deus”的汉语译词以及相关问题的考察》，《世界宗教研究》，2003 年第 2 期，第 88-97 页）无论如何，在汉语中最早用“天主”一词表述 Deus 概念的，是《葡汉辞典》中的这一词条，这应该没错。

《葡汉词汇对照表》列有葡萄牙语词条总计只有 88 个，其中有汉语对应词的是 78 个。在这么八十来个葡语词条中，来自日语的借词却有六个之多。它们分别是“cha 茶”“chauana 杯盏”“caja 蚊帐”“faxas 快子（筷子）”“fu 府”“miso 酱”。鉴于有很多学者认为欧洲语言中的“cha”（茶）一词直接源自汉语的现状，笔者觉得有必要对包括“cha”（茶）在内的这六个葡语中的日语借词作一词源小考。

如前面有关日本的章节中所述，自沙勿略到日本开教以后，在日耶稣会士一直遵守耶稣会的通讯报告制度[1]，不仅有大量传教士的信函寄往欧洲，而且还有在日耶稣会年度报告寄往耶稣会总会。“范礼安从欧洲出发（1573 年 10 月 26 日）之时，日本报告书已在各地印刷发行。”[2] 另外，与沙勿略一同前往日本开教的费尔南德斯（Ir. Juan Fernandez）在日本生活 15 年以后，于 1564 年编写了教会用的《日语文典》和以拉丁字母顺序编排的《葡日辞典》。1581 年神父科埃里（Pedro Gaspar Coelbo）在年报中，又向耶稣总会会长报告说：“本年完成了日语文法书。另外还有辞典和日语著述数种。”[3] 可以说，在罗明坚和利玛窦进入中国内地之前，由于在日耶稣会士以及葡萄牙商人与日本人的交往，日语已先于汉语同葡语发生了语言接触，大量欧洲所没有的物品都已由耶稣会传教士或葡萄牙商人将其日语名称转写成罗马字介绍到了欧洲，在葡萄牙等国至少是在耶稣会内部已形成了许多源自日语的葡语借词。罗明坚、利玛窦在澳门学习汉语并伺机进入中国内地之时，完全有机会接触到这些通信报告和《葡日辞典》内出现的葡语借词，所以，在他们这份《葡汉词汇对照表》中，出现利用这些借词对应汉语词汇，就不足为奇了。

首先是关于“cha 茶”“chauana 杯盏”两个词条。在日语中，这两个词是相关的，即一个是“ちゃ茶”（茶），一个是“ちゃわん茶碗”（沏茶盛饭用的陶瓷器）。毋庸置疑，日本的茶以及日语中茶的读音本身就起源于中国，此问题不列入本书讨论范围。而关于茶的西传欧洲以及欧文中 cha 及 tea 的渊源，学术界似乎几近定论。那就是，茶传自中国，“一般认为 cha

① 关于在日耶稣会的通讯制度与实况，可参见戚印平的《远东耶稣会的通信制度》（《世界宗教研究》2005 年第 1 期）一文。

② 松田毅一：《日本巡察師ヴァリニャーノの生涯——＜日本要録＞の背景》，《日本巡察记》（范礼安著、松田毅一、佐久间正编译），日本桃源社，1965 年，第 30 页。

③ 柳谷武夫编：《耶稣会日本年报（上）》，村上直次郎译，日本雄松堂，1969 年，第 63 页。

是汉语北方方言的音译，tea 是闽南方言的音译。有人进而推论，cha 音传自陆路，而 tea 音传自海路”。[①] 黄时鉴、吴孟雪等学者根据近代英国汉学家亨利·玉尔（Henry Yule）的研究以及加斯帕·达·克路士在《中国志》中的有关记载，提出欧文 Cha 一词渊源中国广东话的观点。他们认为欧人最早记载“中国茶”的是意大利人拉木学（Ramusio，吴译：赖麦锡），他于 1559 年在其著名的《航海与旅行》（*Navigationi et Viaggi*）中记述了从波斯商人处得知的中国茶叶（Chiai Catai）及其效用和中国人的饮用习惯。其后，1570 年克路士游历广州等中国南部地区后，写了其在中国的所见所闻，内中介绍了中国的茶，而且使用的词就是 cha。其实，比拉木学早十几年前，长年往来于东南亚和日本间的葡萄牙商人若热·阿尔瓦雷斯在其 1547 年写于马六甲的《日本诸事报告》中，已经介绍了日本人饮茶的习惯。巧的是，这段介绍正好还提及了“豆腐”“筷子”“漆碗”和“陶瓷碗”等本书所要论述的事物。内容如下：

> 他们（日本人）喝用米制作的烧酒（orraqua），而且，无论大人小孩还都喝平时就在喝的另外一种饮料。我们在那里从未看到过一个醉酒失态的人。他们一旦意识到自己喝多了，便立即就寝睡觉。那里有很多酒馆和旅店，提供饮食和住宿。他们吃一种像奶酪的、用豆制作出来的奶酪。我没有尝过，所以也不知道它是什么味道。他们像摩洛族人（moros）那样席地而坐，像中国人那样使用小枝条用餐。每人用漆碗、陶瓷碗以及外黑内赤涂过漆的木制品盛装食物。他们在夏天喝热的麦茶，冬天喝由数种植物制作的水，我不知道那是什么样的植物。[②]

---

① 黄时鉴:《东西交流史论稿》，上海古籍出版社，1998 年，第 218 页。

关于茶传入欧洲及 cha 词源的论著有很多，国内较有代表性的有：罗常培的《从借字看文化的接触》（《语言与文化》第四章，语文出版社，1989 年）；黄时鉴的《关于茶在北亚和西域的早期传播——兼说马可波罗未有记茶》（《历史研究》1993 年第 1 期，以及 *Social Sciences in China*,1994:4）；黄时鉴的《茶传入欧洲及其欧文称谓》（《东西交流史论稿》，上海古籍出版社，1998 年）；吴孟雪、曾丽雅的《明季欧人对〈马可波罗游记〉的三大补遗·饮茶》（《明代欧洲汉学史》，东方出版社，2000 年）等等。窃以为，这些著述对于茶传入欧洲和欧文中 cha 的词源问题，观点同中有异，其中，黄时鉴的《茶传入欧洲及其欧文称谓》的考述最为详尽深入。

② 东京大学史料编纂所:《日本関係海外資料 イエズス会日本書簡集》（譯文编之一上），东京大学出版会，1991 年，第 12 页。

在阿尔瓦雷斯的文中，虽然与拉木学一样，并没有用Cha一词，他甚至对所介绍的新奇事物都没有命名。然而，这毕竟来自他的亲眼所见，在他的描述中，我们不难判断出他在日本所看到的物品。那种“饮料”和“由数种植物制作的水”十有八九就是茶水，而所谓“数种植物”大概是不同品种的茶树和茶叶。“豆制的奶酪”毫无疑问就是豆腐。“小枝条”指的就是筷子。

如果说阿尔瓦雷斯所说的饮料是否就是“茶”值得怀疑的话，那么，另一位在日耶稣会传教士阿尔卡索瓦（Pedro de Alcaçova）1554年从果阿写给葡萄牙耶稣会的信中所介绍的饮料，无疑就是日本的“抹茶”了。阿尔卡索瓦1552—1553年在日本的丰后等地传教，他在其信中讲道：丰后有很多信徒帮助他们建造教堂，一些不能干体力活的信徒希望做些力所能及的事，“他们拿来了炭炉煮水，将他们平时一直在饮用的一种粉末放入其中，调制给在劳动的日本人喝”。[①]

一般认为，日本现代意义的“茶道”形成于“战国时期”，几乎与早期耶稣会在日本的发展处于相同的时间段，织田信长、丰臣秀吉等人也非常热衷茶道，据日本史料记载，他们喜好“名物狩猎”，在京都、堺市等地强制征购历代著名风流雅士赏玩过的茶具珍品，举办各种茶会。[②]弗洛伊斯等传教士为取得日本上层统治者对布教的支持，常常请葡萄牙商人从中国和东南亚带些茶具送给织田信长等人以博取他们的欢心。范礼安1579年到日本主导传教事业后，更是看到了茶在日本文化中的重要性，特别指示各地修道院要由懂茶的人设立茶室以招待日本上层人物。他在1581年制定的《日本耶稣会士礼仪指针》（即*Advertimentos e avisos acerca dos costumes e catangues de Jappão*，“关于日本习俗和气质的注意点与建言”）中明确指示：“各修院要尽力设置玄关、Chanoyu（在饮水中放入一种草木的粉末）以及客厅。而且，这些客厅必须依照建立修院的方法中已论及的原则，建成纯日本式的。因为，如果没有纯日本室的客厅，无论是对于神父本人，还是对于所招待的客人，都是非常无礼和没规矩的。”[③]其时，范

---

① 东京大学史料编纂所：《日本関係海外資料 イエズス会日本書簡集》（譯文編之二上），东京大学出版会，1998年，第229页。

② 江静、吴玲编著：《茶道》，杭州出版社，2003年，第57-74页。

③ 范礼安：《日本イエズス会士礼法指針》，矢泽利彦、筒井砂译，日本キリシタン文化研究会，1970年，第59页。

礼安到日本才一年多时间，关于日本文化和日语的知识主要得之于其翻译兼助手弗洛伊斯，他在这段指示中所用的茶道 Chanoyu（“茶の湯”）一词显然学自弗洛伊斯。而弗洛伊斯从 1563 年抵达日本至 1597 年卒于日本长崎，在其所写的信函、在日耶稣会年报、《日欧文化比较》和《日本史》中，大量地介绍和提到了有关日本茶、茶道以及与之相关的事物。在他文中出现的茶一词的罗马字转写，据笔者目及，全都是 Cha 或 Chá。范礼安《日本耶稣会士礼仪指针》中，有关茶道的指示，不仅让在日耶稣会传教士对日本的茶道引起了足够的重视，而且让耶稣会总会乃至欧洲与之相关的人士认识了日本的 Cha。笔者虽然没能从沙勿略的信函和文书中找到对日本茶的叙述文字（估计这与当时日本茶道还没形成热潮有关），不过，我们能从他对日语的罗马字转写规律中推导出：如果他用罗马字转写“ちゃ”，势必使用辅音 ch 和母音 a 或 ya。无怪乎，现知拉丁文最早称茶的词是 Chia，出现于 L. Almeida 的文章中。[①] 在此有必要特别指出的是，这位阿尔梅达（Luis de Almeida,1525—1583），葡萄牙人，1552 年在日本山口加入耶稣会，是一位较早到日本传教的耶稣会修士。他是将西医传入日本的第一人，1564 年他首先向欧洲传递了席尔瓦（Ir. Duarte da Silua）修士在日本编写了第一本日语文法和日语词典的消息。[②] 阿尔梅达除 1580 年在澳门受神父职以外，几乎没到过中国其他地方。特别是 1565 年他是在日本的堺和九州传教，所以，那一年他用拉丁文书写的 Chia，无疑是对日语的转写，而非对中国广东话的转写。

一个外来借词的形成，除了要有使用量的累积以外，更重要的还需要有物的基础，也即要有实际使用的必要性。其实，罗常培、黄时鉴以及吴孟雪在他们的论文中都讲到了，虽然葡萄牙人最早接触到了茶叶，但最初将茶叶贩卖到欧洲的是荷兰人而并非葡萄牙人。“大约在 1610 年，荷兰商人将茶输入欧洲。从 1637 年起，荷兰人开始饮茶，有人对茶倍加赞赏。而后，荷兰东印度公司指示每艘商船从中国以及日本带运一些茶回国。”[③] 黄时鉴文同时还指出，起初，荷兰文中 cha 与 the 两词是并存的，都可用来表达中国的茶叶。[④] 由此，窃以为之所以荷兰文中会有 cha 与 the 的并存，

---

① 黄时鉴:《东西交流史论稿》，上海古籍出版社，1998 年，第 218 页。

② 海老泽有道:《切支丹典籍丛考》，日本拓文堂，1943 年，第 141-142 页。

③ 黄时鉴:《东西交流史论稿》，上海古籍出版社，1998 年，第 215 页。

④ 黄时鉴:《东西交流史论稿》，上海古籍出版社，1998 年，第 219-220 页。

正是因为荷兰从东亚贩茶有两个来源地，一个是日本，一个是中国的闽台地区。其对应的当地语言 cha 与 te 便同时成了荷兰文的外来借词。

实际上，葡萄牙人当时对茶不是非常感兴趣，所以，在罗明坚、利玛窦的《葡汉辞典》手稿中，并没有"茶"的词条。不过，辞典中有与茶相关的汉语词汇，有汉字"茶"的注音，即 61b 页和 95a 页中的"za ciu′（za cium）茶钟"一词，"茶"注音 za。这说明，茶在当时的中国官话中的发音，是与今天的普通话基本相近的。大概是后来，他们发现了茶在中国人生活中的普及性，于是便在《葡汉词汇对照表》中，加上了茶的词条，但由于没有固有的葡语，就用了在日耶稣会传教士常用的 cha 来作为葡语词条列出。利玛窦虽然没有到过日本，但他从在日耶稣会传教士的信函、年报中不难了解到茶在日本的重要性。他在其《中国札记》中，介绍欧洲人所完全不知道的东西时，第一样就是"中国人、日本人和他们的邻人叫作 Cia 的那种著名的饮料"，并特意强调了它在日本的昂贵："最好的可卖到十个甚至十二个金锭一磅。"[①] 这里，利玛窦既没有用《葡汉辞典》中对茶的注音 za，也没有用《西字奇迹》中他自己已经完全定型了的汉语注音 ch ' a，而是用了 cia。cia 的音值与其说接近官话，还不如说更接近广东话和日语的发音。利玛窦这样做，很大的可能就是为了趋同在日耶稣会士对茶发音的转写。

在《葡汉词汇对照表》中，罗明坚、利玛窦并没有将 chauana 简单地对应成汉字"茶碗"，而是用了一个非常口语化的词汇："杯盏"。这实际上已经无意间消去了 cha 与汉字"茶"的关联。Chauana 同样借自日语，只不过为了使其更像葡语，所以在 chauan 结尾处多加了一个字母 a。

综合以上理据，笔者推测：欧文中的 Cha 既非汉语北方方言的音译，也不是广东话的音写，它可能是日语和葡语等欧洲语言接触后所产生的一个源于日语的借词。由于日语中有很多汉字音读非常接近汉语发音，所以，人们很容易误认为此类欧文中的借词其直接词源是汉语。《葡汉词汇对照表》中，还有一个"fu 府"，情况也是如此。

"府"，作为行政区划，中国、日本都有，而且，读音极其相近。既然罗明坚、利玛窦将 fu 作为葡语词条来对应汉字"府"，他们自己又是西方

① ［意］利玛窦、［比］金尼阁：《利玛窦中国札记》，何高济、王遵仲、李申译，广西师范大学出版社，2001 年，第 14 页。

“汉学之父”，那么，在他们之前，fu 肯定如同 cha 一样，已由日语带入了葡语之中。陆若汉的《日本教会史》对 fu 的用法和介绍就非常形象地说明了这一点。在陆若汉 1620—1622 年间编写于澳门的《日本教会史》中，他介绍到中国的十五个省：“其中有些现在被叫作 fù 或者 funai、fuchu。这一名称的意思是指许多的东西的联合或集合，内中也有与王国完全相同的。”① 正如土井忠生在日译本译注中指出的那样：陆若汉明明是在介绍中国的“府”，但他却还用了“funai 府内”和“fuchu 府中”这两个日语的罗马字转写。“府内”意指府的区域之内，“府中”意指大臣宰相们办公的场所。陆若汉之所以要如此行文，笔者认为是由于这位日本、中国兼通的耶稣会传教士深知当时日语和日语罗马字转写比汉语更为欧洲读者所能接受。因为，随着 1595 年《罗葡日辞书》、1603 年《日葡辞书》的印刷发行，欧洲人已经有了阅读和了解日语、日本文化的工具书。而这两本工具书之前身的抄本当早就为罗明坚、利玛窦等在华耶稣会传教士所熟知。

至于“caja 蚊帐”“faxas 快子（筷子）”和“miso 酱”词条，虽然，日语中汉字分别写作“蚊帐（蚊屋）”“箸”和“味噌”，“蚊帐”“箸”仍然与汉语一致，但日语中毕竟用的是训读，与汉语读音相差甚远，故我们已无须讨论 caja、faxas 以及 miso 究竟是借自汉语还是日语的问题。在此仅略述在日耶稣会士使用这些词的情况之一二。

由于资料的限制，笔者不知道是哪位在日耶稣会士首先将日语的かや（蚊屋）介绍到欧洲，但从 caja 这一日语罗马字来看，应该是首批抵达日本的传教士所为。在沙勿略的日语罗马字转写系统中，将假名や转写成 ja，但后来特别是《圣人传辑录》印刷出版后，假名や的日语罗马字统一为了 ya。在《日葡辞书》中，日语中的蚊帐依照汉字将两个读音都作了词条解释，即“caya 蚊屋”和“cachǒ 蚊帐”，并指出 cachǒ 就是 caya。罗明坚、利玛窦使用在日耶稣会早期的 caja 日语罗马字转写作为葡语对应汉语的“蚊帐”，说明他们案头的文献材料是比较早的，同时也说明 caja 早已成为葡语的借词。

关于筷子，罗、利的《葡汉辞典》手稿中，也有这一词条：

“faixas de amer   guai zi , ciu   快子、筯”。

① 陆若汉：《日本教会史》（上），土井忠生等译注，日本岩波书店，1979 年，第 126 页。

在《葡汉词汇对照表》中，则是词条“faxas　快子”。筷子在中国古代原本叫“筯”或“箸”，现今有很多南方方言仍然保留了此种称法。《辞海》（上海辞书出版社）引用陆容《菽园杂记》说明了中国人用“箸”到“快”再谐音至“筷”的原因和过程。“民间俗讳，各处有之，而吴中为甚。如舟行讳住，讳翻，以箸为快儿，幡布为抹布。”快，谐声为“筷”。罗明坚、利玛窦所注之音是以南京方言为基准音的官话，所以在《葡汉辞典》中用“快”和“筯”相对成口语和书面语正好反映了当时的实际状况。至于《葡汉辞典》词条中的 faixas 和《葡汉词汇对照表》中的 faxas 实际也是日语はし（箸）的罗马字转写。在日耶稣会传教士虽然早就介绍了日本人用“小枝条”用餐，但一直没有一个统一的罗马字转写。弗洛伊斯 1585 年撰写《日欧文化比较》（*Tratado em que se contem muito susintae abreviadamente algumas contradições e diferenças de custumes antre a gente de Europa e esta provincia de Japão*）时，干脆没有使用はし（箸）的罗马字转写：“我们用手抓食吃，日本人男的女的从小就用两根棒用餐。”[①] 在陆若汉的《日本教会史》中，同一本书却有好几种はし（箸）的罗马字转写法，如：faxis, fachis, faxijs, faxes, faches。陆若汉在编写《日本教会史》时，实际上《日葡辞书》和他自己的《日本大文典》早就出版，应该有统一的对はし（箸）的罗马字转写，可他居然在同一本书中用了如此多的不同转写法，无怪乎罗明坚、利玛窦在《葡汉辞典》和《葡汉词汇对照表》中用了两个已偏离日语原发音的罗马字 faixas 和 faxas。不过，既然他们用日语的罗马字转写来作为葡语词条对应“快子”，说明当时至少在耶稣会内部已然将日语的はし（箸）借入葡语之中。巧合的是，现代葡语中有 faxina 一词，意为“棒束”、“树枝”等，然而没有“筷子”之意，它与当时耶稣会士用日语罗马字转写的 faxas、faxis、fachis 等词是否有渊源关系呢？这有待进一步考证。

笔者浅学，不曾见汉语中有“味噌”用例。在日语中，“味噌”（みそ）即中文的“酱”。据日本《广辞苑》（岩波书店）解释，“味噌”（みそ）一词源自朝鲜语的 miso（蜜祖）。据笔者目及，最早将日本的“味噌”（みそ）介绍给欧洲的是在日耶稣会士亚历山德罗·瓦拉雷吉奥（Alessandro Valareggio）。他在 1568 年 9 月 4 日发自日本五岛的信中介绍了一种汤，“这是一种用味噌（miso）调味的汤。味噌是用腐烂的米和煮熟的谷粒、盐

① 弗洛伊斯：《日欧文化比较》，冈田章雄译注，日本岩波书店，1979 年，第 558 页。

制作的，等腐烂到长出五指的霉菌时就可以食用了”。[①] 弗洛伊斯在其《日欧文化比较》中，沿用了亚历山德罗·瓦拉雷吉奥的说法：“我们在食物中加入各种药味进行调味，而日本人则是使用味噌（misó）。味噌是由米和腐烂的谷物用盐混合而成。”[②] 因为欧洲没有此类食物调味品，所以，罗明坚、利玛窦将 miso 作为葡语词条对应了汉语的“酱”。

以上“cha 茶”“chauana 杯盏”“caja 蚊帐”“faxas 快子（筷子）”“fu 府”“miso 酱”等借自日语的葡语词汇，在罗明坚、利玛窦编写《葡汉辞典》时，已广为欧洲人至少是耶稣会传教士们所熟悉。1603 年的《日葡辞书》在长崎的刊行更加扩大了这些词汇在欧洲的影响。Cha、Miso 等词汇至今仍然在葡语中活用。这就是拥有不同文化背景的语言和语言相互接触后所产生的结果。

近年来，已有许多学者在关注和研究因日本近代化进程而产生的源自欧美的日制汉字词“转贷”入汉语的问题。在我看来，在日耶稣会士从日语中“借”了 cha、miso 等词汇用以表达他们眼中的“新鲜事物”，而罗明坚和利玛窦又用这些借词来对译汉语，不也是一个值得关注的语言接触问题吗？《葡汉辞典》以及《葡汉词汇对照表》抄本中出现源自日语的葡语新词，从一个侧面反映了欧洲传教士东来以后，传教士们所掌握和使用的各种语言之间的接触产生了多向性的互动。而这种多向性的互动，连同日语、汉语的罗马字注音与转写这一语言接触的结果一起，共同构成了早期东亚语言和欧洲语言接触的两大特色。

---

① 东光博英译:《十六·十七世纪イエズス会日本報告集》，日本同朋舍，1998 年，第 281 页。

② 弗洛伊斯:《日欧文化比较》，冈田章雄译注，日本岩波书店，1979 年，第 565 页。

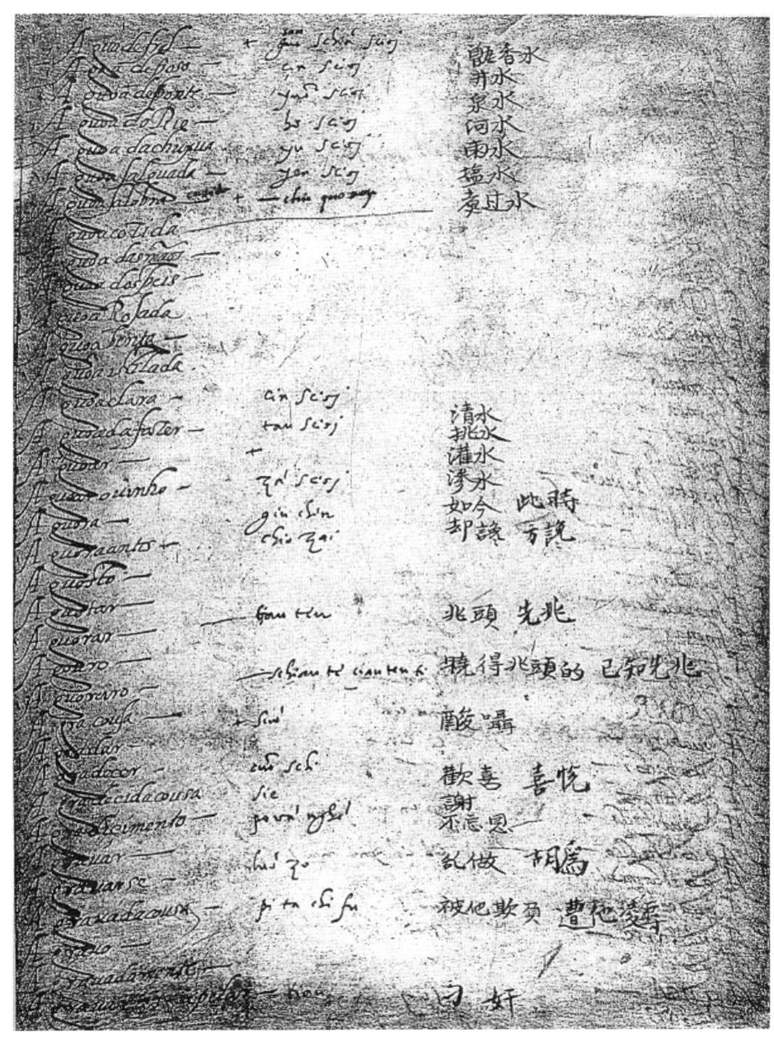

井水
泉水
河水
雨水
清水
挑水
灌水
如今　此時
兆頭　先兆
曉得兆頭的　已知先兆
歡喜　喜悅
謝
不忘恩
亂做　胡為
被他欺負
好

罗明坚、利玛窦《葡汉辞典》手稿中列有各种“Aguoa”（水）的第 37b 页。

第六章　耶稣会插图本“专业汉语”教材《西字奇迹》

利玛窦自从1583年9月与罗明坚暂居肇庆起，一路北上，直至1601年成功进驻皇城根下，虽然其传播福音的事业未见得有多大成就，但其汉语的进步以及对中国文化的谙熟着实使其周围的中国士大夫惊叹不已。人们纷纷向他讨教记住汉字和中国典籍的秘诀，以期能帮助他们或他们的子弟在科举考试中发挥作用。1595年，利玛窦顺应此种需求，在南昌撰就《西国记法》。次年，他将《西国记法》简本赠送给江西巡抚陆万垓及其三个儿子。然而，陆万垓的三个儿子在科举考试中虽然取得了优异成绩，但事实上他们并不是依靠利玛窦提供的记忆之法，靠的还是中国传统的反复诵咏的寒窗苦读。他们认真研读利玛窦的这本书后得出的结论是：其记忆之法实际上还是离不开使用人本身的良好记忆力。利玛窦本人也不得不承认：尽管中国人都对其记忆法赞叹不已，但他们并不愿意自寻麻烦学会使用它。[①] 那么，难道利玛窦的记忆法真的无甚作用吗？非也。如果我们将其《西国记法》六篇的内容与他和罗明坚研习汉语的具体实践相对照的话，不难看出，他的这套记忆之法实际上就是他和罗明坚学习汉语的经验总结。他们从罗马字熟习者的角度出发，巧妙地假借汉字“六书”构字法，展开充分的图像性联想，并借助罗马字之记音之长，事半功倍，迅速地习得了起初在他们看来是难乎其难的汉语。为帮助后来的入华耶稣会士也学会汉语从事传教事业，一方面，他们从欧洲人的立场出发，编写了《宾主

① ［美］史景迁：《利玛窦的记忆之宫》，陈恒、梅义征译，上海远东出版社，2005年，第6-7页。

问答私拟》《葡汉辞典》《汉葡辞典》[①] 等汉语教材和工具书；另一方面，除《天主实义》等长篇教理书以外，他们还仿效沙勿略曾经在日本的做法，编译了如《十诫》那样的短文，以利于耶稣会传教士背记后直接用汉语向中国信徒传授教义。《西字奇迹》既是利玛窦完善汉语罗马字注音系统后所编写的一份带有罗马字注音的传教材料，也是提供给后来入华的耶稣会士学习天主教“专业汉语”用的实用教材。

第一节　利玛窦巧赠程大约《西字奇迹》

费赖之《在华耶稣会士列传及书目》中提及：利玛窦有“《西字奇迹》一卷，一六〇五年北京刻本。布瓦耶（Théoph Boyer）《中国文法》四页称玛窦刻有汉字译写之拉丁字母名曰《大西字母》者，殆指此书”。[②] 遗憾的是，现已不见该书全本存世。据法国考狄（Henri Cordier）所编《西人论中国书目》：罗马教皇图书馆(Vaticane Library) 藏有《西字奇迹》之残片六页，是中国墨的拓本，中国名字叫作《程氏墨苑》。[③] 有人因此以为《西字奇迹》也即《程氏墨苑》。其实不然。

所谓“程氏”，即程大约（1549—1616?），字幼博、君房，号筱野，安徽新安（今属黄山市）人。以制墨精巧闻名，好古博雅。据利玛窦“述文赠幼博程子”文中记述，他于万历三十三年（1605）与程大约相识，彼此便惺惺相惜。“今观程子所制墨，如《墨苑》所载，似与畴昔工巧无异。……程子闻敝邦素习文，而异庠之士且文者殊状，欲得而谛观之。予曰：子得中国一世之名文，何以荒外文为耶？褊小之国、僻陋之学，如令演绎所闻，或者万分之一不无少裨大国文明之盛耳，若其文也，不能及也。”[④] 可见，在利玛窦结识程大约之时，程大约之《墨苑》已然成书，而利

① 据杨福绵研究认为，在中国教士钟鸣仁的帮助下，利玛窦曾于1598—1599年与郭居静合编过一本《汉葡辞典》，他们以《葡汉辞典》的汉字罗马字注音为基础，另外又增加了五个声调符号以及送气音符号。1933年伯纳德神父（Henry Bernard）和布兰德神父（Van der Brand）曾在北京图书馆发现过这部辞典。辞典共有8+624+34页，并附有77个耶稣会传教士的手写名录。只可惜大概是由于战乱等原因，人们至今再未找到这部辞典。（参见杨福绵：《罗明坚和利玛窦的〈葡汉辞典〉——历史语言学导论》，《葡汉辞典》，旧金山大学利玛窦中西文化研究所、葡萄牙国家图书馆、东方葡萄牙学会，2001年，第111-112页）

② ［法］费赖之：《在华耶稣会士列传及书目》（上册），冯承钧译，中华书局，1995年，第45页。

③ Henri Cordier: Bibliotheca Sinica Vol. V. P.36.77。参见罗常培：《罗常培语言学论文集》，商务印书馆，2004年，第253、254页。

④ 利玛窦著、朱维铮主编：《利玛窦中文著译集》，复旦大学出版社，2001年，第269页。

玛窦也有现成的“外文”可资程大约弥补其书中外文之“荒”。陈垣在1927年以《明季之欧化美术及罗马字注音》为题重印《墨苑》时，也证实了这一点。他在跋中开句就言：“右西洋宗教画四幅，说三则，见程氏《墨苑》卷六下，卅五页后。未编页数者，书成后所增也。又利玛窦赠文一篇见卷三，自为页数，亦书成后所加。”① 利玛窦的三篇题词和一篇赠文不仅用汉语文言撰就，而且对文中每个汉字都进行了罗马字注音。据朱维铮推测，“前三幅题词，实即照录《西字奇迹》三题，即‘信而步海，疑而即沉’，‘二徒闻实即舍空虚’，‘淫色秽气自速天火’”。② 四幅版画和三篇题词解释均取材于《旧约》中的基督教故事，然而程大约并非天主教徒，他向利玛窦求画并将之收入自己书中，并非对天主教有何兴趣，其“更重要的目的也许是慕铜版画之技法，为《墨苑》标新立异”。③ 其时，程大约正在与另一制墨名家方于鲁（1573—1619）相互竞争。他们各自为取得商业利益的最大化，在制墨的同时，分别出版了包含墨法集要和版画珍品的《程氏墨苑》和《方氏墨谱》。程大约为使其《墨苑》更富艺术效果和吸引力，顺水推舟，接受利玛窦的建议，将四幅以天主教教义为题材的版画及其三篇题词连同利玛窦的赠文一起增补至《墨苑》中。

无独有偶，欲以利玛窦之“外文”为自己的著述添光增色的还有以剧作见长的另一文人墨客汪廷讷。汪廷讷与程大约同为安徽新安人，家有坐隐园、环翠堂，常与汤显祖、方于鲁、李贽等名士往来。明万历三十七年（1609），他刻印了《坐隐先生全集》，内中《坐隐弈谱》收《利玛窦手书订谱题词》罗马字一则。该则手书罗马字与《程氏墨苑》中的有所不同，它并没有对应的汉字同列。陈垣将其转译成汉字后发现，根本文理不通，实乃“割裂《墨苑》利玛窦赠文及图说而成”。“（汪廷讷）信手剪裁，任意联缀，不顾其汉音文意如何，欺当时识罗马字者希，特取其奇字异形托之利赠，以惊世炫俗。”④ 利玛窦其时已经以娴熟的汉语和博学多才享誉中国上层社会，汪廷讷假托利玛窦赠言，实际同程大约在已经成书的《墨苑》中增补《西字奇迹》一样，为“标新立异”而已，他们对《西字奇迹》所述内容并无任何兴趣。

---

① 利玛窦著、朱维铮主编：《利玛窦中文著译集》，复旦大学出版社，2001年，第288页。

② 利玛窦著、朱维铮主编：《利玛窦中文著译集》，复旦大学出版社，2001年，第248页。

③ 莫小也：《十七—十八世纪传教士与西画东渐》，中国美术学院出版社，2002年，第103页。

④ 利玛窦著、朱维铮主编：《利玛窦中文著译集》，复旦大学出版社，2001年，第289页。

不过，利玛窦之所以将此四幅宗教画赠予程氏，并建议程氏将其连同“外文”（罗马字）一同编入《墨苑》之中，并非仅仅是为满足程大约之需求而已。笔者管见，他是非常巧妙地借程大约之力，利用程大约《墨苑》的影响，达成了其诸多目的。

第一，借程氏《墨苑》刊印了《西字奇迹》。关于《西字奇迹》一书，利玛窦本人在其存世的所有信函以及《中国札记》（或金尼阁的《基督教远征中国史》）中并没有任何文字记载。《西字奇迹》之称只是后世学者费赖之、考狄等人所加，朱维铮所谓明末清初有多种复刻本大约也是复刻自《程氏墨苑》罢了，除了考狄所言梵蒂冈图书馆的六页残片以外，至今未见有《西字奇迹》原本全篇被发现的消息报道。[①] 所以，笔者大胆推测，实际上与《宾主问答私拟》《葡汉辞典》等抄本一样，利玛窦自己并没有将《西字奇迹》付梓。[②] 只是以抄本的形式，流传于耶稣会教士之间供他们作天主教“专业汉语”学习之用。金尼阁所云：玛窦、居静“二人别撰有著述数篇以供吾人易习中国语言之用”。[③] 这些著述中当包括《西字奇迹》在内。当程大约提出要看看“异庠之士”的“殊状之文”时，利玛窦便乘机拿出了《西字奇迹》抄本，并建议程大约将之付梓载入《墨苑》之中，轻而易举地达到了刊印《西字奇迹》之目的。

第二，借赠文告诫后来的传教士要充分重视在中国著书立说。利玛窦在《中国札记》第五卷第二章以“利玛窦神父的中文著作”为题，专门论述了用汉语著述对传教的重要性。

---

① 据徐文堪《谈早期西方传教士与辞书编纂》（《辞书研究》2004 年第 5 期）一文介绍：“1983 年，台湾学者鲍保鹄在梵蒂冈图书馆发现了这部书（编号 Racc. ,Gen. Oriente ,231. 12），全书 6 页，刊行于 1605 年，内容只是三篇罗马字注音文章，且和《程氏墨苑》所收罗马字注音文章中的前三篇完全相同。”以笔者愚见，严格说来，“鲍保鹄发现了这部书，全书 6 页”的说法是值得商榷的，因为考狄所编《西人论中国书目》中，早已道明：梵蒂冈图书馆（Vaticane Library）藏有《西字奇迹》之残片六页，是中国墨的拓本，中国名字叫作《程氏墨苑》。鲍保鹄只能算是依考狄的说明去梵蒂冈图书馆，按图索骥，求证了一下而已，不能算是“发现了全书”。还是用鲍保鹄本人原题“喜见利玛窦神父的《西字奇迹》孤本”之“喜见”一词比较妥帖。

② 尹斌庸在《中国语文天地》（1986 年第 2 期）曾撰文《〈西字奇迹〉考》，提出过类似的推测。他认为利玛窦 1605 年并没有出版过书名为《西字奇迹》的书，人们寻找《西字奇迹》无非是想了解第一个拼写汉语的拉丁字母方案，而利玛窦和郭居静的《音韵字典》实际上就是第一本用拉丁字母拼写汉语的系统著作，《墨苑》中的罗马字注音文章只不过是应用了《音韵字典》中拉丁文拼写方案的“注音读物”而已。

③ ［法］费赖之：《在华耶稣会士列传及书目》（上、下册），冯承钧译，中华书局，1995 年，第 62 页。

> 中国人还有一件与众不同的事情，那就是他们所有的宗教教派的发展以及宗教学说的传播都不是靠口头，而是靠文字书籍。他们不喜欢人们聚集成群，所以消息主要是靠文字来传播……用中文写作总是个冗长而乏味的工作，但托上帝的福，他们为了克服这些困难和苦恼所花费的时间和精力还是很划得来的。
>
> 除了能用中文写作其本身就是一项不平常的成就外，任何一种以中文写成的书籍都肯定可以进入全国的十五个省份而有所获益。而且，日本人、朝鲜人、交趾支那的居民、琉球人以及甚至其他国家的人，都能像中国人一样地阅读中文，也能看懂这些书。虽然这些民族的口头语言有如我们可能想象的那样，是大不相同的，但他们都能看懂中文，因为中文写的每一个字都代表一样东西。如果到处都如此的话，我们就能够把我们的思想以文字形式传达给别的国家的人民，尽管我们不能和他们讲话。
>
> ……我们这里有意要谈到这个问题，从而使后代可以知道懂得中文能得到多大好处，并使读这本书的欧洲人可以明白神父们对中国民族的天分感兴趣是很有道理的。①

在美国汉学家史景迁看来，利玛窦是一个非常善于借题发挥的人。他在献给大明皇上西洋古钢琴的同时，还特意谱写了适合古钢琴伴奏的八章中文歌词，名曰:《西琴曲意》。此八章曲辞可谓章章借古喻今，借题发挥。其中第二章《牧童游山》最后有句:“游外无益，居内有利矣！”史景迁认为:利玛窦写此对句，是“将‘外在的’生活缺陷与‘内在的’世界进行对比。他所使用的‘内’、‘外’两字在中国传统的政治和道德思想中代表了两个极端，不仅可以应用于精神状态或方位的差异，而且可以用于表示野蛮的外国人与中华帝国的居民之间的差别，还可以表示宫廷城墙以外的世界和宫廷内被掩盖的神秘世界之间的差异。既然那个歌词结尾的‘利’字与利玛窦用来做自己名字的字一模一样，这样，当某个人在宫廷中唱起‘心神内敛，意志坚定，方可得利’时，他实际上是在唱:‘生活在宫廷之

① [意]利玛窦、[比]金尼阁:《利玛窦中国札记》，何高济、王遵仲、李申译，广西师范大学出版社，2001年，第340-341页。

内，有个利玛窦。’当然，这并不很真实，但他希望最终能到那里。”[①] 在《西字奇迹》的罗马字注音中，利玛窦同样也对自己的名字作了“借题发挥”。他将落款中的两处“宝像”的“竇”字，与其“利玛窦”的“竇”字注成了同音：“teú”。《西字奇迹》中，易误读误认之字比比皆是，利玛窦独独注错两个“宝”字，确实如陈垣所言“不可解也”。[②] 以当时利玛窦的汉文造诣，几乎不太可能不认识这么常用的一个“宝”字。笔者以为，利玛窦是故意利用这一误注，将自己与“天主”进行了关联，使后来的入华耶稣会传教士更能认识到他对“天主”的虔诚。同理，既然利玛窦要借程大约之力刊印耶稣会的“专业汉语”教科书，他当然也需要在表面上是写给程大约的《述文赠幼博程子》中，借题对使用这一“专业汉语”教材的来华耶稣会传教士传达一些旨意。

> 圣教之业，百家之工，六艺之巧，无书，何令今之盛若是与？故国逾尚文逾易治。何者？言之传，莫纪之以书，不广也，不稳也。一人言之，或万人听之，多则声不既已；书者能令无量数人同闻之，其远也，且异方无碍也。言者速流，不容闻者详思而谛观之，不容言者再三修整而俾确定焉。若书也，作者预择之，笔而重笔，改易方圆，乃著之众也。故能著书，功大乎立言者也。[③]

利玛窦以“圣教之业”起始论事，其旨同《中国札记》中所言如出一辙。也正是他这种对耶稣会教士后来者的教诲，才使得明清之际的在华耶稣会士们个个都勤勉于用中文著述，从而对中国的社会文化、科学技术各个方面发展都产生了极为深远的影响。

第三，使汉字的罗马字转写有了规范的蓝本。据《利玛窦中国传教史》记载，1598 年利玛窦在钟鸣仁和郭居静的帮助下，编撰了《汉葡辞典》。在这本辞典中，“他们决定使用五个重音符号和一个送气音符号，并把这些符号连同我们的罗马字母一起使用，来描写一个汉字的发音。为了获得一致，他们采用这个方法从事所有的写作。利玛窦神父命令从即时起所有

---

① ［美］史景迁：《利玛窦的记忆之宫》，陈恒、梅义征译，上海远东出版社，2005 年，第 269 页。

② 陈垣：《明季欧化美术及罗马字注音·跋》，《利玛窦中文著译集》，复旦大学出版社，2001 年，第 288 页。

③ 利玛窦著、朱维铮主编：《利玛窦中文著译集》，复旦大学出版社，2001 年，第 268 页。

耶稣会传教士都必须遵守这些规则，不允许任何人在书写时随意违反之，否则将会产生许多混乱”。[①] 然而，由于《汉葡辞典》当时并未及付梓，利玛窦此后刊行的著译又都全是中文，所以实际上并没有一个印刷成册的规范样式可供在华耶稣会士们参照执行利玛窦所制定的汉字罗马字转写法。利玛窦借送程大约西洋画和带有罗马字注音的题词，达到了向中国各地耶稣会传教士发布其汉字罗马字转写规范的目的。

第四，向中国儒生宣传了天主教思想。程大约为当时的制墨名家，墨乃中国儒生文人必备之“宝”。《西字奇迹》作为《程氏墨苑》之增补内容，读者势必广及整个中国士大夫阶层，这样就能“于无声处”达到宣教之目的。

诚然，正如朱维铮所言：“这三篇题跋，均为用文字解释图画所示《旧约》有关伯多禄因信得救、因疑溺身等故事，传教色彩极浓，可知利玛窦将汉语拉丁化的研究成果，反过来用拉丁化汉语的形式，向中国士大夫推广，宗旨仍在传教。”[②] 但笔者以为，中国读者几乎无人能晓罗马字母，利玛窦如果仅仅为了实现传教的“宗旨”，根本无须不厌其烦地一一将题跋的汉字都注上罗马字母，并有点文不对题地附上《述文赠幼博程子》大论“著书”比“立言”的重要。他将题跋和赠文都一一注上罗马字，真正的用意还是在于帮助后来的在华耶稣会士能借此对照学习天主教“专业汉语”。他送《西字奇迹》给程大约，并建议添印于《墨苑》之中，可谓一石数鸟，既刊印了耶稣会的天主教“专业汉语”教科书，又宣传了天主教，同时以此结交了程大约这样的文人墨客，帮助他实现了商业利益的最大化。

第二节　符号与葡语罗马字母相结合的汉语“西字”

《程氏墨苑》中所载《西字奇迹》，共四篇 1156 字，由 387 个不同音的字组成。因为是刊本，所以每个罗马字注音都清晰可辨，远胜于抄本《葡汉字典》中的罗马字注音。然而，由于《西字奇迹》同《葡汉辞典》中的罗马字注音一样，并没有专门的罗马字注音的凡例说明，所以，需要有专门

---

① 利玛窦：《利玛窦中国传教史》，刘俊余、王玉川译，台北光启出版社，1987 年，转引自罗明坚、利玛窦著，魏若望主编：《葡汉辞典》，旧金山大学利玛窦中西文化研究所、葡萄牙国家图书馆、东方葡萄牙学会，2001 年，第 110、111 页。

② 朱维铮：《西字奇迹简介》，《利玛窦中文著译集》，复旦大学出版社，2001 年，第 248 页。

的研究才能完整识读利玛窦的这套罗马字注音系统。1930年，罗常培继陈垣1927年以《明季之欧化美术及罗马字注音》为题重刊通县王氏鸣晦庐藏本后，在《历史语言研究所集刊》第一本第三分上发表了《耶稣会士在音韵学上的贡献》一文。文中，罗常培非常详尽地将《西字奇迹》与金尼阁的《西儒耳目资》进行了比对研究，较完整地排列出了利玛窦在《西字奇迹》中的罗马字注音系统，分析证实了陈垣在《明季之欧化美术及罗马字注音》跋文中的推断："金尼阁著《西儒耳目资》即师其法，当时以此为西洋人认识汉字之捷诀。"1989年，杨福绵根据德礼贤在罗马耶稣会档案馆发现的《葡汉辞典》手稿，发表《罗明坚和利玛窦的〈葡汉辞典〉——历史语言学导论》一文，又将《西字奇迹》中的罗马字注音与《葡汉辞典》中的罗马字注音进行了具体的比较研究。他认为：有别于利玛窦在《葡汉辞典》中与罗明坚合作创制的早期汉语罗马字注音，以《西字奇迹》和《利玛窦中国传教史》为代表的利玛窦后期之汉语罗马字注音系统，是利玛窦和精通音律的郭居静一起在编写《汉葡辞典》时，将早期的注音系统改进和完善后确定下来的。与早期的系统相比，最大的发展就是增加了五个不同的声调符号和一个送气符号。利玛窦将拜占庭的阿里斯托芬（Aristophanes of Byzantium, c.257—c.180 B.C.）和萨莫色雷斯的阿里塔科斯（Aristarchus of Samothrace, c.217—c.145 B.C.）发明的五个注音符号用作汉语的五个声调符号，它们分别是"清平"符号"ˉ"、"浊平"符号"^"、"上声"符号"、"、"去声"符号"ˊ"和"入声"符号"˘"。[①]

《西字奇迹》中并没有凡例说明以上这些符号的具体所指，所幸《西儒耳目资》中对罗马字母以外的附加符号都一一作了说明，我们可以借以理解《西字奇迹》中这些符号的具体含义。金尼阁在《西儒耳目资·问答》中有答曰："凡元音首上，有一小点，则次。其下有点，则中。无点则甚。夫轻重、平仄、清浊、甚次，号各不同位，亦不同意。轻重属同鸣，故其号在同鸣之首，有一小钩。平仄清浊俱属夫全母，故号在全母之中。甚次单属一元母，故号独点于其末。""清平之号，匾画一字。去声之号，自右下左。上声之号，自左下右。入声之号，下合上开。浊平之号，上合下开。

① 杨福绵：《罗明坚和利玛窦的〈葡汉辞典〉——历史语言学导论》，《葡汉辞典》，旧金山大学利玛窦中西文化研究所、葡萄牙国家图书馆、东方葡萄牙学会，2001年，第111页。

阿里斯托芬是希腊学者，曾任亚历山大利亚（Alexandria）图书馆馆长。阿里塔科斯是阿里斯托芬的学生和继承人。

是也。”[1] 所谓“次”“中”“甚”三音，《西儒耳目资》也有具体说明，并道出了分辨的窍门：“开唇而出者为甚，略闭唇而出者为次。”例如，“数（sú）”为甚音，“事（sǘ）”为次音，“书（xụ̄）”为中音等等。至于金尼阁所说的轻重音，罗常培认为，实质上也就是送气音和非送气音之别。[2]

其实，在我看来，《西字奇迹》中的入声符号和送气符号是利玛窦仿照汉字象形的特点创制的象形符号，是两个不同朝向的半圆圈。一个开口朝上，“˘”，颇像一张嘴吞入东西状；一个开口朝右，“ʿ”，颇似一张嘴呼气状。[3] 例如，《西字奇迹》首篇题词标题中的“信而步海疑而即沉”的“即沉”二字，其罗马字注音就为：“ciĕ cʿhîn”，其中“即”是入声字；“沉”是送气音。（参见本章文末附图）这两个象形符号在利玛窦的这套罗马字注音系统中有着极其重要的意义。

首先是入声符号，一般认为，明清时代已无入声，自《中原音韵》起，入声派入了阳平、上声和去声三声之中。“《五方元音》有入声，是方言现象。《切韵要法》有入声，是存古。”[4] 罗常培也认为：“从元朝到现在六百多年间的普通音，都以北方音作标准，大体上没有什么变迁。但是拿《中原音韵》跟现代的国音比较，像入声的分配……等现象，都不能不算是大同小异的地方。”罗常培进而还认为：金尼阁、利玛窦所分声类韵类，根据的是明末的北音，可是他们所分的调类仍旧把入声跟“清”“浊”“上”“去”并列为五。“金氏尝说：‘音韵之学，旅人之土产，平仄之法，旅人之道听。音韵敢吐，平仄愿有请焉。’（《列音韵谱问答》）这就是他敢增删声韵类而不敢合并入声的缘故。”[5] 但近年来，越来越多的学者研究认为，明代官话是以南京方音为标准，所以，无论是罗明坚、利玛窦合作编写的《葡汉辞典》中的早期罗马字注音系统，还是利玛窦与郭居静合作改进的后期罗

① 金尼阁：《四库全书存目丛书·西儒耳目资三卷》，齐鲁书社，1997 年，第 576 页。

② 罗常培：《耶稣会士在音韵学上的贡献》，《历史语言研究所集刊》，1930（3），中华书局，1987 年，第 278、285 页。

③ 金尼阁《西儒耳目资》中说重音符号为“本号之上，左有小钩”。其所画图状则为半圆，开口朝右。浙江大学中文系俞忠鑫提醒本人：古代“钩”之概念，与现代有所不同，当是半圆形，如秤钩、鱼钩、“弯月如钩”之钩等。据《辞海》（上海辞书出版社），“钩”有“圆规之意”。《汉书·扬雄传上》“带钩矩而佩衡兮”，颜师古注引应劭曰：“钩，规也。”

④ 王力：《汉语语音史》，中国社会科学出版社，1985 年，第 407 页。

⑤ 罗常培：《耶稣会士在音韵学上的贡献》，《历史语言研究所集刊》，1930（3），中华书局，1987 年，第 289 页。

马字注音系统，以及金尼阁的《西儒耳目资》中的罗马字注音系统，都有入声的存在。笔者无意在此处讨论究竟明代官话以何地音系为标准音的问题，只是觉着罗常培之观点值得商榷。一是既然金尼阁、利玛窦不谙“平仄”，而他们根据的是明末的北音，《西儒耳目资》之首卷《译引首谱》中画的汉语音韵图又称“中原音韵活图”，那为何他们不直接照搬现成的《中原音韵》，将入声舍去，何必硬要单列入声？二是虽然金尼阁自言：“平仄之法，旅人之道听”，“愿有请焉”。但他紧接着还说：“郭仰凤精于乐法，颇能觉之，因而发我之蒙耳。”[①] 说明金尼阁之“愿有请”也是自谦罢了，并不是真的不会，耶稣会中至少还有郭居静可以搞定汉语之所谓“平仄”之声调。所以，既然张问达为金尼阁所写“刻《西儒耳目资》序”中已直言“其书一遵《洪武正韵》”；[②] 金尼阁在《西儒耳目资·三韵兑考》中，也言王征用《洪武正韵》《沈韵》和《等韵》三韵书相“兑考”，“足证（金尼阁）先生所定不爽”；[③] 另外，金尼阁在《西儒耳目资·列边正谱》的每一个汉字之下列出了该汉字出现在《洪武正韵》中的卷数、张数，其原因是“盖《洪武正韵》者，天下通用之书也”。[④] 是故，我们完全没必要因发现利玛窦、金尼阁的注音与《洪武正韵》不完全吻合而怀疑《洪武正韵》对利玛窦、金尼阁的汉语罗马字注音体系所产生的决定性影响。入声字在当时中国人的语言生活中，仍然是不可或缺的“五声”之一，我们万万不可小觑利玛窦所发明的入声符号“ˇ”之重要性。

其次是送气音符号“ʻ”。《西字奇迹》中使用了 ç[s]、ch[ʃ]、nh[ɲ]、lh[ɹ] 这四个比较特殊的辅音字母，而在欧洲语言中，同时具备这四个辅音字母的就是葡萄牙语，所以，我们大体可以推断利玛窦和郭居静主要是用葡萄牙语音系的字母音值来转注了当时的汉语官话。我们知道，每一种语言因内中音位的彼此对立，才能够区别词的语音形式，从而区别意义。汉语中有一个明显不同于欧洲语言的音位对立的特点，就是在塞音和塞擦音中有几组依靠送气与不送气来区别的音位聚合，他们是 [p]、[t]、[c]、[k]、[ts]、[ʧ] 和 [pʻ]、[tʻ]、[cʻ]、[kʻ]、[tsʻ]、[ʧʻ] 对立音位组。然而，在葡萄牙语中，不仅没有此种明显的依靠送气和不送气来区别音位的音位对立

① 金尼阁:《四库全书存目丛书·西儒耳目资三卷》，齐鲁书社，1997 年，第 573 页。
② 金尼阁:《四库全书存目丛书·西儒耳目资三卷》，齐鲁书社，1997 年，第 545 页。
③ 金尼阁:《四库全书存目丛书·西儒耳目资三卷》，齐鲁书社，1997 年，第 584 页。
④ 金尼阁:《四库全书存目丛书·西儒耳目资三卷》，齐鲁书社，1997 年，第 600 页。

字母，而且其清浊辅音的成对字母的发音也不像英语那样有非常明显的区别。[①] 在葡语中，p 听起来像是 b，t 听起来像是 d，k 听起来像是 g，例如 pata，实际听起来，好像就是 bada。于是，利玛窦和郭居静便发明了“ʻ”这个状似呼气的符号，来表示汉语中的送气音，以区别于与其成对的不送气音。诞生于 19 世纪的国际音标中的送气音符号 [ʻ] 大概就滥觞于此，因为在此之前，人们一般是用 h 或右上标 h 来表示送气音的。

《西字奇迹》中，利玛窦所用的罗马字注音系统共有声母 26 个，韵母 44 个。现参照《西儒耳目资》以及罗常培、杨福绵等前辈的研究成果，仿照《汉语拼音方案》的格式整理“利玛窦式汉语罗马字注音系统”如下：

利玛窦式汉语罗马字注音系统

1. 声母表（26 声母）

<table>
<tr><td colspan="2">c</td><td colspan="2">cʻ</td><td>ç</td><td>çʻ</td><td>f</td><td colspan="2">g</td><td>h</td><td>j</td><td>k</td><td>kʻ</td><td>l</td><td>m</td><td>n</td></tr>
<tr><td colspan="2">改；则</td><td colspan="2">堪；前</td><td>哉</td><td>曹</td><td>方</td><td colspan="2">艾；然</td><td>海</td><td>若</td><td>见</td><td>奇</td><td>赖</td><td>明</td><td>难</td></tr>
<tr><td colspan="2">cài; cĕ</td><td colspan="2">cʻan; cʻiên</td><td>çāi</td><td>çʻâo</td><td>fām</td><td colspan="2">gái; gên</td><td>hài</td><td>jŏ</td><td>kién</td><td>kʻî</td><td>lái</td><td>mîm</td><td>nân</td></tr>
<tr><td>p</td><td>pʻ</td><td>q（u）</td><td>qʻ（u）</td><td>s</td><td>t</td><td>tʻ</td><td>v</td><td>x</td><td>ch</td><td>chʻ</td><td>ng</td><td>nh</td><td></td><td></td><td></td></tr>
<tr><td>邦</td><td>僻</td><td>广</td><td>睽</td><td>色</td><td>大</td><td>通</td><td>万</td><td>身</td><td>真</td><td>出</td><td>我</td><td>艺</td><td></td><td></td><td></td></tr>
<tr><td>pām</td><td>pʻiĕ</td><td>quàm</td><td>qʻuēi</td><td>sĕ</td><td>tá</td><td>tʻūm</td><td>ván</td><td>xīn</td><td>chīn</td><td>chʻŭ</td><td>ngò</td><td>nhí</td><td></td><td></td><td></td></tr>
</table>

2. 韵母表（44 韵母）

	i　几 kì	o　我 ngò	u　古 kù
a　太 tá	ia（ya）家 kiā	oa　化 hoá	
e　者 chè	ie　邪 siê	oe　或 hoĕ	
ai　哉 çāi	iai　解 kiài		uai　国 quăi
ao　好 hào	iao　教 kiáo		
eu　寿 xéu	ieu　久 kièu		
ioc　确 kʻiŏ			
iu（yu）居 kiū			
oo*　座 çoó			
ui　对 tuí			
uo　卧 guó			
eao　燎 leào			
iue　决 kiuĕ			
oei　灰 hoēi			
uei（uey）为 guêi			

① 现代汉语拼音方案中就是利用了英语中的此种区别来转注了汉语的送气与不送气音之区别。如八（bā）——趴（pā）、大（dɑ）——踏（tɑ）、哥（gē）——科（kē）等等。

续表

am　　方 fām	iam　将 ciām	oam　荒 hoām	uam　广 quàm
an　　山 xān			
em　　等 tèm		oem　猛 moèm	
en　　文 vên	ien　见 kién		uen　闻 vuên
im（ym）精 cīm			
in　　钦 k'īn			
um（om）众 chúm	yum　用 yúm		
eam　　两 leàm			
iun　　君 kiūn			
uon　　观 quōn			
iuen（yuen）圆 yuên			
lh　　而 lĥ			

*uo 韵母在声母 t, ç 后变为 oo

3. 次音字母表（4 次音）

o˙	u̇	ie˙	io˙
足，逐	自，思	乙，笔	欲
çŏ˙　ch ŏ˙	c ŭ̇　s ū̇	yĕ˙　pi ĕ˙	y ŏ˙

4. 声调符号

清平	浊平	上声	去声	入声
ˉ	^	ˋ	ˊ	˘
观 quōn	人 gîn	古 cù	教 kiáo	业 nhiĕ

由于《西字奇迹》中的注音字母所采用的主要是葡萄牙语的音系，所以其每个字母以及声母与韵母相拼合的音值大体可以参照葡语推测出来，但毕竟汉语和葡语是完全不同的语言，他们的音位区别特征是有相当大的不同的，所以很多音值也是大体相仿而已，有些甚至存在很大的误差。例如，无论是《葡汉辞典》《西字奇迹》还是《西儒耳目资》中都有带字母 m 的尾音，他们显然并不代表双唇鼻尾韵 [m]，而是像法语那样用在韵母后面发 [~] 音，也就是后鼻音 [ŋ]。① 因此，罗常培和杨福绵为了更精确地测定利玛窦等传教士所创汉语罗马字的每个字母所代表的音值，除依据欧洲语音以外，还将汉语罗马字与中国的古韵书以及现今还保留了大量古音的中国各地方言进行了比照，逐一测定了明代官话的语音音值，为我们重构了明代的正音体系。不过，由于中国的古韵书并不是由音素文字构建，而且随着

① 罗常培:《耶稣会士在音韵学上的贡献》,《罗常培语言学论文集》，商务印书馆，2004 年，第 284 页。

社会的变迁，各地的方言音今昔已有很大不同，所以他们的此种对比研究工作不仅有难度，而且也影响音值的精确测定。为此，笔者想到了当时严格秉承中华汉字文化，但又已创制音素文字并成功应用于百姓的语文生活中的朝鲜。如果我们能借用其《东国正韵》《洪武正韵译训》中的“训民正音”（韩字），便能更快捷而精确地对比出《西字奇迹》中罗马字之音值。

第三节 《西字奇迹》与《洪武正韵译训》之异曲同工

索绪尔在讨论语言现象时，分其为语言和言语两类，认为语言是约定俗成的，具有社会性。进而，他又将语言研究分为内部语言研究和外部语言研究，认为语言除了有其自身发展规律之外，还深受政治、社会等外部因素的影响。就此而言，中国的历代雅言或正音也不例外。朱元璋建立大明，定都南京后，除了建立有别于元的政治制度、社会体制以外，在语言上也不忘向先代汉人君王学习，进行“正音”的统一规范工作。“当今圣人在上，车同轨，而书同文，凡礼乐文物咸遵往圣，赫然上继唐虞之治。至于韵书，亦入宸虑。下诏词臣随音刊正，以洗千古之陋习，猗欤盛哉。”[①] 洪武八年（1375），朱元璋命翰林侍讲学士乐韶凤等人，“一以中原雅音为定”，编纂刊印了《洪武正韵》。由于当时朝鲜与大明的特殊关系，朝鲜世宗王命申叔舟等文臣于1444年创制音素文字“训民正音”（后称谚文字母），1447年编定《东国正韵》后，又在《洪武正韵》原有之反切、韵图的发音表记法基础上，用谚文字母对《洪武正韵》中的各个汉字的汉语读音进行了注音。“……惟皇明太祖高皇帝愍其乖舛失伦，命儒臣一以中原雅音，定为《洪武正韵》，实是天下万国所宗。我世宗庄宪大王留意韵学，穷研底蕴，创制训民正音若干字，四方万物之声，无不可传。吾东邦之士，始知四声七音，自无所不具，非特字韵而已也。于是以吾东国世事中华，而语音不通，必赖传译，首命译《洪武正韵》。……使七音四声一经一维，竟归于正。吾东方千百载所未知者，可不浃旬而学，苟能沉潜反复有得乎。是则，声韵之学，岂难精分。”[②]

以此看来，《西字奇迹》与《洪武正韵译训》有“异曲同工”之妙。所谓

① （明）宋濂:《洪武正韵序》,《洪武正韵译训》，韩国高丽大学校出版部，1974年，第352页。

② 申叔舟:《洪武正韵译训序》,《洪武正韵译训》，韩国高丽大学校出版部，1974年，第349页。

“异曲”者，《西字奇迹》所用的是西文罗马字，而《洪武正韵译训》所用的则是带有东方文化哲理的朝鲜“训民正音”；所谓“同工”者，他们都是用其本国熟习之拼音文字替代反切法为汉字注音，以用于其国人同胞学习汉语之用。

《洪武正韵译训》共有声母 31 个，韵母 46 个。“凡字音四声以点别之。平声则无点，上声则二点，去声则一点，入声则亦一点。”其声母韵母图表如下：

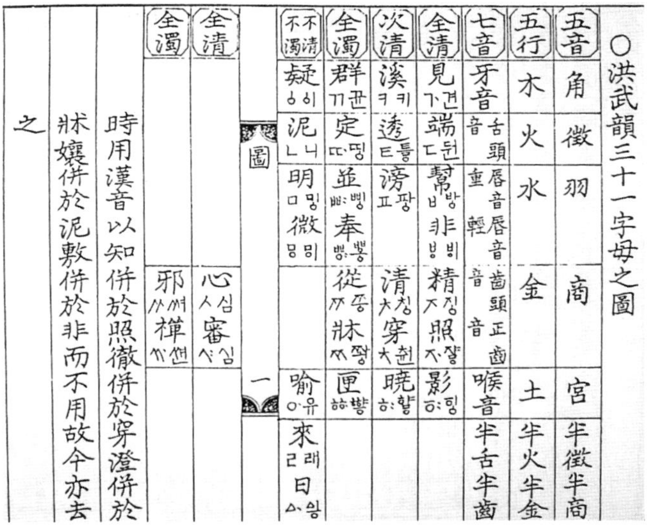

○洪武韻三十一字母之圖

五音	五行	七音	全清	次清	全濁	不清不濁	全清	全濁
角	木	牙音	見 견	溪 킈	群 끈	疑 이		
徵	火	舌頭音	端 된	透 틍	定 띵	泥 니		
羽	水	脣音重	幫 방	滂 팡	並 삥	明 밍		
		脣音輕	非 비		奉 뽕	微 미		
商	金	齒頭音	精 징	清 칭	從 쭝		心 심	邪 쎄
		正齒音	照 잫	穿 춴	牀 쫭		審 심	禪 쎤
宮	土	喉音	影 힝	曉 향	匣 뺳	喻 유		
半徵半商	半火半金	半舌半齒				來 래 日 싱		

圖一

時用漢音以知併於照徹併於穿澄併於牀孃併於泥敷併於非而不用故今亦去之

（上图引自高丽大学出版部 1974 年所刊《洪武正韵译训》第 353 页。《洪武正韵译训》第一、二卷已不见存世，好在崔世珍 1517 年所撰《四声通解》卷头列有以上“洪武韵三十一字母之图”。有学者认为此图可能为《译训》卷一原本所有，也有学者认为此图为崔世珍自己研究《译训》后所画。）

洪武正韻譯訓

韻次	平上去入	韻部한글譯音	韻部母音
1	東董送屋	웅 융	ㅜ ㅠ
2	支紙寘	으 이	ㅡ ㅣ
3	齊薺霽	예	ㅖ
4	魚語御	유	ㅠ
5	模姥暮	우	ㅜ
6	皆解泰	애 얘 왜	ㅐ ㅒ ㅙ
7	灰賄隊	위	ㅟ
8	眞軫震質	인 은 운 윤	ㅣ ㅡ ㅜ ㅠ
9	寒旱翰曷	언 원	ㅓ ㅝ
10	刪産諫轄	안 얀 완	ㅏ ㅑ ㅘ
11	先銑霰屑	연 원	ㅕ ㆌ
12	蕭篠嘯	영	ㅕ
13	爻巧效	압 얍	ㅏ ㅑ
14	歌哿箇	어 워	ㅓ ㅝ
15	麻馬禡	아 야 와	ㅏ ㅑ ㅘ
16	遮者蔗	여 워	ㅕ ㆌ
17	陽養漾藥	앙 양 왕	ㅏ ㅑ ㅘ
18	庚梗敬陌	잉 읭 윙 원	ㅣ ㅢ ㅟ ㆌ
19	尤有宥	읍 입	ㅡ ㅣ
20	侵寢沁緝	음 임	ㅡ ㅣ
21	覃感勘合	암 얌	ㅏ ㅑ
22	鹽琰豔葉	염	ㅕ

（上表引自高丽大学出版部 1974 年所刊《洪武正韵译训》第 439 页。是当代韩国学者朴炳采对《洪武正韵译训》缺本研究后所归纳，原载于 1974 年 1 月《亚细亚研究》通卷五十一号，论文题名《关于原本〈洪武正韵译训〉缺本复原之研究》。）

为比较《西字奇迹》与《洪武正韵译训》中声韵母注音和可能的音值，笔者参照罗常培、杨福绵、陈植藩、李爽周等人的研究成果[①]，归纳整理比较表如下：

1.《西字奇迹》与《洪武正韵译训》声母注音比较表

《西》声母	假定音值	《洪》声母	假定音值	例字
p	[p]	ㅂ 帮 ㅃ 并	[p] [p']	邦 pām 방 并 pím 삥
p'	[p']	ㅍ 滂	[p']	僻 p'iě · 픽
m	[m]	ㅁ 明	[m]	明 mîm 밍
f	[f]	ㅸ 非 ㅹ 奉	[f] [f]	方 fām 빵 夫 fû 뿌
t	[t]	ㄷ 端 ㄸ 定	[t] [t']	道 táo ·땅
t'	[t']	ㅌ 透	[t']	通 t'ūm 퉁
n	[n]	ㄴ 泥	[n]	能 nêm 능
l	[l]	ㄹ 来	[l]	流 liêu 릫
c（a,o,u） c（e,i, ú）	[k] [ts]	ㄱ 见	[k]	功 cōm 궁 则 cě · 즉
c'（a,o,u） c'（e,i, ú）	[k'] [ts']	ㅋ 溪	[k']	苦 c'ù : 쿠 前 c'iên : 젼
h	[x]	ㅎ 晓 ㆅ 匣	[h] [ʔh]	湖 hû 뿌
k（i）	[c]			见 kién · 건
k'（i）	[c']	ㄲ 群	[k']	奇 k'î 끼
q（u）	[kw]			广 quàm : 광
q'（u）	[k'w]			睽 q'uēi 퀴
ch	[ʧ]	ㅈ 照	[tʂ]	真 chīn 진
ch'	[ʧ']	ㅊ 穿 ㅉ 床	[tʂ'] [tʂ']	出 ch' ŭ ·츈 程 ch'im̂ 찡
x	[ʃ]	ㅅ 审 ㅆ 禅	[ʂ] [ʂ']	身 xīn 신 是 xý : ᄿ
j（a,o,u）	[ʒ]	ㅿ 日	[ʐ]	若 j ŏ ·삭
ç	[ts]	ᅎ 精	[ts]	哉 çāi 재
ç'	[ts']	ᅔ 清 ᅏ 从	[ts'] [ts']	次 ç'ŭ · 츠 曹 ç'âo 짱

① 罗常培在其《耶稣会士在音韵学上的贡献》一文中，对《西字奇迹》中的罗马字音值都进行了推测，而陈植藩《论崔世珍在朝鲜语文和汉语研究方面的贡献》一文，则是根据崔世珍的相关著述推测了 16 世纪对汉语注音的大部分韩字的音值。

续表

《西》声母	假定音值	《洪》声母	假定音值	例字
s	[s]	ㅅ　心 ㅆ　邪	[s] [s’]	三 sān 삼 邪 siê　쌰
g（a,o,u） g（e,i）	[g] [ʒ]			吾 gû　우 人 gîn 신
v	[v]	ㅱ　微	[w]	万 ván 뫈
ng（a,o）	[ŋ]	ㆁ　疑	[ŋ]	我 ngò : ㆁㅓ
nh（i）	[ɲ]	ㅇ　喻	零	艺 nhí · 이
		ㆆ　影	[ʔ]	意　ý · ㆆㅣ

从上表可知，由于利玛窦用了上加符号“^”作为浊声符号，而《洪武正韵译训》中用了朝鲜语中特有的紧辅音符号ㄲ　ㄸ　ㅃ　ㅉ　ㅆ等对汉字浊音一一作了标记，所以利玛窦的声母注音字母要比《洪武正韵译训》中的少一些。但是，相比较两者间每一个声母字母的音值来看，他们之间几乎没有多大差别。

2.《西字奇迹》与《洪武正韵译训》韵母注音比较表

《西字奇迹》韵母	对应的《洪武正韵》韵部	《洪武正韵译训》韵母	对应的《洪武正韵》韵部	例字
a	麻馬禡	아	麻馬禡	巴 pà 바
e	遮者蔗	여	遮者蔗	者 chè : ㅈㅕ
i（y）	支紙寘	이 , 예	支紙寘	几 kì 끼暨 kẏ́·계
o	歌哿箇	어	歌哿箇	多 t ō 더
o˙	屋合質合	（융）	（屋合）	足 çŏ˙ 쥭
u	模姥暮	우	模姥暮	古 kù : 구
ụ	支紙寘	으	支紙寘	思 s ū̩스
ai	齊薺霽	애 , 왜	皆解泰	哉 ç ā i 재外 vái ·왜
ao	蕭篠嘯，爻巧效	왕	爻巧效	好 hào : 황
eu	尤有宥	읭 , 흫	尤有宥	寿 xéu· 씡 走 *çeù·즇
ia（ya）	麻馬禡	야	麻馬禡	家 ki ā 갸
ie	遮齊，質齊，屑齊，葉	（염）	（葉）	业 nhiĕ ·엽
ie˙	陌齊，質齊，緝	（인）	（質齊）	乙 yĕ˙ ·힌
io	藥齊	（앙）	（藥齊）	确 kʿiŏ ·햑
io˙	屋撮	（융）	（屋撮）	欲 y ŏ˙ ·육
iu（yu）	魚語御	유	魚語御	居 ki ū 규
oa	麻馬禡	와	麻馬禡	化 hoá ·화
oo	歌哿箇	워	歌哿箇	座 çoó ·쭤
oe	陌合，質合	（운）	（質合）	物 voĕ ·뭏

续表

《西字奇迹》韵母	对应的《洪武正韵》韵部	《洪武正韵译训》韵母	对应的《洪武正韵》韵部	例字
ui	灰賄隊	위	灰賄隊	对 tuí ·뒤
uo	歌合，藥合，質合，曷合	（어）	（歌哿箇）	卧 guó · ㅇㅓ
eao	蕭篠嘯	엳	蕭篠嘯	燎 leào 렬
iai	皆解泰	얘	皆解泰	解 kiài : 걔
iao	蕭篠嘯，爻巧效	앟	爻巧效	教 kiáo ·걓
iue	遮者蔗，屑撮	（웓）유ㅕ	遮者蔗，屑撮	决 kiuě·궏 靴 *hi ū e 휴ㅕ
ieu	尤有宥	（읗）	（尤有宥）	久 kièu : 긓
oei	灰賄隊	（위）	（灰賄隊）	灰 ho ē i 휘
uai	陌	（윙）	（陌）	国 quǎi ·궉
uei（uey）	灰賄隊	（위）	（灰賄隊）	为 guêi 위
am	陽養漾藥	앙	陽養漾藥	方 f ā m 빵
an	寒旱翰曷，刪產諫轄覃感勘合，鹽淡豔葉侵寢沁緝	언，안，완，암	寒旱翰曷，刪產諫轄，覃感勘合	看 cʻán 컨 山 x ā n 산万 ván 뽠 三 s ā n 삼
em	庚梗敬陌	잉	庚梗敬陌	等 tèm : 딍
en	先齊，鹽淡豔葉	은，음	真軫震質侵寢沁緝	根 *k ē n 근滲 *sén ·슴
im（ym）	庚梗敬陌	잉	庚梗敬陌	精 c ī m 징
in	真軫震質，侵寢沁緝	인，임	真軫震質，侵寢沁緝	民 mîn 민钦 kʻ ī n 킴
um（om）	東董送屋	웅，융，윙	東董送屋，庚梗敬陌	通 tʻ ū m 퉁 众 chúm·즁 觥 k ū m 궝
eam	陽養漾藥	（양）	（陽養漾藥）	两 leàm : 량
iam	陽養漾藥	양	陽養漾藥	将 ci ā m ·쟝
ien	刪產諫轄，先銑霰屑，鹽淡豔葉	얀，연，얌，염	刪產諫轄，先銑霰屑，覃感勘合，鹽淡豔葉	柬 kién·갼先 si ē n·션鉴 *kién·걈 渐 cʻiên 졈
yum	東董送屋，庚梗敬陌	（융）윙	（東董送屋，）庚梗敬陌	用 yúm·융 兄 *hi ū m 휭
iun	真軫震質	윤	真軫震質	君 ki ū n 균
oam	陽養漾藥	왕	陽養漾藥	荒 ho ā m 황
oem	庚梗敬陌	（윙）	（庚梗敬陌）	猛 moèm: 믱
uam	陽養漾藥	（왕）	（陽養漾藥）	广 quàm 광
uen	真軫震質	운	真軫震質	问 vuén ·문
uon	寒旱翰曷	원	寒旱翰曷	观 qu ō n 권

续表

《西字奇迹》韵母	对应的《洪武正韵》韵部	《洪武正韵译训》韵母	对应的《洪武正韵》韵部	例字
iuen（yuen）	先銑霰屑	원	先銑霰屑	圆 yuên 원
lh	支紙寘	（이）	（支紙寘）	而 lĥ ㅿㅣ

表中带 * 的汉字“靴”“根”、“走”“渗”、“鉴”“兄”等在《西字奇迹》中没有出现，为对比需要，取自《西儒耳目资》;《洪武正韵译训》韵母栏中加括号的为重复的谚文字母，已在其他行中出现，它们还与《西字奇迹》中的其他罗马字也相对应。为留历史信息，《洪武正韵》韵部字保留为繁体字。

以上韵母注音对比表中，包含 4 个次音在内，《西字奇迹》中共有 48 个韵母。它们在《洪武正韵》中所对应的韵部和《洪武正韵译训》中的 46 个韵母所对应的韵部，其中有 43 个是基本一致的，仅有“ai”所对应的“齊薺霽”部与“애，왜”所对应的“皆解泰”部相左，而“an”“en”“in”与“ien”等四项前鼻音在《洪武正韵译训》中则表现为闭口韵“ㅁ”（-m）。

综合以上两表便可知，利玛窦《西字奇迹》中的罗马字与朝鲜《洪武正韵译训》中的谚文字母对汉语的注音是大同小异的。从中我们可以得出以下几点结论：

第一，利玛窦《西字奇迹》的罗马字与朝鲜《洪武正韵译训》的谚文字母这两套对汉语的注音系统，其声韵母数目和音值基本相似，是基于两个必要的前提条件的。一是罗马字与谚文字母都是小到以音素为单位的拼音文字，使利玛窦和申叔舟等人能够利用它们对汉语进行比较精确的注音；二是虽然利玛窦和朝鲜学者都是以《洪武正韵》为蓝本，采用替换内中的反切法对汉语进行注音，但它们既然能不约而同地将《洪武正韵》中的 76 个韵母削减到 40 余个，说明他们都没有完全照搬《洪武正韵》，而是以当时的实际“官话”为对象，参以《洪武正韵》的声韵，进行了实际音值的转写，尤其是《洪武正韵译训》，在标明“正音”的同时，还注出了“俗音”——当时的实际发音。而能够用不同的音素文字转写出相似音值的同一种语言，说明被它们转写的对象是有同一性的。也就是说，当时确有一种实际的而且是相对稳定的官话标准音。至于利玛窦的注音系统与《洪武正韵译训》系统存在的差异也应该由两个原因造成，一是葡语罗马字音系与朝鲜谚文字母音系的本身不同导致了对汉语音韵分解的不同；二是利玛窦进行罗马字注音时的 1605 年与《洪武正韵译训》问世的 1455 年已相差 150 年整，官话语音或谓明代“正音”当已经发生了一定的变化，从而也导致此两种注音系统存在一定的差异。

第二，无论是利玛窦、金尼阁，还是编写《洪武正韵译训》的朝鲜学者都“一遵”《洪武正韵》，说明《洪武正韵》所定的声韵为明代“正音”之基础是毋庸置疑的。“正音者，俗所谓官话也。……语音不但南北相殊，即同郡亦各有别。故趋逐语音者，一县之中以县城为则，一府之中以府城为则，一省之中以省城为则，而天下之内又以皇都为则。故凡搢绅之家及官常出色者，无不趋仰京话，则京话为官话之道岸。”[①] 朱元璋定都南京，以南京方音为大明“正音”实属常理，《洪武正韵》之声韵是以南京音为基准的推断理应没错。不过，当明成祖移都北京后，特别是到了 17 世纪初的明清交替之际，汉语的所谓“官话”或“正音”的情况又如何了呢？曾德昭在其《大中国志》中曾明确指出：“现如今中国的语言仅存一种，他们称其为‘官话’，也就是官员们的语言。……就如同今天拉丁语之于欧洲一样，官话在全国通行。……如能像在南京日常生活中那样完全使用‘官话’的话，听起来会非常悦耳舒心。”[②] 日本的高田时雄曾撰文指出：不仅当时的耶稣会传教士对中国的官话状况有所描写，天主教其他会派的入华传教士对 17 世纪的汉语官话也有记载介绍。如西班牙多明我会传教士万济国（ Francisco Varo ），在他的《汉语官话语法》（ *Arte de la Lengua Mandarina*，1703 ）中这样写道：“为能发好汉语语音，必须留意中国人的具体发音方法。中国人也不是谁都可以的，必须是天生会地道官话的人。他们必须是出生于南京，或者出生于其他使用官话的地方。”除此以外，当时日本的古文辞学门派徂徕门中最精通汉语的太宰春台在其《倭读要领》（ 1728 ）中也有类似描述：“明代之南京是古吴国之地。南京音乃天下正音，中华人以是为则。明朝将该地升格为南京，以帝都为准，配置百官。是故，成为士大

① （清）高静亭：《正音集句序》，《正音撮要》（ 1810 年 ），转引自麦耘《〈正音撮要〉中尖团音的分合》，《古汉语研究》2000 年第 1 期。

② Álvaro Semedo: *Impero de la China*, Madrid, 1642, pp.49-50. 转译自高田时雄：《清代官話の資料について》（《東方學會創立五十周年記念東方學論集》，1997 年。

关于此段文字可参见 [葡] 曾德昭：《大中国志》，何高济译，上海古籍出版社，1998 年，第 39 页。不过译文内容有些出入。

夫们集聚之地。而且，明代自始至终，对其土音并无改变和纠正。”[①] 可见，整个明代即便是到了清初，南京音为官话正音的状况并无改变，申叔舟等朝鲜汉学家们若干次到“燕都”所质证的“正音”实际上也就是南京音。而《西字奇迹》与《洪武正韵译训》之间一些声韵母的差别，例如浊声母、闭口韵尾、入声等的不同，反映的并不是明代官话的基准音有了改变，而是说明了 15 世纪中期至 17 世纪间明代官话的发音也有了变化发展。其原因很大程度上是由于移都北京而导致官话逐渐接受北方音系的影响。

第三，从以上两张比较表中可以看出，《西字奇迹》与《洪武正韵译训》之间的声韵母差别实际上就在于浊声母、闭口韵尾、入声这三个问题。《洪武正韵译训》中是用双辅音紧音表示全浊声母，而《西字奇迹》虽然也用“^”表示浊平声母，但“并”母和“定”母并没有用浊声符号。例如：并 pím 삥，道 táo ·땋等。说明 16 世纪末 17 世纪初，明代官话已经开始受汉语北方音系的影响，全浊声母渐次消失；在《洪武正韵译训》中，有双唇闭口“ㅁ”（ -m）尾韵，但在《西字奇迹》中相对应地都成了前鼻音。如：三 sān 삼，渗 sén ·슴，钦 kʿ ī n 킴，渐 cʿiên 졈等等。这说明利玛窦在中国的时期，官话中原本有的 [m] 尾韵已经消失[②]；在《洪武正韵译训》中，“正音”的入声母明确分为“ㄱ”[-k]、“ㄷ”[-t] 和“ㅂ”[-p] 三种尾音，但“俗音”的入声母尾音全部变成了喉音“ㆆ” [ʔ]。同样地，在《西字奇迹》中，虽然还有入声存在，并用符号“˘”表示，但并没有区分 [-k] [-t] 和 [-p] 尾音。例如：国 quăi ·궉（ ·귕），乙 yĕ˙ ·흰（ ·흥），业 nhiĕ ·업（ ·영）等等。说明自 15

---

① 高田时雄：《清代官話の資料について》，《東方學會創立五十周年記念東方學論集》，1997 年，第 2 页。

万济国的《汉语官话语法》，姚小平、马又清自英译本转译为“（西）瓦罗著《华语官话语法》”，关于官话发音的译文如下：“为了把这件事做好，我们一定要懂得中国人读这些词的发音方法。但也并非任何一个中国人就能把音发好。只有那些资质好的说官话的人，例如南京地区的居民，以及来自其他操官话的省份的人，才能做到这一点。”（外语教学与研究出版社，2003 年，第 18 页）

② 关于 [m] 尾韵在明朝官话中消失的问题，近来已有越来越多的学者通过各种文献史料加以证实。例如，陈植藩在 20 世纪 80 年代就引用韩国朝鲜朝汉学家崔世珍《四声通解》、李睟光《芝峰类说》等文献中对汉语音韵的论述，证明了“十五世纪后汉语北京话已经没有 m 尾韵”。特别是李睟光在《芝峰类说》（1614 年）中明确指出：“平、上、去、入为四声，而如甲、叶、母、含之类谓之合口声。本朝崔世珍最晓汉音，著《四声通解》以传于世。余赴京时，见安南国人用合口声，中朝南方人亦间用之，与我国之音相近，而中朝官话则绝不用合口声。”（参见陈植藩《论崔世珍在朝鲜语文和汉语研究方面的贡献》，《民族语文论集》，中国社会科学出版社，1981 年，第 148 页）金基石利用汉朝对音文献研究后进一步指出：“-m 尾韵早在《四声通考》（1445 年）时期以前在北方话中开始消失，到《翻老朴》（《翻译老乞大》《翻译朴通事》）（16 世纪初）时期完全变为 -n 尾。”（参见金基石：《近代音的热点问题与汉朝对音文献的价值》，《延边大学学报》2004 年第 3 期）

世纪中期起，汉语官话的入声调虽然没像《中原音韵》那样派入三声，但其尾辅音已开始趋同为同一喉音，并进而脱落。

总而言之，由于明成祖移都北京，虽然他以及其后历代明朝皇帝并未改变祖制《洪武正韵》所定南京音为官话“正音”，但毕竟长达两百余年的京都地位，使原本北京话所属的北方音系或多或少地影响了正统的“南京音”，使它逐渐回归到《中原音韵》音系中所定的声韵母系统，以至于当今有很多学者忽视了《洪武正韵》在汉语音韵学中的地位。利用同是用音素文字标注汉语读音的东西方文献材料进行音韵学的比较研究，不仅有助于对中西语言接触史料的解读，而且能进一步认识西方传教士东来后对音韵学所作的贡献。当然，正如罗常培所言，仅仅根据《西字奇迹》不满四百个单字音所作的统计，并没有绝对的精密价值。另外还有学者指出，每一种语言本身都在发展之中，拿今人的视角去推测古代语言的音韵其可靠性值得怀疑。然而，笔者以为，在先人们不可能给我们留有古代语言的音像资料的情况下，对两种语言间的相互注音和转写的历史文献进行对比研究，仍然不失为一种比较现实而科学的研究方法。而此种语言研究的方法可以上溯至欧洲历史比较语言学形成之初，西博尔德、霍扶迈对朝鲜语和汉语的研究、麦都思编撰《朝鲜伟国字汇》等，应当被视作将欧文罗马字和朝鲜谚文字母相对照用来识读中、日、朝、汉字读音之发轫。

《西字奇迹》中“信而步海，疑而即沉”篇

第七章　西博尔德与朝鲜语

16 世纪中后期，耶稣会传教士先后登陆日本、中国，为东亚诸国带来了西方的科技文明，但由于天主教一些教义与传统的儒家文化相左，对东亚各国的封建统治构成了一定的威胁，所以中朝日三国自 17 世纪初始起，先后都实行了禁教和锁国的政策。原本就鲜为西方国家所知的朝鲜更是成了“隐士之国”，西方学者只能从中国和日本的典籍篇章中，寻得些许关于朝鲜及其语言文化方面的信息。在日本长崎出岛担任荷兰商馆驻馆医生六年多的德国人西博尔德（Philipp Franz von Siebold, 1796—1866）利用旁居朝鲜人在长崎的海难庇护所之“地利”，在与朝鲜渔民、船员和商人的直接交往中收集到了许多关于朝鲜和朝鲜语言文化的第一手资料，再加上一些日本和西方原有的关于朝鲜的文献，在其弟子霍扶迈（J. Hoffman 1805—1878）的协助下，于 1850 年前后出版了《日本》第七卷，继《日本》前六卷全面论述日本本国后，进一步向欧洲介绍日本周边的邻国和地区，其开篇就是《朝鲜篇》，就朝鲜的历史、地理、政治制度、文化习俗，特别是语言特点和词汇作了详细的论述和介绍，成为欧洲学者全面研究朝鲜之滥觞。遗憾的是，西博尔德在医学、日本学、博物学等方面的卓越成就荫蔽了他在朝鲜学方面的贡献，书名《日本》本身多少也障蔽了人们对内中《朝鲜篇》的阅读了解。

为此，笔者特撰本章，论述西博尔德对朝鲜语的研究及其著述，管中窥豹，以见一斑。

第一节　西博尔德及其与朝鲜之缘

关于西博尔德，著有《西博尔德》一书的日本学者板泽武雄这样写道：“提到西博尔德，大凡日本人都晓其名字，但被问及是何许人时，往往回答‘是医生吧’、‘是植物学家吧’或者‘是地理学家吧’等等。……日本人因他才知科学的研究方法。世界的人们因他才获得了令人信服的关于日本的广博知识。此事于日本、于世界皆为幸事。”[①]

西博尔德，1796年生于德国维尔茨堡一个医学世家，1866年卒于慕尼黑。在维尔茨堡大学专攻医学兼学植物学、动物学、人文地理学、人类学后，于1820年获医学博士学位。1822年作为荷兰东印度陆军医院少校军医赴印尼、爪哇岛等地，次年8月到日本长崎出任荷兰商馆驻馆医生，1824年在长崎郊外设立了“鸣泷塾”。“鸣泷塾”既是他的诊所，又是他向日本人传授西洋医学、人文及自然科学并交流、收集有关日本各方面资料的学术场所。1826年2月至7月他随荷兰商馆长赴江户（东京）参府，途中收得许多诸如《虾夷岛语言》《日本地图》等有关日本的资料和文物，这些资料和文物当时属外国人不得涉及的违禁品，1828年9月当西博尔德准备携这些资料文物回国时被查获，殃及赠送这些资料文物的日本门生友人，遭受处罚，其本人1829年也被驱逐出日本回国，史称“西博尔德事件”。《日兰通商条约》签订后，日本解除对西博尔德的驱逐令，西博尔德遂于1859年再赴日本至1863年回国，历任幕府外交顾问等职，游居于东京、横滨以及长崎等地。

西博尔德对日本研究长达40余年，成果卓著，其印行出版的著述有《日本》（日本风土记，*Nippon: Archiv zur Beschreibung von Japan*）1—7卷、《日本动物志》（*Fauna Japonica*）1—4卷和《日本植物志》（*Flora Japonica*）1—3卷等60余种。[②] 其研究成果中最为著名的当为《日本》。《日本》共有七卷，自1832年第一卷出版起，共分13次于1854年全部出版完成。1897年其子再版该书，内容有所增减。该书是西博尔德及其弟子们在日本及其邻国的文献以及欧洲原有有关日本资料的基础上，通过实地调查考证后编写撰就的，内容包罗万象，涉及日本的地理、历史、军事、政治、宗教、农业、贸易等各个方面，最后一卷还专门就日本的近邻诸国和地区的情况作了较为全面的论述，《朝鲜篇》就是其中最为重要的章节。

日本禁教锁国以后，只辟出长崎的出岛允许荷兰东印度公司设立商馆，与其进行有限的海上贸易。每年春季因西北风遭遇海难而漂流到日本的朝鲜渔船和难民也都被统一送到唯一被允许外国人居住的长崎，进行船

---

① 板泽武雄:《西博尔德》，日本吉川弘文馆，1988年，第1页。

② 赵建民:《西博尔德的日本研究及其国际影响》，《复旦大学学报》（社科版）2002年第4期。

只修理、装备添补等工作，等待顺风返回朝鲜，滞留时间往往达数月。负责日朝外交和贸易的对马侯拨款在长崎建有交易馆，专门接纳朝鲜渔民、船员和商人。这个交易馆位置紧邻荷兰商馆所在的出岛，西博尔德因此有了直接接触朝鲜人的便利，成为1653年荷兰东印度公司亨德里克·哈梅尔（Hendrik Hamel, 1630—1692）等船员因海难登陆朝鲜半岛近200年后首位直接考察和收集到有关朝鲜讯息的欧洲人。

虽然西博尔德访问朝鲜人或朝鲜人访问荷兰商馆都需经得长崎奉行和朝鲜滞留民监督官的批准，但实际上每每都能觅得借口得以互访，朝鲜人也每次都能无拘谨地接待西博尔德。“特别是1828年3月17日那天访问他们的时候，深为他们的热情所感动，并得以对他们的体质特点、他们的习惯、语言、文字等等若干重要问题进行了观察。得益于与像他们那样有素养的人群的交往，使我能对有关朝鲜的文化、学术以及艺术现状做了进一步详细的调查，对这一未知的国家本身也作了切实的了解。”[①] 西博尔德正是有了这样的便利，再利用一些欧洲和日本已有的有关文献，写出了《日本》第七卷之《朝鲜篇》。

第二节 《日本》第七卷《朝鲜篇》

《日本》第一卷问世于1832年，全书最后完成于1854年。现存世的版本大多为1869年伦敦修订版，所标出版年为1852年。韩国首尔大学图书馆、日本东京农工大学图书馆都藏有该书，并制作了影印电子版，供读者在网上全文阅览，东京农工大学还出版有 *Siebold's Nippon* 的电子光盘。首尔大学藏本较为完整，但东京农工大学的藏本正好缺失《日本》第七卷，所幸日本讲谈社1975年已重版该书，另外，日本雄松堂书店于1977年11月－1979年5月出版了由中井晶夫等翻译的日文版，补齐了这一部分。《朝鲜篇》在日文版中为第五卷，由尾崎贤治翻译，1978年初版发行。

该《朝鲜篇》原题为《日本的近邻诸国及保护国——关于朝鲜的信息》，共分八章，由西博尔德和其助手霍扶迈共同撰写完成。八章的内容涉及朝鲜的政经制度、语言文化、半岛历史以及中朝、朝日关系等诸多方面，它们分别是：第一章“从漂流到日本海岸的朝鲜人处获得的有关朝鲜的情

① 西博尔德：《日本》第5卷，尾崎贤治译，雄松堂书店，1978年，第9页。

况”；第二章“从朝鲜人、对马的日本武士、差役以及在釜山的日本商馆等处获得的种种信息”；第三章“词汇”；第四章“漂流到鞑靼海岸并被遣送至北京，而后经朝鲜返回故乡的日本渔民之朝鲜见闻录——源自日本著作《朝鲜物语》”；第五章“朝鲜国的制度、官吏以及朝臣”；第六章“中文词汇《类合》——朝鲜语翻译以及中文的朝鲜语读音”；第七章“日本文献中所见日朝和日中关系”；第八章“《千字文》”。

作者在收集和通读了大量文献资料的基础上，通过与朝鲜人的直接面谈交流，全面地考察了解了朝鲜各方面的情况。《日本》第七卷所列西文参考文献 61 种、日本书籍及地图图片 21 种，另外，在文中引文出处及注解中引用了中国的二十四史等诸多中文文献。西文参考文献中还不乏当时印刷出版于澳门、巴达维亚等地新教传教士马礼逊、麦都思等人的著作，麦都思等人虽然编撰了《朝鲜伟国字汇》等有关朝鲜的书籍，但都没有像西博尔德那样能面对面地从朝鲜人口中获得有关朝鲜的最直接的信息。

其实，西方国家在文献中提及朝鲜可追溯至 13 世纪，意大利人柏朗嘉宾（Jean de Plan Carpin, 1182—1252）在其所撰《蒙古史》（*L'Ystoria Mongalorum*）中，以蒙古人的习惯称高丽人为 Solangi（肃良合人）；马可·波罗在其游记中称高丽为“Cauly”。至 17 世纪，哈梅尔以其在朝鲜落难的经历，于 1668 年在鹿特丹出版了《“雀鹰”号航难与漂流者在济州岛及朝鲜本土的冒险（1653—1666）》一书。荷兰学者尼古拉斯·维采因（Nicolaas Witsen, 1641—1717）于 1692 年出版了《东北方鞑靼地区》（*Noord en Oost Tartaryen*），书中有些内容也涉及朝鲜。①1823 年，德国汉学家克拉普罗特（J. Klaproth，1783 — 1835 ）根据日本林子平的《三国通览图说》等资料在其著作《亚洲语言地图集》（*Asia polyglotta*）中论述了朝鲜的语言等方面情况。②1832 年德国籍传教士郭实猎在《中国丛报》第 7 期上发表了题为《论朝鲜语》（*Remarks on the Corean Language*）的文章，从语言学的角度介绍和分析了朝鲜语。③1835 年，英国传教士麦都思以《倭语类解》为蓝本，编撰出版了《朝鲜伟国字汇》这本中朝日英四语辞典。以上是西博尔德之前欧洲有关朝鲜研究的主要文献资料，这些文献大多间接

① 陈辉：《韩语罗马字表记法的历史与现状》，《浙江大学学报》（人文社科版）2002 年第 2 期。

② 李基文：《十九世纪西欧学者对韩字的研究》，《学术院论文集》（人文社科篇）第 39 辑，2000 年 1 月。西博尔德：《日本》第 5 卷，尾崎贤治译，雄松堂书店，1978 年，第 14 页。

③ Charles Gutzlaff: *Remarks on the Corean Language*, *Chinese Repository.* VOL. Ⅰ -November, 1832, p279.

地参照了中国和日本的文献中有关朝鲜的内容。哈梅尔的漂流记虽然源自亲身经历，但由于他只是一个没有受过多少教育的普通海员，以及当时他在朝鲜的特殊身份决定了他对朝鲜的了解是有限的或者是低层次的。[①] 因此，如果说西博尔德的《日本》“可谓当时最大最高的日本研究丛书，可视为西欧社会之日本观变化发展的分水岭”，[②] 那么，该书中的《朝鲜篇》可以说是开启了欧洲学者对朝鲜进行全面研究的序幕，自此撩起了蒙在“隐士之国”上的神秘面纱。

第三节　西博尔德眼中的朝鲜语

18 世纪末 19 世纪初，随着 1786 年英国东印度公司官员威廉·琼斯（William Jones，1746—1794）确定梵语与拉丁语、希腊语、日耳曼语的历史亲缘关系，在欧洲语言学界掀起了研究梵语及欧洲以外语言的热潮，特别是德国出现了数个历史语言学和比较语言学的大家，成了欧洲语言学的研究中心，施莱格尔（F. von Schlegel）、雅克布·格里姆（Jacob Grimm）、葆朴（Franz Bopp）、洪堡特（Wilhelm von Humboldt）、克拉普罗特（J. Klaproth）等等，特别是洪堡特的语言学理论影响甚大，他认为各种语言的特性是其民族的特有财产，“语言是一个民族生存所必需的‘呼吸’，是它的灵魂之所在，所以要想了解一个民族的特性，若不从语言入手势必会徒劳无功”。[③] 基于此，洪堡特使用了诸如其弟弟、自然地理学家亚历山大·洪堡特（Alexander von Humboldt）等人从美洲考察带回的大批语言材料，来进行人类学、美学等方面的研究。来自德国的西博尔德势必也受到了其祖国语言学蓬勃发展的影响，在《日本》第七卷的参考文献中，有亚历山大·洪堡特的《宇宙》（*Kosmos*）一书即佐证了这一点。当时的欧洲对朝鲜的语言还处于近乎无知的状态，所以，西博尔德在日本期间，对朝鲜语也表现出了极大的关注。在 1828 年 3 月 17 日的日记中他这样写道：“通过此前与朝鲜人的交往，也或许是通过曾在对马和釜山居住的日本朋友，

---

① Donald F. Lach, Edwin J. Van Kley: *Asia in the Making of Europe* (Volume III), The University of Chicago Press, 1993, p1786.

② 沼田次郎:《洋学》，吉川弘文馆，1989 年，第 182 页。

③ 威廉·洪堡特:《论人类语言结构的差异及其对人类精神发展的影响·译序》，姚小平译，商务印书馆，1999 年，第 39 页。

我获得了有关朝鲜的语言文字、国土和风俗习惯等方面的若干知识，然而，今天的会晤让我有了喜出望外的收获，尤其是在语言文字方面。因为我们在此方面还知之甚少，所以如果我用一章的篇幅来特别展示我的研究成果的话，我想对语言学家们是会有很大帮助的。”①

由于朝鲜的闭关锁国及明清对其外交的控制，当时的欧洲对朝鲜语言文字的了解几乎全部来自于中国和日本的有关典籍，郭实猎（Karl Friedrich August Gützlaff,1803—1851）在1832年《中国丛报》第7期上发表题为《论朝鲜语》时指出：“我们曾试图收集一些其本土的书，但失败了。事实上，我们甚至不被允许瞄上一眼。通过日本的渠道而落入欧洲人之手的那些书，与日语一样，充满了最晦涩的解释段落。”② 鉴于这种情况，西博尔德不仅在《朝鲜篇》第一章中专门有一节详细论述朝鲜的语言和文字，而且还在第三章汇集了朝鲜语词汇455个，德朝日三语对照，汉字的朝鲜语及日语音训读齐全。第六章是霍扶迈校订并德译的中文词汇《类合》朝鲜译本，并对谚文字母进行了专门的介绍。第八章是由霍扶迈德译的《千字文》，并附有逐字的朝鲜语释和音、全文的日语翻译及麦都思的英译本。③ 这样，有关朝鲜语言文字的内容在整个《朝鲜篇》中几乎占了一半的篇幅，足见西博尔德对朝鲜语的重视，也反映了欧洲对朝鲜语言文字了解的迫切性。

西博尔德在书中这样介绍朝鲜语：朝鲜住民有自己的语言，但由于借用了很多汉语以及汉字的普及使用，他们的语言严重地脱离了原有的惯用语法，被扭曲改造了。古朝鲜语经历了与日本大和语相同的命运，大和语只保留在若干历史学家、诗人、舞台和天皇的宫廷里，百姓和士大夫们的语言从具有丰富元音和音节的、流畅性的母语变换成了汉语式的表现形式。纯粹的朝鲜语，如“hanol”（天）、“kulom”（云）、“palamî”（风）、“salamî”（人）等以两到三个音节为多。

朝鲜和日本一样，士大夫们的文字，特别是商用文、学术和宗教文书皆使用汉字，除此以外，一般百姓间使用一种非常简素的、特有的拼音文字。据说此种文字公元374年由新罗的某个国王发明，称作“谚文”，书写

① 西博尔德：《日本》第5卷，尾崎贤治译，雄松堂书店，1978年，第12页。

② Charles Gutzlaff: *Remarks on the Corean Language, Chinese Repository.* VOL. Ⅰ -November, 1832, p279.

③ 《日本》第七卷中实际只列出了目录，其内容收在《日本》第四卷中。

每行自上而下、自右而左。此种文字由辅音和元音相拼而成音节，音节非常丰富，多达 154 个。辅音分气息弱的单辅音和强的复辅音，前者九个，它们是 Kiok（k）、Niûn（n）、Tikut（t）、Liul（l 和 r 混用音）、Miom（m）、Piup（p）、Sios（s）、Ji（j,i）以及 Häng（h,ng）。由 k、t、p、s 以及 h 变来的六个强辅音的强弱程度，从朝鲜人自身的不确定发音中很难推测表记，不过规则上说来是增加了符号，表现了强音。共有 15 个辅音，它们通过一部分写在右侧、一部分写在下部的元音而构成音节。根据各自的特性，它们中有一些也被作为音节或单词的末尾使用。元音和复元音共 11 个，在音节表中依次为：a,ia,ô,（ö）,iô,（iê）,o,io,û,iû,u,î,á。朝鲜人纳入辅音群中 Häng 和 Ji 两字有独特的两面性，这从其有别于其他辅音的称呼中也可以看出，其他字音如 kiok、Niûn 是头尾音相同，但 Häng 音节的头是 h，尾为 ng，Ji 的头为 j，在某种字音后或其他元音后为 i。在单词开头的各元音前的 Häng，基本上听不见，或者听起来既像弱音的 h，又像 g、gh；在复元音的前面像 j，与 u 一起时像 w，如 uang（王）听起来像 wang；复音中的强 Häng 听起来像强气音 h 或德语中的 ch，多数人倾向于发成 h 和 f 的混合音；在朝鲜的文章中还用 Häng 来表示汉语中特有的无声音，如 ngân（休息）、ngáï（爱）。音节表中，Ji 在辅音及元音下都有记载，辅音群里没有这个音，可能是因为其本身并不作为辅音表记，而只是和在前面的单音 Häng 一起时，才发作 ji；这个 Ji 在辅音或其他元音后作元音时，在前面的辅音或元音后面加上稍微延长的 i 音。在音节文字表中，除 154 个单音节以外，由一个辅音和两个元音构成的复音节有 18 至 22 个。

为能形象地说明问题，西博尔德在《日本》第七卷的插图十还专门绘制了与他的文字说明相一致的朝鲜语书写表，用拉丁文书写了每个栏目的名称（如本章文末图所示）。另外，西博尔德为了语言研究者和旅行者的便利，作为补遗，还附加了附有汉字、谚文和假名原文的单词表；为对比较语言学者有帮助，还特意标出了汉字在朝鲜的读音和假名标记的日语读音，这就是第三章的“词汇”。

从西博尔德的论述中可知，他与朝鲜人直接面谈以求证自己关于朝鲜语言文字的知识。他的这些知识来自克拉普罗特的法译《三国通览图说》和《东国通览》《朝鲜物语》《朝鲜太平记》等日本出版物以及朝鲜的《倭语类解目录》等参考文献。很显然，西博尔德没有看到过朝鲜文字反切表的起源之作——初版于 1527 的崔世珍（1473—1542）之《训蒙字会》，与西博尔德会谈的朝鲜人由于其难民的境遇，手头也不太可能拥有《训蒙字会》这样的蒙童识字课本，他们能告知西博尔德有关朝鲜语言文字的知识也全凭自己本身所掌握的学识，所以，难免会导致西博尔德对朝鲜的语言文字产生一些误解。

例如，西博尔德介绍说，谚文是由新罗王创制于公元 374 年。这显然与朝鲜朝世宗大王 1444 年创制《训民正音》的事实不相符。其谬可能源自克拉普罗特。克拉普罗特在 1832 年出版的《对古世界各种文字起源的考察》（*Aperçu de l'origine des diverses écritures de l'ancien monde*）中提到，谚文创制于公元 374 年的百济。可见，西博尔德关于谚文的发源说是对克拉普罗特的以讹传讹。[①] 西博尔德将百济改成新罗大概是由于他所接触的朝鲜人大都来自釜山等新罗的旧地，抑或是朝鲜人误告，抑或是西博尔德误判。

又如，在西博尔德的文字说明和《朝鲜语音节文字表》中，将“ㅣ”（j,Ji,i）既列入了元音栏，也列入了辅音栏。所以将崔世珍原本所讲的“谚文字母（俗所谓反切二十七字）”中“初声终声通用八字”，误成了辅音九字。从表中的归类来看，西博尔德把“初声独用八字”的“ㅇ（伊）”和“中声独用十一字”中的“ㅣ（伊）”相等同了，所以误将“ㅣ（伊）”同时也看作了辅音。

不过，他对喉音“ㅇ，ㆆ，ㆁ，ㅎ”和半齿音“ㅿ”的罗马字表记，为我们提供了崔世珍“反切二十七字”中所没有的信息。他认为“ㅇ”在音节初为 h 标为“ㆆ”、音节尾为 ng 标为“ㆁ”，“ㅇ”和“ㅿ”相同，均为“h, Häng”，这为我们提供了一种对古音“ㆆ”的认识。“ㆆ”在《训民正音》创制最初是有的，但后来放弃不用了，故《训民正音》称二十八字，崔世珍称“反切二十七字”。“ㅇ”和“ㅿ”在 19 世纪初期发音已经相同，无怪乎现代韩语中没有了“ㅿ”这个韩字。

另外，通过观察朝鲜人使用汉字的具体情况，西博尔德还对汉字在朝鲜人的语言认知中所起的作用，进行了具体分析。他说，朝鲜人为能像中国人那样作汉诗感到非常自豪，他们和日本人一样，将汉字用两种方法来

① 李基文：《十九世纪西欧学者对韩字的研究》，《学术院论文集》（人文社科篇）第 39 辑，2000 年 1 月，第 12、19 页。

读。两国国民一方面学习了基本相同于中国人的汉字读法，另一方面又将汉字所具有的概念用他们自己的母语进行译读表现。他们之所以能够轻而易举地进行这样的翻译，是因为他们依据的是汉字与它的概念，而并非该汉字的发音。正因为如此，中国的文字成了北亚诸国民的共通文字，其语言虽然口语相异，但几乎同时成了共通的语言。当然，远比日语完备的朝鲜语的字母能够比日语更能忠实地反映汉语的读音，所以朝鲜人的读音比日本人更接近于汉语的原音。对于西博尔德的这种观点，笔者认为，其更大的原因应该在于中朝间的政治和地缘关系，西博尔德的说法略显偏颇，但也不无一定道理。

19 世纪初，法国巴黎是东方语言研究的中心。为对朝鲜语进行音韵学的剖析和求得欧洲语言学家的认证，西博尔德早在 1824 年设法获得了“谚文”的辅元音及音节表，并制成一张完整的朝鲜语表寄给了荷属东印度政府并请他们转给巴黎皇家学院。只可惜此表只到了荷兰皇家科学院，因而也没引起西方国家的足够重视。[①] 关于这一遗憾，西博尔德在《日本·朝鲜篇》中提及克拉普罗特 1832 年的法译《三国通览图说》时也谈到，由于其关于日本的学术研究报告没有获得善意的评价，所以他所寄的朝鲜语字母表最终去向不得而知。在《日本》第七卷的插图中，西博尔德添加了这张原本绘制于 1824 年的朝鲜语书写表，此表是在朝鲜人所提供的谚文字母和音节表的基础上，对 Häng 等音略作修改后，用拉丁文撰就的，可以说是历史上欧洲学者最早绘制并忠实于朝鲜语“反切本文”的朝鲜语罗马字转写表。其转写法具体如下：

谚文字母					
元音		辅音			
		送气音		弱辅音	
ㅏ	a	ㅋ	kh	ㄱ	k,Kiok
ㅑ	ia	ㅌ	th	ㄴ	n,Niun
ㅓ	ô,ö			ㄷ	t,Tikut
ㅕ	iô,iê			ㄹ	l,Liul
ㅗ	o			ㅁ	m,Miom
ㅛ	io	ㅍ	ph	ㅂ	p,Piup

① Frits Vos: KOREAN STUDIES IN THE NETHERLANDS.《第一届韩国学国际学术会议论文集》(*Papers of the 1st International Conference on Korean Studies*)，韩国精神文化研究院，1979 年，第 121 页。

续表

谚文字母					
元音		辅音			
		送气音		弱辅音	
ㅜ	û	ㅊ , ㅈ	ta,da	ㅅ	s,Sios
ㅠ	iû			ㅣ	j,Ji
ㅡ	u	ㅎ	h	ㅿ , ㅇ	h, Häng
ㅣ	î	ㆁ , ㆆ	ng,h		
ㆍ	á				

第四节 《朝鲜伟国字汇》对霍扶迈校订并翻译《类合》《千字文》的影响

西博尔德第一次赴日六年有余，收集到了大量的资料，这些资料的整理和编撰得到了在日本和欧洲的很多弟子的帮助。他归国后的主要助手是霍扶迈。霍扶迈乃西博尔德的同乡，年轻时曾担任歌剧演员。他跟来自广东的巴达维亚华侨郭成章关系甚好，向其学习了汉语和汉文。[①] 霍扶迈天资聪慧，虽然不曾到过日本，但因不断发表有关日本语言、地理、历史方面的论文而闻名欧洲，所著的德文版《日本文典》被誉为欧洲最具体系性的日语语法书。[②] 霍扶迈 1846 年被荷兰政府聘为日语翻译官，不久在莱顿大学设置了日本学讲座，成为日本学讲座教授。

西博尔德在撰写《日本》第七卷《朝鲜篇》时，同样也得到了霍扶迈的相助。据霍扶迈在《类合》的校订翻译记中自己介绍，西博尔德委托霍扶迈整理了从日本带回的所有有关朝鲜语的文献资料。《朝鲜篇》中的第六、第七、第八章均由霍扶迈主要执笔。朝鲜蒙童汉字识读教材《类合》《千字文》的原文誊写由西博尔德的中国人秘书郭成章完成，但校订和翻译主要由霍扶迈完成。

霍扶迈在翻译《类合》和《千字文》的过程中，除了少不了求教于西博尔德以外，与其同时代的英国人新教传教士麦都思所编译的《朝鲜伟国字汇》成了其至关重要的参考文献。

---

① 赵建民:《西博尔德的日本研究及其国际影响》,《复旦大学学报》(社会科学版)2002 年第 4 期。

② 富田仁:《海外交流史事典》，日外アソシエーツ株式会社，1989 年，第 354-355 页。

《类合》乃朝鲜时代朝鲜儿童的汉字入门书，作者、刊行年代不详。该书分“数目、天文、众色……”等 21 个类别共 1512 个汉字，二字成对，四字成句，十六字成行。在每个汉字的左侧是朝鲜语的音和释。西博尔德在自己编辑印刷了朝鲜语《词汇》后，意外地获得了在北京的传教士转赠的朝鲜使臣所送的《类合》。对于正在研究朝鲜语的西博尔德来说无疑是如获至宝。但遗憾的是，这本《类合》在当时的欧洲可以说是孤本，其纸张粗糙，印刷质量较差，谚文字母特别是音与释之间相互过于靠近，所以，在翻译之前，对每个字的辨认成了非常必要但又艰巨的工作。当时，除了西博尔德自己所编的《词汇》可以作为辨认的对照资料以外，西博尔德还非常幸运地获得了朝鲜司译院日语教科书《倭语类解》原本以及麦都思依据《倭语类解》翻译编撰的《朝鲜伟国字汇》。霍扶迈依仗《朝鲜伟国字汇》，不仅圆满地完成了《类合》的校订和德译工作，而且还在西博尔德的基础上对朝鲜的语言文字有了进一步的认识。

霍扶迈认为，既然《倭语类解》中所有汉字的日语音训读是用朝鲜文字来表记的，从中不难反推出令人信服的有关朝鲜语的音声记号和使用方法。即：日语中的ア相当于朝鲜文字的ㅏ；ヤ相当于ㅑ，如：ヤマ（山）是야마；エ、エ相当于ㅔㅖ，如：アメ（雨）是아메；オ相当于ㅗ；ヨ相当于ㅛ；像日语中 midsǔ（水）那样短促、但非强音的 ǔ 相当于朝鲜文字的ㅡ；ウ相当于ㅜ；ユ相当于ㅠ；イ相当于ㅣ，イキ（生）即이기。除以上这些元音以外，还有朝鲜语中特有的元音ㅓ（ö）、ㅕ（jö）以及ㆍ（ǎ），对于前两个元音依以前我们的规定也可发作 ô 和 jô，现在看来应该发作 ö 和 jö，因为这两个元音无论量还是质都不基于元音ㅗ（o）和ㅛ（jo）。元音ㆍ用 ǎ 表示，是因为朝鲜语中的 a 音相当于弱且浊。ㅗ（o）和ㅡ（ǔ）在其他元音前变作 w。辅音中有些朝鲜文的字母如ㆁ(g), ㄷ(d), ㅁㅂ(b), ㅿ(z), ㅈㅅ（tss）是特意为表记日语而创制的，朝鲜语中本身并不存在这些字母。朝鲜语中本身存在的辅音如下：

ㄱ　ㅋ　ㄴ　ㄷ　ㅌ　ㄹ　ㅁ　ㅂ　ㅍ　ㅅ　ㅈ　ㅊ　ㅎ　ㅇ（作尾音）

k　k‘　n　t　t‘　lr　m　p　p‘　s　ts　ts‘　h　ng

其他辅音的组合可以忽略不计，因为它们组合时并没有改变性质，而且在日语中要比朝鲜语本身更多使用双重辅音ㄲㄸㅆ等等。

霍扶迈还认为，对于汉语，朝鲜的音读整体而言要比日语音读更接近于官话，特别是福建方言。有一个最重要的特征是，在福建方言中的 t、日语中的 t 和 ts 那样的短促且音节不清的汉语尾音，朝鲜语总是读作 l 和 r（Liur）的混合音。如：

朝鲜音读	福建音读	日本音读
jĭr（日）	njit	nit, nits
uör（月）	njät	get, gets
ts ‘ir（七）	tsit	sit, sits
sjör（雪）	ssjät	set,sets

另外，福建话中的吞入音，即尾音为 k, p 的字，如“石”“食”“六”“谷”“乐”“白”“甲”“十”“习”等，朝鲜音读之尾音也与之严格相一致。

以上这些霍扶迈对朝鲜语的认识，确实比西博尔德更深入了一步，但有些也不完全正确或者说并没有完全点到要害之处。例如，他认为ㆁㄱ（g）、ㄴㄷ（d）、ㅁㅂ（b）、ㅿ（z）、ㅈㅅ（tss）等几个字符是朝鲜人为了标注日语音才发明的，事实并不完全如此。的确，朝鲜实学家申景浚（1712—1781）在 1750 年著《韵解训民正音》时，从音韵学的角度，剖析了谚文字母及用谚文字母标注汉字朝鲜语读音等问题。在《韵解训民正音》附录部分，他画了“日本韵三声总图”，初声部分就有ㆁㄱ（莪）、ㄴㄷ（砮）、ㅁㅂ（夢）、ㅿ（日）四字。[①] 从其文字说明不难看出，这四字实际上就相当于日语假名浊音が、だ、ば、ざ行的声母。ㆁㄱ（莪）、ㄴㄷ（砮）、ㅁㅂ（夢）这三字确实是申景浚新组合的，并不见于其他汉字朝鲜语读音和朝鲜固有词的书写中，但ㅿ（日）字，却是在《训民正音》创制最初就有，用其标读中文汉字“日”、“忍”等日母字的初声，只是申景浚也将其用到了标注日语上。至于ㅈㅅ（tss）字，无论是《倭语类解》、《朝鲜伟国字汇》，还是《韵解训民正音》中都没有该字母，通过比对，笔者发现可能是霍扶迈误将日本韵的重终声“쯔”误读成了“ㅉ”和“ㅡ”两部分，还将“ㅉ”错成了“ㅈㅅ”。

1816 年至 1833 年间，德国语言学家葆朴（Franz Bopp）、拉斯克（R.K. Rask）、雅克布·格里姆（Jacob Grimm）、波特（A.F. Pott）等相继发表语言学方面各自的代表作，为历史比较语言学的发展奠定了坚实的基础。这些历史比较语言学家的一种典型的研究方法就是在某种语言的词与另一种

① 姜信沆：《韵解训民正音研究》，韩国研究院，1967 年，第 152-153 页。

语言的词之间寻找出有规律的语言对应关系，以确定它们的亲属关系。如著名的“格里姆定律”就是揭示了日耳曼语的 f 对应于其他印欧语中的 p、p 对应于 b、θ 对应于 t、t 对应于 d 等发音对应规律。[①] 霍扶迈也受了此种研究方法的影响，他找出了汉字朝鲜语读音将福建话的 t 尾音全部改为 r，并保留 k、p 等福建话中的尾音这条规律，但他的说明并不在点子上。其实，这些正是中国官话中已经喉音化并趋于消失的入声尾韵，朝鲜语对汉字入声字大多保留了入声字的读音，但对 t 短促音结尾的入声字改成了 r 结尾。霍扶迈显然没有专门从汉字入声声调的角度出发，来研究这个问题。不过，他所说的朝鲜对于这些字的读音处理比日本更接近于中国官话，倒是从一个侧面印证了有些学者的推断：1840 年代以前具有入声调的南京音仍然是中国的“正音”。[②]

在《朝鲜篇》的最后一章，西博尔德刊载了霍扶迈的德译《千字文》。这篇《千字文》是霍扶迈以中文《千字文》为原本，并参照《千字文》朝鲜语逐字释读、日语全文译文以及《朝鲜伟国字汇》中的英译《千字文》翻译而成，书中对照性地登载了朝鲜语释读、日语译文和英语译文的原文及朝日语的罗马字转写。西博尔德和霍扶迈还分别写了关于《千字文》的序文和《千字文》的译后记，两者互补性地对《千字文》的诞生、东传朝鲜和日本的历史作了较为详细和合理的论述，并希望此译作能成为德国东方学爱好者在进行比较语言学和亚洲民族文字史研究时的新材料。西博尔德曾在 1833 年 12 月于荷兰莱顿用石版复刻朝鲜的木版《千字文》，他在《日本》中的《千字文》序文就写于那个时候。据西博尔德序文和霍扶迈的译后记介绍，当时西博尔德请日本高水平的翻译将《千字文》的每一个汉字注上了日语音读，但考虑到逐字翻译日语需要有大量的注释，也不利于欧洲读者阅读，所以就全文依句翻译成了日语。至于朝鲜文，这本朝鲜木版《千字文》是当时他们所能接触到的唯一的教材，所以只能依样画葫芦复刻，结果是由于原版本不清晰等原因，留下了一些错误。1840 年，霍扶迈根据《类合》《倭语类解》等文献，对当时石刻版所留下的朝鲜文错误进行了仔细的校订，然后翻译成了德文。[③] 这说明，西博尔德尤其是霍扶迈此时对

① 冯志伟:《现代语言学流派》，陕西人民出版社，1999 年，第 6-9 页。

② 张卫东曾撰文:“北京官话获得现代通行官话标准语地位的时间应是 1845 年前不久的时候。”(《北京音何时成为汉语官话标准音》,《深圳大学学报》(人文社会科学版)，1998 年第 4 期)

③ 小仓进平:《(增订)朝鲜语学史》，刀江书院，1986 年，第 96 页。

朝鲜的语言文字已经有了很深的研究，他们对朝鲜语言文字的研究可以说涉及了语义学、音韵学以及文字学等语言学的各个方面。他们对中朝日三语《千字文》的校订和翻译工作为欧洲人认识朝鲜的语言文字提供了非常宝贵的第一手资料。

综上所述，西博尔德在日本期间，不仅很好地完成了荷兰政府要其收集有关日本各方面资料的任务，回欧洲后利用这些资料撰写出了日本学巨著《日本》，为欧洲日本学的发展树立了新的里程碑，而且，在其助手霍扶迈等人的帮助下，还对日本的近邻朝鲜等国的语言文化、文物典章等方面进行了较为系统的研究。也许由于他对日本学的贡献实在过于耀眼，也或许是世界朝鲜学的起步较晚之故，东西方的朝鲜学界似乎都没有对西博尔德的朝鲜研究引起足够的重视，无论是在韩国国内，还是在欧美国家的朝鲜学综述性文章中，我们都很难觅得关于西博尔德之朝鲜研究的介绍。然而，我们从以上西博尔德以及霍扶迈对朝鲜语的多角度研究中，足可见其朝鲜研究的学识造诣。如果说，克拉普罗特等人对朝鲜的认识是从欧洲大陆遥望迷雾中的“隐士之国”，那么，西博尔德及与其“唱和呼应”的麦都思则是站在了西方进入此神秘之国的门户之地——日本和南洋，近观具有几千年文明的古国。西博尔德对朝鲜和朝鲜语的介绍，为不久后登陆朝鲜的欧洲传教士提供了很好的“指南”，而他和霍扶迈对朝鲜语言文字的研究则是为19世纪后期欧洲雨后春笋般诞生的朝鲜语词典、文法书籍立下了播种扎根之功，也为朝鲜族人研究自己的语言文字提供了可资“洋为东用”之器。

（本章主要内容曾发表于北京大学韩国学研究中心编《韩国学论文集》第15辑，辽宁民族出版社，2007年）

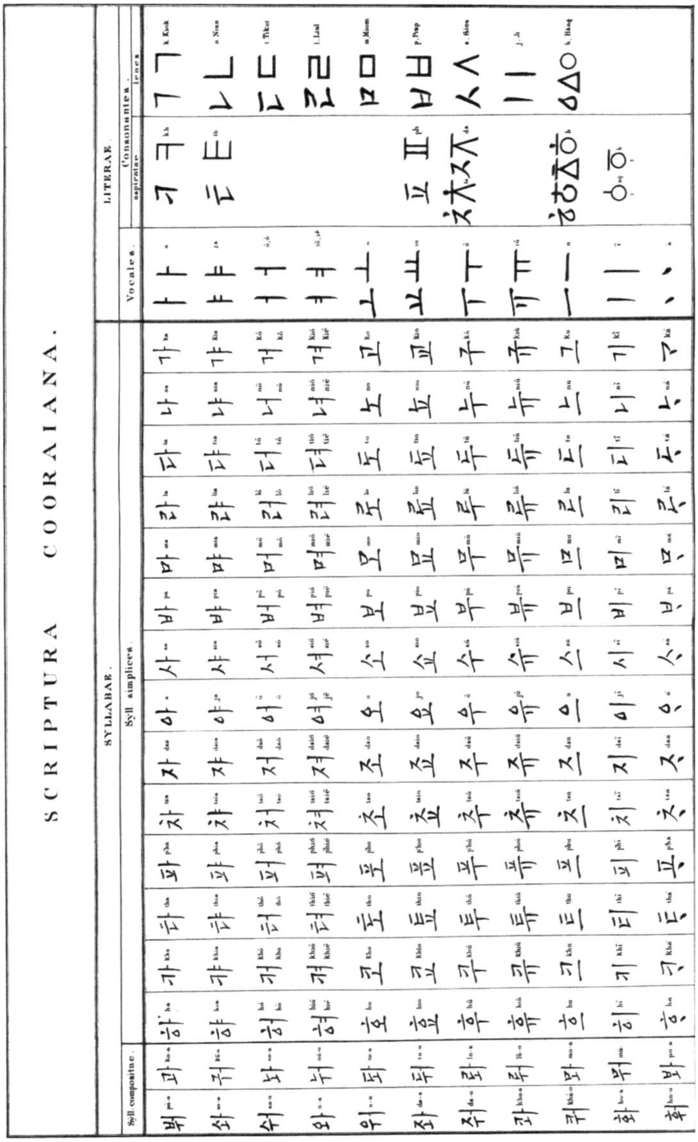

SCRIPTURA COORAIANA.

西博尔德在《日本》第七卷的插图十《朝鲜语书写表》

第八章　麦都思《朝鲜伟国字汇》钩沉

麦都思（Walter Henry Medhurst，1796—1857），以第三位来华的新教传教士、第一部福建话词典《汉语福建方言字典》的编著者、中国第一个近代出版机构墨海书馆的创办者等身份为史学界所共知，但他作为世界上第一个编撰了中、朝、日、英四国语言对译辞典的人的身份却鲜为人知。尤其是在中国，有学者偶尔会提及他曾经翻译《千字文》，或是《中朝日语对照》，然而恰恰是这些不正确的书名说明了人们并不十分了解他出版于1835年巴达维亚的 *Translation of a Comparative Vocabulary of the Chinese, Corean, and Japanese Languages: To Which is Added The Thousand Character Classic, in Chinese And Corean*。其实，这本辞典本身自有汉文名称：《朝鲜伟国字汇》，其内容的主体是《倭语类解》，《千字文》只是附加的部分。由于在编该辞典前麦都思实际上根本没有接触过一个朝鲜人，也没使用过朝鲜语，内中难免有很多舛误，但我们不能因此而否定这本辞典本身许多令人叹服的亮点以及它为以后西士认识东方“隐士之国”朝鲜所起的历史作用。

第一节　《朝鲜伟国字汇》渊源

关于麦都思，国内已有许多学者从不同的角度进行过专门的研究。如浙江大学黄时鉴在《中华文史论丛》第71辑上发表了《麦都思〈汉语福建方言字典〉述论》一文；复旦大学邹振环以《麦都思及其早期中文史地著述》（《复旦学报·社会科学版》2003年第5期）为题研究论述了麦都思的三部具有开创性意义的中文史地著述：《地理便童略传》《咬𠺕吧总论》和《东西史记和合》；广州大学邓颖姿在《第三位来粤伦敦会传教士——麦都思》（《近代来粤传教士评传》，百家出版社，2004年）一文中，较为详细地评述了麦都思在华的各种文化传教活动。所以，笔者在此不想赘述有关麦都思的生平和著述，只对麦都思编纂的《朝鲜伟国字汇》作些考源。

19 世纪初，欧美各新教传道会的传教士相继前往他们所谓的亚洲传播"福音"，但他们到亚洲后所面对的却是中朝日三国的禁教与锁国的现状，所以他们只能暂时以南洋的马六甲、新加坡、巴达维亚以及澳门等地为活动中心，努力学习东方文化和语言，包括中文、日文和朝鲜文以及当地的方言，伺机进入各地布道。一方面，他们出版各种中英文定期刊物，在介绍基督教教义及欧洲科学文明的同时，大量收集和介绍了有关中国及其周边国家的文化历史等各方面情况。如 1815—1822 年的《察世俗每月统记传》、1817 年 5 月创刊的英文季刊《印中搜闻》（*The Indo-Chinese Gleaner*）等；而另一方面，先期抵达的传教士们还纷纷编纂英语与当地语言的对译辞典及文法指南，以供后来的同道学习使用。马礼逊的《三部汇编汉英辞典》（*A Dictionary of the Chinese Language in Three Parts*）、麦都思的《汉语福建方言字典》（*Dictionary of the Hok-këèn dialect of the Chinese language*）、麦都思的《英和和英语汇》（*An English and Japanese and Japanese and English Vocabulary*）就是他们此方面的杰作。在这样的背景下，1835 年，*Translation of a Comparative Vocabulary of the Chinese, Corean, and Japanese Languages* 在巴达维亚问世了。编译者麦都思在其前言中这样写道："译者之所以愿意从事目前的工作，只是作为一种帮助，提供给可能希望把其注意力转到朝鲜语但又缺少更好辅助的学生。如能以最小的成本学好至今还鲜为人知的语言，从而使地球上的那些黑暗地区能在知识和宗教方面得以小小的改善，译者已是如愿以偿了。"①

当时印数很少，距今又较久远，所以此书现存世已然不多。除个别散落民间以外，美国哈佛大学燕京学社图书馆、日本东洋文库和天理大学图书馆及韩国首尔大学中央图书馆等少数地方藏有此书原本。首尔大学中央图书馆的藏本不仅盖有"京城帝国大学藏书章"（日本殖民统治时期首尔被称为京城），而且还有原该书拥有者 S.C.Malon 的签名及"from the author"字样，说明此书乃作者本人所赠。遗憾的是，大概由于工作人员的疏忽，正文的第一页和第二页被重叠拼接在了一起，缺少了第一页后半部和第二页前半部的内容。好在 1977 年日本雄松堂书店以新田勇次的藏本为底本

① Philo Sinensis: *Translation of a Comparative Vocabulary of the Chinese, Corean, and Japanese Languages*, The Parapattan Press, 1835. Preface.

限额影印了100册，1978年韩国弘文阁又以该影印本为底本再影印出版了此书，高丽大学教授郑光写了个简短的导言，才使更多的读者有机会目睹此书全貌。据郑光记述：弘文阁本拟用燕京学社本为底本影印，但与首尔大学本相比，印刷效果不佳，最后只能再影印日本雄松堂书店影印本。[①]目前，整个日本仅有东京外国语大学图书馆等5所大学图书馆藏有弘文阁影印本，10所大学图书馆藏有雄松堂书店影印本。

如前所言，其实，*Translation of a Comparative Vocabulary of the Chinese, Corean, and Japanese Languages* 本身就有汉字书名，即《朝鲜伟国字汇》。书名中没有对应于英文列出“中国”，可能是作者认为汉语本身就是中国、朝鲜和日本三国的通用语言，“汉语对两个民族（朝鲜和日本）来说都是通用的”[②]，而且，书中除附加的“千字文”以外，所使用的词汇实质上并非严格意义上的中文，而是朝鲜语和日语中所谓的“汉语”，所以汉字书名未作《中国朝鲜伟国字汇》，而只称《朝鲜伟国字汇》。显然，此处的“伟国”指的是日本。小仓进平认为“伟”是“倭”之误，[③]郑光认为“伟”或许是“倭”之误，也或许是作者故意避用“倭国”。[④]笔者以为，这本字汇的编者不可能混淆“伟”和“倭”，而是为讨好日本人特意用“伟”字替换了“倭”字。理由如下：

第一，先于麦都思来华传教的马礼逊耗时十数年编写了《三部汇编汉英辞典》，三部分分别于1815年、1822年和1823年在澳门正式出版。[⑤]该辞典第一部以《康熙字典》为蓝本，完全按《康熙字典》部首排列汉字条目，[⑥]其内第132页和134页就有“倭”与“伟”字的详细解释和用例，中英文对照完备。作为马礼逊的助手，这本辞典是麦都思最易入手、用来学习汉语的必备工具。而且，麦都思自己在编写《汉语福建方言字典》时，大

① 郑光：《朝鲜伟国字汇》，《朝鲜伟国字汇》，弘文阁，1978年，第2页。

② Philo Sinensis: *Translation of a Comparative Vocabulary of the Chinese, Corean, and Japanese Languages*, The Parapattan Press, 1835. Preface.

③ 小仓进平：《（增订）朝鲜语学史》，刀江书院，1986年，第97页。

④ 郑光：《朝鲜伟国字汇》，《朝鲜伟国字汇》，弘文阁，1978年，第1页。

⑤ Alexander Wylie: *Memorials of Protestant Missionaries to the Chinese*, Ch’eng-Wen Publishing Company, 1967, p7.

⑥ Robert Morrison: *Dictionary of the Chinese Language, in Three Parts.* The Honorable East India Company's Press, 1815, PⅨ.

量地转引了《康熙字典》中出现的四书五经等中国典籍的内容。[①] 相信麦都思在给他自己所编的辞典取名时，不可能毫无把握地随意取个名字了事，至少他可以借助马礼逊的辞典以及《康熙字典》加以确认。第二，《朝鲜伟国字汇》的主体是《倭语类解》，书中，麦都思将“倭语”翻译成了“Japanese”，这已充分说明他是完全知道“倭”字的意思的。第三，根据《中国丛报》和当时一些新教出版物前言的有关介绍，1842 年以前，伦敦会在东南亚的印刷所采用的方法，无论中西文大多是石版印刷，并有专门的母语校对员校对清样十来次。伟烈亚力所列的麦都思著作清单中也明确标明《朝鲜伟国字汇》属平板印刷，[②] 所以，就不存在排字工选错字的问题，而制版工要将“倭”字错抄成“伟”字的可能性也极小。第四，当时新教传教士为打开东亚的传教局面，仿效耶稣会士的方法，在语言措辞的选择上往往注意讨好当地人。而对于称谓问题，他们自己更有切身体会。他们对中国人称其为“夷”就极为反感，郭实猎等就为此事与中国地方官员展开过激烈的辩论，在《东西洋考每月统记传》中，还就此撰文论辩，认为：“夫远客知礼行义，何可称之夷人？比较之于禽兽，待之如外夷。呜呼，远其错乎！何其谬论者欤。凡待人必须和颜悦色，不得暴怒骄奢。怀柔远客，是贵国民人之规矩。是以莫若称之‘远客’，或‘西洋’、‘西方’，或‘外国的人’，或以各国之名，一毫也不差。”[③] 后来，这个“夷”被郭实猎等人有意译成“barbarian”，成为英军发动鸦片战争之一个借口。[④] 熟读儒家经典的麦都思等传教士不会不知“己所不欲，勿施于人”的道理。福建沿海一带曾是“倭寇”猖獗之地，东南亚的华侨有一大部分来自福建，他们口中的“倭”，一定含有很大的贬义。事实上，根据石原道博的研究，在中国的史料中，几乎所有的“倭”或带“倭”字的词组实质上指的就是“倭寇”，以至于江户末期的日本汉学家赖山阳实在太憎恨“倭”这个字，创造出了中朝史料中见所未见的“和寇”一词来替代“倭寇”。[⑤] 相信此前长期与东南亚华侨交往并已编纂出《汉语福建方言字典》的麦都思不可能不知道

---

① 黄时鉴:《麦都思〈汉语福建方言字典〉论述》,《中华文史论丛（第七十一辑）》，上海古籍出版社，2002 年，第 328 页。

② Alexander Wylie: *Memorials of Protestant Missionaries to the Chinese,* Ch'eng-Wen Publishing Company, 1967, p37.

③ 爱汉者等编、黄时鉴整理:《东西洋考每月统记传》，中华书局，1997 年，第 23 页。

④ 《欧洲路灯光影以外的世界（一）》，http://newyouth.beida-online.com/。

⑤ 石原道博:《倭寇》，吉川弘文馆，1997 年，第 75-76 页。

"倭"字在中朝日等汉字文化圈人们心中的实际含义，所以他就择"倭"字的另一个读音，并选了一个非常褒义的同音字"伟"来指称日本国，可谓匠心独运。

麦都思在本书中并没有直接用其真名 Medhurst，或汉文笔名"尚德者"，而是用了 PHILO SINENSIS 这个郭实猎常在《中国丛报》中使用的拉丁文笔名，这会使人马上联想起郭实猎的汉文笔名"爱汉者"，"In most of his earlier publications, Mr. Gützlaff designated himself as 爱汉者 Gae han chuy, 'Lover of the Chinese'" ①。包括小仓进平、郑光、李基文在内的许多学者都误以为，PHILO SINENSIS 是麦都思的雅名或笔名。其实，关于 PHILO SINENSIS 究竟是谁的问题，《中国丛报》1842 年第 6 期在介绍 *Notices on Chinese Grammar*（Part I Orthography and Etymology Pp.148, octavo. By Philosinensis. Batavia：Printed at the Mission press）这本书时，全面细致地自问自答了"谁是 Philosinensis""什么是巴达维亚的'Mission press'"和"巴达维亚'Mission press'怎样印书"等读者很想知道的问题。在该介绍文章中，高度评价了麦都思在组织编写、统筹经费和攻坚活字与石版相结合的印刷技术等方面所作的贡献，并明确表明："我们最诚挚地感谢郭实猎先生（他经常署名 Philosinensis）的编纂、麦都思先生的校订与出版本书的工作。" ② 这就说明，Philosinensis 确实与"爱汉者"有关，是郭实猎的笔名。从《中国丛报》上具名 Philosinensis 的许多文章内容来分析，Philosinensis 也的确应该是郭实猎，其身份是《中国丛报》的记者。事实上，伟烈亚力在《新教来华传教士回忆录》中，将 *Notices on Chinese Grammar* 归入了郭实猎的名下，保留了 Philosinensis 这一笔名，但将《朝鲜伟国字汇》归在麦都思名下并抹去了作者名 Philosinensis，这就非常说明问题。那么，我们因何判明《朝鲜伟国字汇》乃麦都思所作，且麦都思为何要使用郭实猎的笔名呢？

第一，伟烈亚力几乎是麦都思同时代的伦敦会入华新教传教士，他于 1847 年到上海墨海书馆协助麦都思工作 ③，与麦都思的长期共事，保证了他

① Alexander Wylie: *Memorials of Protestant Missionaries to the Chinese,* Ch'eng-Wen Publishing Company, 1967, p56.

② *Chinese Repository*. VOL. Ⅺ -June, 1842.-NO.6, p318.

③ Alexander Wylie: *Memorials of Protestant Missionaries to the Chinese,* Ch'eng-Wen Publishing Company, 1967, p173.

对笔名为 Philosinensis 的书籍厘分实际作者的正确性。第二，我们可以从德籍荷兰东印度公司医官西博尔德的巨著《日本》所附参考书目中，找到《朝鲜伟国字汇》的英文书名，他除了按原书列出笔名 Philosinensis 外，还清楚地写明了作者是麦都思。[①] 而且，在《日本》的《朝鲜篇》中，还收录了其助手霍扶迈校订翻译的《中国语汇〈类合〉——朝鲜语翻译及汉语朝鲜读音并记》，文中提到，为考订《类合》，使用了相当好的参考资料《倭语类解》，并对《倭语类解》作了这样的注解："爪哇的英国传教士麦都思已经注意到了该著作的优越，并用石版刊印了附加了译文的这部著作，书名为 *Translation Of A Comparative Vocabulary Of The Chinese, Corean, And Japanese Languages: To Which Is Added The Thousand Character Classic, In Chinese And Corean; The Whole Accompanied By Copious Indexes, Of All The Chinese And English Words Occurring In The Work.* By Philosinensis. Batavia: Printed At The Parapattan Press.1835.1 vol.8"；并说"《倭语类解》的翻译出自麦都思之手"。[②] 西博尔德曾于 1823 年 4 月—6 月底在巴达维亚担任东印度陆军医院外科少佐，1829 年因"西博尔德事件"而被驱逐出日本回国途中，又于 1830 年 1 月 28 日—3 月 5 日在巴达维亚中转停留。[③] 再加上英国及其传教士与东印度公司的关系，西博尔德书中的注解是较为可靠的。第三，无论是郭实猎还是麦都思，他们都在《中国丛报》上发表过很多文章。1832 年 7 月《中国丛报》第 3 期介绍了明确是麦都思编纂的《英和·和英语汇》(*An English and Japanese, and Japanese and English Vocabulary*)，文中引用了麦都思在辞典中所写的前言："The author has never been in Japan, and has never had an opportunity of conversing with the natives"。[④] 在《朝鲜伟国字汇》的前言中，作者非常类似地写道："the translator has never yet seen or conversed with a Corean"，而此时，郭实猎不仅看到过朝鲜人，并且已经踏上过朝鲜的土地[⑤]，在朝鲜群山湾内的岛屿上停留了一个月。[⑥] 所以，《朝鲜伟国字汇》的"译者"与《英和·和英语汇》的作者是同一人，不应该是郭实

① Ph. Fr. von Siebold：*Nippon VII*：*Nachrichten über Kôraï*.Leyden，1852. Ⅸ

② Ph. Fr. von Siebold：《日本》(第五卷)，尾崎贤治译，雄松堂书店，1978，第 106 页。

③ 板沢武雄:『シーボルト』，吉川弘文馆，1988 年，第 272-273 页。

④ *Chinese Repository*. VOL. Ⅰ -July, 1832.-NO3, p110。

⑤ *Chinese Repository*. VOL. Ⅰ -September, 1832.-NO5, p199。

⑥ H.G.Underwood: *The Call of Korea*（韩国改新教受容史），李光麟译，韩国一潮阁，1989 年，第 109 页。

猎，而是麦都思。第四，在《朝鲜伟国字汇》问世之前，实际上郭实猎已在1832年11月的《中国丛报》第7期上发表了题为《论朝鲜语》(Remarks on the Corean Language)的文章，从语言学的角度详细介绍和分析了朝鲜语，在文末还指出："我们曾试图收集一些其本土的书，但失败了。事实上，我们甚至不被允许瞄上一眼。通过日本的渠道而落入欧洲人之手的那些书，与日语一样，充满了最晦涩的解释段落。"① 在1833年7月《中国丛报》第2册第3期上，有一篇没有作者署名但显然是丛报编辑所写的《文学指南——朝鲜语音节表》，文章开头，作者介绍说："在前册《中国丛报》中，我们已经刊登了郭实猎先生关于朝鲜语的文章，其实在我们收到关于朝鲜语的那篇评论的同时，还收到了一张完整的朝鲜语音节表；最近我们收到了几张非常有价值的出版物，即现在在巴达维亚印刷的附加了英文的中朝日语发音和意思的词汇对照。"② 文中没有写明这"几张非常有价值的出版物"收自何处，但在这之前的1833年4月《中国丛报》第1册第12期的"宗教信息"栏目中，编者已经刊登了麦都思1833年1月29日发自巴达维亚的信件，内中说："最近我有了《中朝日词汇对照》(《倭语类解》)，该书是朝鲜人出版的，目的是为了能使他们学习日语。现在我已完全能够解读该书，部分借助朝鲜和日语的字母、部分借助郭实猎的朝鲜语和英语字母对照的帮助，以便我能完美精确地给每个词附加发音和意思。我想马上将其付印，因为我觉得它对解决目前的危机是非常重要的。"③ 我们无从考证麦都思从何处获得《倭语类解》，霍扶迈的文中也只是提到《倭语类解》传自日本，它印于朝鲜，但无序文和日期。不过，我们从麦都思的以上信件中可以了解到，麦都思在翻译编纂《朝鲜伟国字汇》时，借助了郭实猎关于朝鲜语的文章和朝鲜语英语字母对照，而且很有可能《倭语类解》本身就是由郭实猎弄到手的，这就是麦都思在出版该书时要使用郭实猎的拉丁文笔名 Philosinensis 的真正原因。当然，这也多多少少给后人了解此书带来了一些障碍，同时也误导一些人将署名 Philosinensis 的书都归入了麦都思的名下。

《倭语类解》是朝鲜司译院所用的日语辞书，韩国国立中央图书馆和

---

① Charles Gutzlaff: Remarks on the Corean Language, *Chinese Repository.* VOL. Ⅰ -November, 1832, p279.

② *Chinese Repository.* VOL. Ⅱ -July, 1833.-NO3, p135。

③ *Chinese Repository.* VOL. Ⅰ -April, 1833.-NO12, pp509-510。

日本福井县永平寺各藏有一本木刻本。由于其原书没有写明作者和出版年月，所以，自 20 世纪初期始，日韩两国的学者一直在探寻其问世年月和作者，日本的金泽庄三郎、小仓进平、韩国的郑光等都有文章考证该问题，现大致认定《倭语类解》是朝鲜朝“译科”倭学教诲通政洪舜明所编，郑光认为《倭语类解》刊行于 18 世纪 80 年代初[①]；而中国的乌云高娃认为，《倭语类解》成书于康熙年间的可能性较大，是以司译院旧有的倭语分类辞典《倭语物名》为底本。从内容和体例来看，司译院“日本语学”的《倭语类解》与汉、蒙、清学的类解书相互之间应该有传承关系[②]；韩国的成曙庆通过与庆长十五年本《倭玉篇》比对，发现《倭语类解》中的汉字字条既参考了当时四学的类解书，也参照了日本的《倭玉篇》等资料，而且，其日语和日本汉字音深受《倭玉篇》影响，有很多是完全一样的。[③] 另外，郑光在影印本导言中认定，麦都思所用的“千字文”是以“石峰千字文”为蓝本的。应该说，对于麦都思而言，《千字文》是较易得手的，但要获得《倭语类解》是非常不容易的，麦都思究竟通过何种渠道获得该书还有待进一步研究。

第二节　《朝鲜伟国字汇》的内容及其体例

麦都思虽然在命名其编纂的这本辞典时使用了“Translation”字眼，现今有许多学者也因此将其简单地视作麦都思的英文翻译作品，但就其内容和体例来看，笔者认为其汉文名称“字汇”则更为确切地点出了该书的性质，它是一本辞典，是一本麦都思在前人的基础上添加了编译工作的中朝日英四国语辞典。

该辞典为八开本，石版印刷，分别以当时东西方图书的不同排印方法大体分为两大部分，即从右翻到左，首先是英文扉页及前言一页，然后是标注了罗马字转写的谚文字母表一页，紧接着是英文单词索引共 31 页（每个英文单词旁附朝鲜语罗马字转写），页码和列数用阿拉伯数字标示；而从

---

① 郑光：《訳学書研究の諸問題：朝鮮司訳院の倭学書を中心として》，《朝鲜学报》第 170 辑，日本朝鲜学会，1999 年，第 46-47 页。

② 乌云高娃：《朝鲜司译院“日本语学”教科书》，《欧亚研究》第四辑，中华书局，2004 年，第 165-176 页。

③ 成暿庆：《『倭語類解』에 記載되어 있는 日本語와 日本漢字音의 出處에 관한研究》，《日本學報》第 53 辑，2002.12，第 93 页。

左翻到右，首先是扉页《朝鲜伟国字汇》(没有作者、出版社、出版年月等信息)，然后即是每个字以英文解释为开端的《倭语类解》正文共 106 页，分上（56 页)、下（50 页）两册，接着是有英文解释、汉字和朝鲜语音释但没有日语的“千字文”共 16 页，然后是 54 页全本汉字依部目录与英文索引相接，此部分既有阿拉伯数字，也有暗子马数（苏州码子）来表示页码，共 176 页。

该书所附带罗马字转写的谚文字表比现今甚至当时的“谚文反切表”音节要多很多，有许多音节是古今朝鲜语中根本不存在的。它所列的初声包括单初声(simple initials)、送气初声(aspirated intials）和双初声(double initials）共 29 个，单终声(simple finals)、双终声(double finals）共 25 个，每一个初声和终声都用相近发音的英文单词进行了譬况，例如，“A ㅏ long as in cart”、“K ㄱ as in kam”等，初声和终声相接合共构成 725 个音节。

在表中，“ㅓ”与“ㅗ”“ㅜ”与“ㅡ”“ㅏ”与“・”的罗马字转写似乎是一样的，但在辞典正文的实际转写中，使用了“ ˉ ”和“ˇ”上标符号加以区别。由于作者根本没有用朝鲜语进行过会话交流，他不可能注意到朝鲜语的语流音变规则，所以它的这套罗马字转写法是而且也只能是“表书写的”。下表是现代韩语中的韩字用“麦都思式罗马字表记法”与 1939 年“麦丘恩—赖绍华韩语罗马字表记体系”、1956 年朝鲜颁布的“关于以罗马字表记朝鲜语的一般规则”及 2002 年韩国《新国语罗马字表记法》的比较。

韩字	麦都思式	麦丘恩—赖绍华体系	一般规则	新国语罗马字表记法
ㅏ	A	a	a	a
ㅓ	O	ǒ	ǒ	eo
ㅗ	O	o	o	o
ㅜ	OO	u	u	u
ㅡ	OO	ǔ	ǔ	eu
ㅣ	I	i	i	i
ㅐ	AI	ae	ai	ae
ㅔ	E	e	e	e
ㅚ	OI	oe	oi	oe
ㅟ	OOI	wi	wi	wi
ㅑ	YA	ya	ya	ya
ㅕ	YO	y ǒ	y ǒ	yeo
ㅛ	YO	yo	yo	yo

续表

韩字	麦都思式	麦丘恩—赖绍华体系	一般规则	新国语罗马字表记法
ㅠ	YOO	yu	yu	yu
ㅒ		yae	yai	yae
ㅖ	EY	ye	ye	ye
ㅘ	WA	wa	wa	wa
ㅙ	WAI	wae	wai	wae
ㅝ	WO	w ŏ	wo	wo
ㅞ	WE	we	we	we
ㅢ	WI	ŭ i	ŭ i	ui
ㄱ	K	k, ng, g	k, g, k	g, k
ㄲ	KK	k, ng, g	kk, kk, k	kk
ㅋ	K’H	k, ng, g	kh, kh, k	k
ㄷ	T	t, n, s, d	t, d, t	d, t
ㄸ	TT	tt	tt	tt
ㅌ	TH	t’, t, s, n, d	th, th, t	t
ㅂ	P	p, m, b	p, b, p	b, p
ㅃ		pp	pp	pp
ㅍ	P’H	p’,m, b	ph, ph, p	p
ㅈ	TS	ch, t, s, n, d	ts, dz, t	j
ㅉ		tch	tss	jj
ㅊ	TS’H	ch’, t, s, n, d	tsh, tsh, t	ch
ㅅ	S	s, t, n, d	s, s, t	s
ㅆ	SS	ss, t, n	ss, ss, t	ss
ㅎ	H	h, n, t, s	h, h, h	h
ㄴ	N	n, n’, l	n, n, n	n
ㅁ	M	m	m, m, m	m
ㅇ	NG	ng	ng, ng, ng	ng
ㄹ	L 或 R	r, l	r, r, l	r, l
备注	ㅇ在表中没有罗马字转写，但《字汇》中实际标了 NG	第 2 种以后为终声及变音后的转写	第 2 种为元音前、第 3 种为辅音前的终声转写	第 2 种为终声的转写

从上表的对比中不难看出，现今世界上所使用的三种主要朝鲜语的罗马字转写法与麦都思制定的方法非常相似，尤其是朝鲜的“一般规则”更是惊人地类似。这一方面是由于制定罗马字转写法时本身就要顾及韩字与罗马字母具体发音音值的相似，而决定了各种罗马字转写法肯定会有许多的“不谋而合”，但另一方面也不可否认，麦都思的这一张正式付印的朝鲜语字母表，为西方人认知“隐士之国”的语言立下了筚路蓝褛之功，对其

后进入朝鲜的传教士等西人认知和研究朝鲜语产生了重大的影响。

该辞典忠实于《倭语类解》，将汉字（词）分为“天文”“时候”“干支”等55个门类，其中最后两类为“二字类”和“叠字类”，不能归类的都纳入了第53种“杂语”类。每一字（词）条首先是英语翻译，然后是汉字（词）条，接着是该汉字（词）日语音读，然后是朝鲜语释和音，末尾是日语训读。全书没有出现一个假名，无论是朝鲜语还是日语，都用韩字和罗马字双重注音。由此可以想见，当时的日本和朝鲜一样，上层社会和国家文书档案所用的主要是汉文，所谓司译的任务大概囿于口译而已，书写用的假名并不重要。

《朝鲜伟国字汇》中的《千字文》，汉字部分是一篇完整的《千字文》，但因为是《字汇》，所以，英文译文则是逐字而并非依句翻译。与“倭语类解”部分不同的是，它由英文、汉字、朝鲜语音释及其罗马字转写构成，但是没有了日语的音训读。可能是作者实在没法找到现成的资料作为其蓝本来进行编译。而与其同时代的西博尔德的《日本》中，也有“千字文”，不过既有日语音读和译文，又有朝鲜语音释。西博尔德长期居留日本出岛，所以在这方面与麦都思相比有着无可比拟的优越条件。值得一提的是，新教传教士在这一时期印刷出版过三种《千字文》英译本，在麦都思之前，有英华书院1830年1月—1831年6月年度报告书附件《The Thousand-Character Classic》。该附件不仅对千字文每一句意思进行了翻译，而且还翻译了源自中国人的集注，对文中所包含的中国文化等背景知识做了较详细的介绍。在麦都思之后，美国传教士裨治文在其创办的《中国丛报》上，于1835年9月第4卷第5期发表了《Tseën Tsze Wan or the Thousand Character Classic》，在此英译本中，正如其副标题所提到的那样，不仅逐句翻译了《千字文》，而且还介绍了《千字文》的由来、构成、用途及其文化背景，并对其作为中文启蒙书的不合理性从语言教学的角度作了评估。文中还明确表明该译文参考了英华书院报告附件中的《千字文》英译本和麦都思的英译本，并对这两个版本也做了适当的介绍和评价。

《朝鲜伟国字汇》的汉字依部目录基本依照《康熙字典》的214部首序列排列，由于字数远不如《康熙字典》，所以也有一些微小的不同，即：缺少“尢、彐、爿、鹵、黹、鼓、龠”等七个部首的字；将“丨”与“亅”统归为“亅”部；“艮”部只有“良”一个字，所以直接变为“良”部；“玄”与

“玉”次序对换。每一部首中的汉字，除该汉字本身以外，还有由该汉字组成的词汇，并在每一词汇右左下方用苏州码子分别标出了页码和行数，再加上英文按26字母顺序排列的索引，本《字汇》实际上有了三种检字方法：汉字部首检字法、英文单词字母顺序检字法和正文本身的分类检字法，使用起来非常方便。

当然，正如编者本人所言，因为他是纯粹靠有限的资料自己摸索习得朝鲜语的，所以内中难免有许多差错，特别是很多英文译文实质上只是对应于汉语，而并非朝鲜语和日语中的“汉语”所具有的真正含义。由于汉字词汇在中日朝语言中的异同本身是一个值得深入研究的问题，与本书的主题关联性不是很大，所以，对于这一问题，笔者将在以后再作具体深入探讨。

总之，麦都思来到东方后，与其他同时期的新教传教士一样，带着传播福音的满腔热情，充分发挥聪明才智，尤其是语言方面的天赋，几乎是靠自学习得了汉语、马来语、日语、朝鲜语以及一些地方方言。他在郭实猎等人的帮助下，以《倭语类解》和《千字文》为母本，靠有限的一些文献资料翻译编纂出了《朝鲜伟国字汇》，虽然其本人将该书英文名定为 *Translation of a Comparative Vocabulary of the Chinese, Corean, and Japanese Languages*，在书的前言中也自称为“译者”，但从书的内容上考量，它是一本以《倭语类解》为蓝本的，凝结着麦都思许多具体编撰工作的辞典，《朝鲜伟国字汇》这一汉文书名更精确地点出了该书的属性，它具备了辞典所应有的主要构成要素。就笔者粗浅学识所及，《朝鲜伟国字汇》当为世界上第一部中朝日英四国语辞典，它为其后东西方的交流，特别是朝鲜和西方的交流提供了重要的语言工具。

（本章主要内容曾发表于《文献》2006年第1期）

韩国首尔大学中央图书馆的藏本《朝鲜伟国字汇》

第九章　汉字文化圈缘何相当于儒教文化圈

——基于19世纪30年代西士对中朝日《千字文》之认识

大凡上过中学的中国人都读过法国小说家阿尔丰斯·都德的《最后一课》，大凡了解朝鲜沦为日本殖民地历史的学人，不会不知道日本殖民者曾经剥夺过朝鲜人民学习和使用朝鲜语的权利。侵略者不让被侵略者使用母语，其目的并不在于语言，而是企图通过这一措施来达到在精神上奴化、支配被侵略者的目的；而被侵略者反抗侵略者的去母语政策之根本也并不在语言本身，而是如《最后一课》中韩麦尔先生所言："亡了国当了奴隶的人民，只要牢牢记住他们的语言，就好像拿着一把打开监狱大门的钥匙。"曾长年效力于普鲁士政府的语言学家洪堡特（Wilhelm von Humboldt,1767—1835）就说过："语言仿佛是民族精神的外在表现；民族的语言即民族的精神，民族的精神即民族的语言，两者的同一程度超过了人们的任何想象。"① 故此，19世纪30年代，当修德、麦都思、裨治文以及霍扶迈等西士为达到他们的传教和研究东方民族等目的，相继译介了中国的或者说是东方的《千字文》，他们的译文和译法不一而足。相对于共享《千字文》的东亚诸国之人们而言，来自欧美的这些西士无疑是汉字文化的旁观者，"旁观者清"，解读他们对《千字文》的理解和认识，不失为对汉字文化圈缘何相当于儒教文化圈这一问题的一种求解思路。思想研究者云："中国与朝韩、日本、越南、新加坡等国，形成了世界公认的'儒教文化圈'"②；语言学家言："'汉字文化圈'包括汉族的各方言区，中国一些少数民族地区，邻国越南、朝鲜和日本，以及后来移居'南洋'和美洲等地的华侨社区"。③ 而更多的学者往往不分"汉字文化圈"和"儒教文化圈"，将

① 威廉·洪堡特：《论人类语言结构的差异及其对人类精神发展的影响》，姚小平译，商务印书馆，1999年，第52页。

② 朱仁夫、魏维贤、王立礼：《儒学国际传播》，中国社会科学出版社，2004年，第3页。

③ 周有光：《周有光语文论集》（第二卷），上海文化出版社，2002年，第12页。

两者相提并论。基于以上西方译者的视角，本章对其原因做一考察分析。

第一节　19 世纪 30 年代问世的《千字文》欧译本

随着欧洲的地理大发现和宗教改革运动的发展，欧美在 18 世纪末及 19 世纪初，无论是殖民侵略势力还是新教传教会都将目标指向了东方。这一时期的基督教传教士为了能更好地达到他们的传教目的，仿效其先辈耶稣会士在华的“文化适应”策略，在学习和了解东方语言文化上投入了更多的时间和精力。一方面，来华的传教士一如明末清初的利玛窦、金尼阁刻苦学习和研究当地的语言，并编撰出了一些大部头的双语对译辞典，以供欧美人士进入东方世界作语言依仗，马礼逊的《三部汇编汉英辞典》（*A Dictionary of the Chinese Language in Three Parts*）、麦都思的《汉语福建方言字典》（*Dictionary of the Hok-këèn dialect of the Chinese language*）就属此列。另一方面，欧美的新教传教士还非常注重译介以中国为中心的东方政治、经济、文化等讯息，其突出表现就是出版各种中英文定期刊物，在向中国和东南亚地区介绍基督教教义及欧洲科学文明的同时，大量地收集和介绍了有关中国及其周边国家的历史、哲学、文学等各方面知识。如 1815—1822 年的《察世俗每月统记传》（*Chinese Monthly Magazine*）、1817 年 5 月创刊的英文季刊《印中搜闻》（*The Indo-Chinese Gleaner*）、1830—1851 年美国的裨治文创办和主编的英文月刊《中国丛报》（*Chinese Repository*）等等。

由于清政府禁止传教活动，所以，在马礼逊等传教士看来，一个来华传教士所能做的仅仅是学习当地的语言，用中文撰写宗教书籍，并进行私下的传道，而中国、交趾支那、东印度群岛中国人居住地、琉球群岛、朝鲜王国以及日本帝国的庞大人口，都使用中文作为书面语言，所以用中文传教是一个值得千百人来开拓的领域。[①] 因此，传教士们的目光不可避免地也汇聚到了东亚文化圈的蒙童汉字教材中，《三字经》、《百家姓》、《千字文》等都进入了他们的视野，而《千字文》独特的行文结构，更是吸引他们一而再再而三地对其进行翻译和介绍。

---

① 马礼逊：Morrison to the American Board, Nov. 30, 1829，转引自吴义雄《在宗教与世俗之间》，广东教育出版社，2000 年，第 66 页。

他们中最先翻译和注解《千字文》的是修德（Samuel Kidd,1799—1843），修德是伦敦传教会派往南洋的牧师，于1828—1830年末担任英华书院（The Anglo-Chinese College）院长。英华书院1831年的《报告书》（*A Report of the Anglo-Chinese College, with an Appendix*, From January 1830 to June 1831.—Malacca: Printed at the Mission-Press. 1831）附录中收入了《千字文》的英文翻译和集注——“The Thousand-Character Classic”，并石版刻印了《千字文》原文。该附录虽没写明具体译者，但据同样来自英国伦敦传教会的伟烈亚力（Alexander Wylie）1867出版的《新教来华传教士回忆录》中记述，译者就是院长修德本人。[①]根据该附录的序言，此译本的注释和说明均译自中国人的集注，除了序言中对《千字文》非常简短的介绍外，没有译者自己的阐释。这是世界上最早的《千字文》欧译本。

第二个译本是伦敦会传教士麦都思的逐字英译本，即麦都思在1835年编译出版的《朝鲜伟国字汇》中的附录 *The Thousand Character Classic, In Chinese and Corean*。该译本以朝鲜版的《石峰千字文》为蓝本。[②]汉语原文是一篇完整的《千字文》，但因为是“字汇”，所以，英文译文则是对每个汉字逐字进行翻译。为顾及语义的通顺，在逐字翻译的基础上，还加了一些必要的介词、助词等，使前后英文单词勉强成句，试图让读者了解全文大概的意思。另外，还有朝鲜语音释及其罗马字转写，并配有汉字部首检索和英文字母顺序索引。（见本章文末示图）

第三个译本是1835年9月，美部会传教士裨治文（E.C. Bridgman, 1801—1861）在其所办刊物《中国丛报》第4卷第5期上发表的 *Tseën-tsze-wăn, or the Thousand Character Classic*。此译本正如其标题后的提要中所言：“论及了《千字文》的格式、长度、内容、类型和作者；翻译并带有注解；在结尾处还对其进行了评论，认为《千字文》并不适合蒙童阅读，在中文初级教学中，亟待开发新的蒙学教材。”此译本参阅了修德和麦都思的译本，取长补短，将译文和注释分列，而且注释并不像修德的译本那样是译自中国人的集注，而是加入了译者自己的理解和评价，也就是“译注”，而非注释的翻译。

---

① Alexander Wylie: *Memorials of Protestant Missionaries to the Chinese,* Ch'eng-Wen Publishing Company, 1967,p281.

② 郑光:《朝鲜伟国字汇》（导言），弘文阁，1978年，第2页。

第四个译本是霍扶迈（J. Hoffman 1805—1878）的德译本，书名 *DAS TSIÄN DSÜ WEN ODER BUCH VON TAUSEND WÖRTERN, AUS DEM SCHINESISCHEN, MIT BERÜCKSICHTIGUNG DER KORAISCHEN UND JAPANISCHEN ÜBERSETZUNG, INS DEUTSCHE ÜBERTRAGEN*。如笔者在第七章中所述，译者并非传教士，他是德国的日本学家西博尔德的助手。西博尔德在日本长崎出岛担任荷兰商馆驻馆医生六年多，期间，除日本、琉球等地以外，还积极收集了许多关于朝鲜和朝鲜语言文化的第一手资料。1833 年 12 月，西博尔德在荷兰莱顿用石版复刻了朝鲜的木刻本《千字文》原文，书名以拉丁文撰写。在其复刻序言中对《千字文》东传朝鲜和日本的历史作了简短的考述，并希望此《千字文》能成为东方学爱好者在进行比较语言学和亚洲民族文字史研究时的新材料。此复刻本中，西博尔德请日本高水平的翻译给《千字文》的每一个汉字注上了日语音读，考虑到逐字翻译日语需要有大量的注释，也不利于欧洲读者阅读，所以全文逐句翻译成了日文。至于朝鲜文，由于他们没有其他可资参考的文献，所以只能依样画葫芦复刻，但模糊的原版本导致他们留下了一些错误。① 之后，西博尔德便委托霍扶迈将其译成德文。霍扶迈在参考《千字文》日语译文和麦都思的英译文的基础上，于 1840 年完成了德文译稿。② 随后，西博尔德将其收入了《日本》第四卷中，并在关于朝鲜、琉球等内容的《日本》第 7 卷目录中，列出了该译文。此德译本，将《千字文》的朝鲜语释、日语译文以及麦都思的英译文与霍扶迈自己的德译文对照排列，朝鲜语和日语都用罗马字转写，以供读者各取所需和对译文作出优劣评判。

第二节 《千字文》之东传与东亚“拉丁文”的形成

如前节所述，修德的《千字文》英译本只是完整地翻译了原文和中国人的集注，而麦都思的是附加在《朝鲜伟国字汇》这本字典中，所以没有对《千字文》的历史、特点等作任何阐述，不过，西博尔德、裨治文和霍扶迈在其刻本或译本中对《千字文》的来历与东传作了一定的考述。

---

① 西博尔德：《日本》第 5 卷，尾崎贤治译，雄松堂书店，1978 年，第 245-246 页。

② 小仓进平：《（增订）朝鲜语学史》，刀江书院，1986 年，第 96 页。

西博尔德的“序文”开篇就这样写道：

> 日本史云：应神天皇15年（284年），百济国遣王子阿直岐，贡上《易经》、《孝经》、《论语》、《山海经》。时阿直岐熟读经典，皇太子师之读经。此乃本朝读书之始。天皇问阿直岐曰：“有胜汝者否？”答曰：“有王仁胜于鄙人”。遂遣使者至百济召王仁。王仁携《千字文》来朝（285年）。①

此段文字显然参阅了日本最早的史书《日本书纪》之记载，但西博尔德略作了发挥。而裨治文在其译文之前，对《千字文》的历史做了这样的描述：

> 《千字文》的作者是周兴嗣，根据我们所获得的最佳资料，此人活跃于公元550年前后。据六朝之一的梁代历史所云：皇帝命其大臣王羲之写出一千个字给周兴嗣，看他是否能将其编成一首诗或有韵律的作文。周兴嗣不负所望，编成《千字文》进呈其君，其君大加赞赏。另一著作言：梁朝末代皇帝武帝命所有皇子及朝廷要员写出他们可能选择的论题，然后命其中一位大臣从中选出他们所写的一千个字抄写于一千张小纸片中，混合在一处。而后，皇帝召来周兴嗣问他是否能将其组成一首诗。周立即领命，一夜撰就，但因过劳而头发全部变白。②

裨治文的这段介绍显然似是而非，但主要内容基本与《太平广记》等中文典籍的记述相仿。此后的霍扶迈在其《千字文》译序中，对《千字文》作了较为合乎情理与史实的考述：

> 关于《千字文》的年代有相反之说。据《日本纪》记载，早在西历285年，中国语言和文学的最初老师中国人学者王仁被天皇从朝鲜半岛召至宫廷之时，《千字文》被带入日本。而且据称，氏名不详的《千字文》之作

---

① 西博尔德：《日本》第5卷，尾崎贤治译，雄松堂书店，1978年，第245页。

② E.C. Bridgman: *Tseën-tsze-wăn, or the Thousand Character Classic. The Chinese Repository*. VOL.IV-September,1835-NO.5 p230.

者乃汉章帝（西历76—88年）时人。但更后的显然是传自中国的另外一种说法则是：本书的成立远在更后的年代，是梁周兴嗣用王羲之的笔迹所作之文。《千字文》的日译者三子折衷以上两种说法，主张有两种同名异本之书，后时代的驱逐了前时代的云云。这里，我们将《千字文》视为中国中世纪之物就足矣。①

其实，关于《千字文》问世年代，真正的作者及何时东传朝鲜日本的问题，现今的中日韩三国学者仍然众说纷纭，没有定论，但有几点是不难从逻辑上加以推定的。

一是《千字文》的问世必然早于它被东传至朝鲜和日本。

二是朝鲜和日本之最早史书的问世远在各种《千字文》东传朝鲜和日本说所述年代之后，日本最古的史书是公元712年太安万侣撰录的《古事记》和公元720年舍人亲王等所编《日本书纪》，朝鲜最早的史书是公元1145年金富轼的《三国史记》和公元1285年一然的《三国遗事》。此四部史书都由汉文写就，说明此时汉字文化已完全融入朝鲜和日本，但同时亦说明其之前的史实记载还有赖于中国的史书，关于《千字文》的记载，中国史料的可信度应该大于朝鲜与日本的史料。无怪乎，陈植锷认为："要而言之，其之所以《千字文》之名目行世者，则始于梁武帝时代，而在此之前绝不可能有所谓《千字文》一册流传到海外。""《千字文》当作于梁武帝天监元年（公元502年）至天监九年（公元510年）之间。梁武帝普通二年（公元521年），百济武宁王累破高句丽，遣使与梁通好，《千字文》似即是年由百济使人携回国中。若此则王仁的成为日本儒学之始祖，当在公元521年之后。"② 不过，《千字文》有两种同名异本之说也应该重视，事实上，《历代帝王法帖》所收汉章帝草书《千字文》以及《三希堂法帖》所收王羲之临钟繇《千字文》，它们的文本内容相互有别，也不同于周兴嗣的《千字文》，值得学界进一步考证探讨。

三是朝鲜和日本在汉字传入之前，虽然没有文字，但有各自民族的语言。自从此两国假借汉字用来作为记录自己语言的符号后，汉字原本所承

① 西博尔德：《日本》第5卷，尾崎贤治译，雄松堂书店，1978年，第247页。
Fr.von Siebold: *Nippon* Ⅳ, LEYDEN, BEI DEM VERFASSER,1852, p165.

② 陈植锷：《韩国儒文化史序论》，《韩国研究》（一），杭州大学出版社，1994年，第56页。

载的文化信息势必会极大地影响此两国的语言，同时此两国的语言也会反过来赋予汉字以新的文化信息。正如西博尔德在其《日本》第7卷“朝鲜的语言文字”一章中所言：“朝鲜住民有自己的语言，但由于借用了很多汉语，以及汉字的普及使用，他们的语言严重地脱离了原有的惯用语法，被扭曲改造了。如此，古朝鲜语经历了与日本倭语相同的命运，相对于倭语只保留在若干历史学家、诗人、舞台和天皇的宫廷里，普通百姓和士大夫们的语言从具有丰富元音和音节的、流畅性的母语变换成了汉语式的表现形式。”①

四是中国古代一般幼童入小学学篇章，成童以上入太学学五经。所谓小学的篇章即是《仓颉篇》之类的蒙童识字课本，每个朝代小学的内容有一定的变化，《千字文》问世后，即成为其后历朝历代蒙童首选的识字课本。正如裨治文在其英译本的第一句就介绍说：“现在我们所面对的书籍是第三本，也是最后一本学校课本系列书。它们已被这个国家的人们用了数千年。此系列的第一和第二本书——《三字经》和《百家姓》此前已经介绍给了我们的读者。”②《千字文》传入朝鲜后不久，特别是到了朝鲜朝，也被列为幼童识字课本之首选，“臣窃见世之教童幼学书之家，必先《千字》，次及《类合》，然后始读诸书矣”。③日本三省堂出版的《大辞林》中关于《千字文》的词条也言“平安时代后期起，被用于儿童汉字习得教育”。实际上，19世纪30年代《千字文》的欧译者，都认识到了汉文在东亚三国“共同语”的作用。西博尔德在“朝鲜的语言文字”中这样介绍说：朝鲜与日本一样，中国文字是教养阶级的文字，尤其被使用于商用文和学术、宗教文书中。④麦都思在附录了《千字文》的《朝鲜伟国字汇》之前言中这样写道：一个朝鲜本地人做好了这本字汇的基础工作，因为“汉语对这两个民族（朝鲜和日本）来说都是通用的”。⑤霍扶迈在德译《类合》前言中也说：“朝鲜人在学术和事务中的文书用中文。”⑥在他们看来，汉字汉文在东亚的地位

① 西博尔德：《日本》第5卷，尾崎贤治译，雄松堂书店，1978年，第14页。

② E.C. Bridgman：*Tseën-tsze-wǎn, or the Thousand Character Classic*, *The Chinese Repository* VOL. Ⅳ - September, 1835-NO5. p229.

③ 崔世珍：《训蒙字会》，韩国檀国大学校出版部，1971年，第11页。

④ 西博尔德：《日本》第5卷，尾崎贤治译，雄松堂书店，1978年，第17页。

⑤ PHILO SINENSIS: *Translation of a comparative vocabulary of the Chinese, Corean, and Japanese Languages*, The Parapattan Press, 1835. Preface.

⑥ 西博尔德：《日本》第5卷，尾崎贤治译，雄松堂书店，1978年，第98页。

无异于拉丁文之于欧洲。

总之，学者言汉字东传朝鲜、日本，是以《千字文》之东传为标志的。而在19世纪30年代《千字文》的欧译者们看来，《千字文》的传入，不仅给朝鲜和日本导入了记录语言的工具，而且还极大地影响和改变了朝鲜和日本原本固有的语言，汉字所含的概念及汉文的文法习惯随着《千字文》等汉文典籍的东传，进入了朝鲜语、日本语；其所携的文化思想也随之进入了朝鲜民族、日本民族的精神世界。霍扶迈在《千字文》德译标题后，直接引用了歌德的名言作为题记："人们一般认为，耳闻的语言理应也是思想。"言下之意，《千字文》或者说汉字就是语言，这不也可作为索绪尔所述"汉字是语言"的最好注脚吗？以表音文字作为研究基础的现代语言学之父索绪尔在其《普通语言学教程》中明言："对汉人来说，表意字和口说的词都是观念的符号；在他们看来，文字就是第二语言。"①

第三节　由《千字文》译介看"汉字"与"儒家文化"之关系

从逻各斯中心主义或者说从言语中心主义出发，古代的亚里士多德、近代的卢梭和黑格尔都将文字称为是符号的符号，因为它是记录声音的。不过，黑格尔在批评象形文字只为极少数人占领精神文化的专门领域而保留时，说："中华民族的象形文字仅仅适合这个民族的精神化诠释。……一种象形文字需要一种哲学来诠释，就像中国文化通常需要一种哲学来诠释一样。"②

19世纪30年代的欧洲，尤其是德国，历史比较语言学取得迅速发展，与其几乎同时代的黑格尔对汉字的见解势必也影响了同为德国人的西博尔德和霍扶迈对汉字的认识。无论是西博尔德还是霍扶迈，他们"为了对比较语言学有帮助"，在编写《词汇》、复刻和翻译《类合》《千字文》时，都附上了汉字原文，以及每一个汉字的朝鲜语音与释、日语音读和训读或译文。西博尔德认为，朝鲜人和日本人一样，对汉字都有两种读法，"此两国国民几乎与中国人一样，学习了阅读中国文字，但与其同时，还将文字中所含的某一概念用其母语通读表达（训读）。他们能轻而易举地进行那

① 索绪尔：《普通语言学教程》，商务印书馆，1980年，第51页。

② 黑格尔：《哲学全书》，转引自雅克·德里达《论文字学》，上海译文出版社，1999年，第35页。

样一种翻译，是因为他们依据了某一文字的概念，而并非此文字的发音。所以中国文字成了北亚诸民族的共同文字，同时，其语言虽然在口语上有不同，但基本上也成了共通的语言”。[①] 但是当他们将《千字文》翻译成日文和德文时，为了回避几乎需要对每一个汉字作注释的尴尬，采用了全文依句意翻译的方法，而非逐字翻译。西博尔德说：这样做是“因为一千个字每字只出现一次，对这一千个字逐一加简短的说明，即便对中国人而言，多少也有些困难，何况对我们的语言学者而言，无疑会成为一篇处处暧昧不明的文章。”霍扶迈说：“并非所有《千字文》的一切同一程度地吸引着我们，我们将地志性的、历史性的隐喻委托给中国人吧，我们关心的是其表现方式上体现出来的汉语固有的言简意赅与如诗似的跳跃相结合的名句、箴言之类的东西。”[②] 在西博尔德和霍扶迈看来，《千字文》所蕴含的不仅是单纯的一千个汉字而已，而且包含了地理的、历史的和文化性的内涵，西方人要解读所有这些内涵有着相当大的难度。那么，此种内涵需要由何种哲学来加以诠释呢？

在中国，自汉代“罢黜百家，独尊儒术”后，孔孟之说便占据了中国思想的主导地位。虽然魏晋时期有佛学的兴盛，但儒学仍以官方的、经学的形式得以延续，近两千年中国文化的主流，非儒家之说莫属。朝鲜半岛及日本自接受儒家文化起，虽然不同时期在其思想主流方面也有起伏，但在典章制度、文史经学方面儒家文化始终占据主导地位，直至近代，儒学一直为朝鲜和日本的官学。中朝日三国士大夫们选择《千字文》作为蒙童的首选教材，除了《千字文》由不同的一千个汉字押韵成句这种独特的篇章结构以外，其所包含的儒家“天人合一”“修身齐家治国平天下”的思想，乃蒙童在修读四书五经之前所能配套的极佳的启蒙教材。禅治文认为，《千字文》的主要内容言说的就是“人”及其“义务”。孔子曰：“鸟兽不可与同群，吾非斯人之徒与而谁与？”儒学之根本实质上就是“人”学。可见，在禅治文等这些西人眼中，《千字文》所表述的主要思想无疑就是儒家之说。所以，西博尔德会在其《千字文》复刻本序言中，除《日本书纪》等日本史书中确有记载的《论语》和《千字文》之外，自己硬生生添出“百济国遣王子阿直岐向应神天皇上贡了《易经》、《孝经》等儒家经典”的说法。

---

① 西博尔德：《日本》第5卷，尾崎贤治译，雄松堂书店，1978年，第25、26页。

② 西博尔德：《日本》第5卷，尾崎贤治译，雄松堂书店，1978年，第246、249页。

裨治文在介绍《千字文》梗概时，无处不体现出儒家的经学思想、典章制度、伦理规范之特征：

> 第1—36行：与自然相处，及早期帝王。第37—102行：人，其力与能、其所应具备的礼仪风范；榜样的力量；善与恶；时间的重要性；孝与忠；德之回报；小节规范。第103—162行：两个都城；皇宫的庄严；国家的大臣；以及丛书、伟人与名胜。第163—250行：农耕；退隐与休养；自然之美；阅读及饮食中庸；行业；兴盛家族的描述；信函书写和其他各种职责；结尾。①

裨治文的这段梗概不正好是儒家"天人合一"与"修身齐家治国平天下"的通俗概述吗？他对《千字文》开篇："天地玄黄，宇宙洪荒"就作了儒家天文思想的注释，认为，此句虽没有直接阐述中国的天文思想，但已足以说明，当所有物质存在时，最轻微精致的上浮成其为"天"，浓密的、混杂的下沉形成"地"，前者是圆而玄，后者是方而黄；地之上下左右谓之"宇"，即天穹，最远古时业已存在的时间称为"宙"，即包容，所以，"宇宙"指的就是一个铺盖的天穹和包容的时间；天和地产生于一切事物的原始本体，天地呼吸消长之交融形成一年四季，冬季正是此种交融的暂停。裨治文的这种解释完全与董仲舒的"元气"说相吻合。董仲舒开使用"元气"一词之先，"'元犹原也，其义以随天地终始也。'（《春秋繁霞·重政》）有原初之气的浑沌，而有天地玄黄的存在，故古时识字课本《千字文》开篇即云：'天地玄黄，宇宙洪荒'。"②

不过，在裨治文看来，正是由于《千字文》每个汉字都是概念，每个小句都有丰富的内涵，所以除非强制，否则蒙童很难愉快地完成此种烦琐的学习任务，它实不适合儿童的基础教育。裨治文在译介完《千字文》后，最后感叹说：基础教育阶段很有必要有新的教材出现。他的这种感叹与朝鲜时代的汉学家崔世珍之感受颇为相似："《千字》，梁朝散骑常侍周兴嗣所撰也。摘取故事排比为文，则善矣。其在童稚之习仅得学字而已。安能

---

① E.C. Bridgman：*Tseën-tsze-wăn, or the Thousand Character Classic, The Chinese Repository* VOL. Ⅳ - September, 1835-NO5. p231.

② 蒙培元、任文利：《国学举要·儒卷》，湖北教育出版社，2002年，第175页。

识察故事属文之义乎？"[1] 于是，崔世珍为朝鲜蒙童新编了《训蒙字会》；于是，麦都思等西士编订了易于识读的中文、朝文、日文、越南文等语文的罗马字转写法；于是，在某种意义上，它为近一个世纪后的中国五四运动之白话文革新打下了一定的基础。应该说，今天小学新生用汉语拼音开始启蒙教育，内中也有麦都思等西士之一份功劳。

依据以上欧美人士对《千字文》及汉字的认识，我们可以认为，汉字并不单纯是汉语的记录符号，其本身也是一种语言符号，它有所指和能指。索绪尔认为，自然语言这一符号是概念和音响形象的结合。那么，我以为，汉字这种符号就是概念和书写形象的结合，由于它与音响形象的关联远不如拼音文字，所以，汉字可以为汉语以外的民族语言假借作书写的符号。在被他民族语言假借作书写符号的进程中，汉字符号的所指不可避免地也被植入了这些他民族的语言之中，从而影响了他们的文化思想。而用来阐释汉字以及汉字文化的中华哲学思想其主流乃是儒家文化，假借了汉字作为语言书写符号的民族区域之文化思想，其主体也不可避免地由儒家文化来担扛。只不过儒家文化在这些他民族区域有了本土化的发展，正如这些他民族语言将汉字为自己语言所用时对汉字之读音、意义等作了本地化的变更一样。因此，将汉字文化视作儒家文化的近义语，大抵没错。

当然，视角的不同，对东亚和东南亚的部分地区，自然会有不同的称呼，如"东亚文化圈""稻作文化圈""儒教文化圈""华化佛教文化圈"等等。不过，这些称呼，他们有着一个交集，那就是汉字这一"符号"。除中国外，朝鲜、韩国、日本、新加坡、越南，曾经或至今仍在使用汉字或汉字型文字，"汉字千百年间在这一广袤地域是通用的官方文字和国际文字，中国式农业及手工业技艺、儒学、华化佛教、中国式律令均由汉字记述与传播，它们共同组成以汉字为信息载体的'汉字文化'。所以，这一区间最传神的称号是'汉字文化圈'。"[2]

在哲学家看来，20世纪初的西方哲学呈现了"语言"的转向，而德里达推出《论文字学》，堂而皇之地宣布了"文字"的转向。[3] 如若此文字的

① 崔世珍：《训蒙字会》，韩国檀国大学校出版部，1971年，第11页。

② 冯天瑜：《"汉字文化圈"刍议》，《吉首大学学报》（社会科学版），2004年第2期。以及《新语探源》，中华书局，2004年，第35页。

③ 潘文国：《字本位与汉语研究》，华东师范大学出版社，2002年，第85页。

“转向”成立的话，那么，我想其肇始当可上溯到 19 世纪 30 年代的西士之集中译介《千字文》，甚至更早，早在耶稣会传教士接触汉字之初、翻译四书之时，已然萌芽。

（本章主要内容曾发表于《浙江大学学报》2006 年第 3 期）

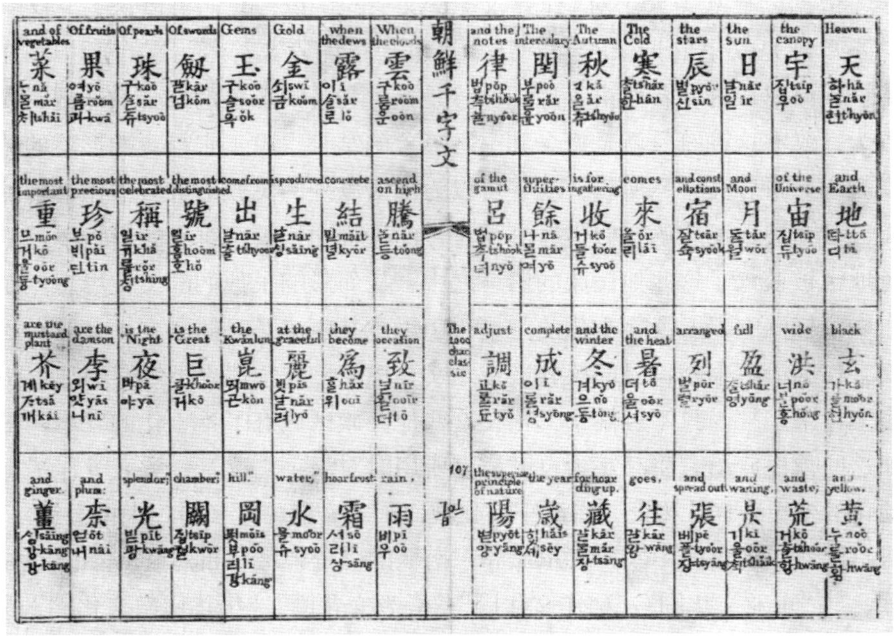

and of vegetables 菜	Of fruits 果	Of pearls 珠	Of swords 劍	Gems 玉	Gold 金	when the dews 露	When the clouds 雲	朝鮮千字文	and the notes 律	The intercalary 閏	The Autumn 秋	The Cold 寒	the stars 辰	the sun 日	the canopy 宇	Heaven 天
the most important 重	the most precious 珍	the most celebrated 稱	the most distinguished 號	come from 出	is produced 生	concrete 結	ascend on high 騰		of the gamut 呂	superfluities 餘	is for ingathering 收	comes 來	and constellations 宿	and Moon 月	of the Universe 宙	and Earth 地
are the mustard plant 芥	are the damson 李	is the Night 夜	is the Great 巨	the Kwănlun 崑	at the graceful 麗	they become 爲	they occasion 致	The 1000 char. classic	adjust 調	complete 成	and the winter 冬	and the heat 暑	arranged 列	full 盈	wide 洪	black 玄
and ginger. 薑	and plum: 柰	splendor; 光	chamber; 闕	hill. 岡	water, 水	hoarfrost, 霜	rain, 雨	107 이	the opposing principle of nature 陽	the year 歲	for hoarding up. 藏	goes, 往	and spread out, 張	and waning, 昃	and waste; 荒	and yellow. 黃

韩国首尔大学图书馆所藏《朝鲜伟国字汇》中的《朝鲜千字文》

附录 1

早期东亚与欧洲语言接触大事年表

1547 年　在马六甲，沙勿略由葡萄牙商人介绍结识了日本武士池端弥次郎。

葡萄牙商人若热·阿尔瓦雷斯在马六甲写就《日本诸事报告》。

1548 年　果阿神学院院长尼古拉·兰西洛托向葡属印度总督撰写《日本报告》。

沙勿略将若热·阿尔瓦雷斯的《日本诸事报告》转呈给葡属印度总督加尔西亚。

池端弥次郎在果阿受洗并得教名“圣信保罗”。

1549 年　该年 8 月 15 日，沙勿略经过多时的准备，带领弥次郎、西班牙神父托雷斯以及修士费尔南德斯一行抵达鹿儿岛，开启了基督教在日本的历史。

1550 年　沙勿略在鹿儿岛用日语罗马字编写《公教要理》（*Catechism*）。

1552 年　沙勿略进入中国的努力失败，并病死在上川岛。

是年，利玛窦出生。

葡萄牙人阿尔梅达在日本山口加入耶稣会。他是将西医传入日本的第一人。

1554 年　在日耶稣会士阿尔卡索瓦在写给葡萄牙耶稣会的信中介绍了日本的“抹茶”，称其为“一种饮用的粉末”。

1555 年　加戈神父最早向欧洲介绍了日语除汉字以外，还有他们自己的文字——假名。为避免再次出现类似“Dues 大日误译”事件，他规定了“音译原则”，反对使用意译法翻译天主教的概念词。在他主导编写的教理书中，开始刻意使用假名来避免汉字之一字（词）多义所带来的误解。

加戈用日语罗马字编写《二十五条》（*Nijugo cagiô*）。

1557 年　葡萄牙人以缴税为条件，成功贿赂澳门地方官，以“借地晾晒”、“贮藏货物”等借口，觅得了在澳门的赁居地位。

1559 年　意大利人拉木学，在其著名的《航海与旅行》（*Navigationi et Viaggi*）中记述了从波斯商人处得知的中国茶叶（Chiai Catai）及其效用和中国人的饮用习惯。

1560 年　原为中医郎中，精通汉学和日本文学的日本人养方，在京畿地区与儿子一同接受费雷拉神父的洗礼，得名保罗（Paulo），儿子得名维森特（Vicente）。

1563 年　弗洛伊斯以神父的身份来到日本传教，与上至织田信长、下至黎民百姓交往甚密。

1564 年　阿尔梅达向耶稣会报告席尔瓦死讯，并称席尔瓦撰写了日语文法、编纂了拥有很多词汇量的日语辞书。席尔瓦的这一日语文法和日语辞典可能是历史上最早的日语语法书和日语辞书。

费尔南德斯编写了日语文典和以拉丁字母顺序编排的葡日辞典。

1565 年　阿尔梅达第一个用拉丁文书写 Chia，向欧洲介绍了日本的“茶”。

葡萄牙人盖略特·伯来拉撰写《中国报道》。

在日耶稣会传教士着手翻译《圣人传》。

蒙特用日语罗马字记录了《十字之文》（*Sign of the Cross*），其片段是现存最早的日语罗马字文献实物。

1566 年　维勒拉神父、日本人修道士洛伦索和其他伴天连一起基本完成《圣人传》的日译。

1568 年　在日耶稣会士亚历山德罗·瓦拉雷吉奥最早将日本的“味噌”（酱）介绍给欧洲。

1569 年　加斯帕·达·克路士开始撰写《中国志》。费尔南·门德斯·平托开始撰写《游记》。

1570 年　《罗葡日辞书》的蓝本——里昂版《欧洲多语辞典》问世。

克路士在其《中国志》中使用 cha 一词介绍了中国的茶。

1571 年　利玛窦在罗马加入耶稣会。

1575 年　西班牙人马丁·德·拉达撰写《出使福建记》和《记大明的中国事情》。

1577 年　陆若汉来到日本。

1579 年　范礼安第一次“巡察”日本。罗明坚抵达澳门。

1580 年　为加强在日耶稣会的组织和活动，培养高素质的耶稣会会员，以推动在日传教事业的进一步发展，在卡布拉尔、范礼安等人的努力下，耶稣会相继在有马、安土、丰后等地建立了神学校和神学院。

是年末，范礼安在“南蛮屏风”中的《公教要理》及《对修炼士的讲义录》中最早使用“天主”这一汉字译语。

1581 年　神父科埃里向耶稣总会会长报告说：“本年完成了日语文法书，另外还有辞典和日语著述数种。”

1582 年　利玛窦抵达澳门，与罗明坚会合，开始了在中国传教和研习中国语言文化的生涯。

日本天正少年遣欧使出发赴欧洲访问。

1583 年　罗明坚与利玛窦进入广东肇庆定居传教。

罗明坚写信给耶稣会总会长阿桂维瓦神父说：“自我来到中国，迄今已三年了，时常加紧学习中文，目前我已撰写了几本要理书籍，其中有《天主真教实录》(*Doctrina*)、《圣贤花絮》(*Flos Sanctorum*)、《告解指南》或《信条》(*Confessionario*)、与《要理问答》(*Catechismo*) 等。”在《天主实录》中附有《祖传天主十诫》经文，1583 年在肇庆正式付印，从而成为“第一篇在华天主教中文经文”以及“欧人明清间第一篇以汉字写的中文文献”。

1583 年至 1588 年间，罗明坚和利玛窦编就《葡汉辞典》。

范礼安第一次“巡察”日本后，于该年写了《属于日本管区及其统辖的诸事要录》。

1584 年　大名大友宗麟的代表伊藤マンショ等四位日本少年，经果阿并在那里学习葡萄牙语后，于该年 8 月抵达里斯本，正式开始包括对西班牙兼葡萄牙国王腓力二世以及意大利罗马教皇的拜访在内的在欧洲的游历访问。

曾是范礼安秘书的梅希亚神父从澳门向葡萄牙可因布拉神学院院长写信说:“我等已经编纂了(日语)文法书及 Calepino 即辞典,另外已着手 Nisolio 也就是大辞典 Tesauro 的编写工作。”
罗明坚的《天主实录》出版,成为欧洲人在中国本土出版的第一本书。同年 10 月,利玛窦完成了他的世界地图《舆地山海全图》的第一版。

1585 年 罗明坚和利玛窦编就《宾主问答私拟》。
范礼安在澳门木版印刷《汉和字母》(*Latin-Chinese alphabet*)。
弗洛伊斯撰写《日欧文化比较》。
西班牙汉学家门多萨《大中华帝国史》问世。

1586 年 四个日本遣欧少年在欧期间,积极地向欧洲介绍了日本的语言文化,并将构成日语四十七个假名的“伊吕波歌”介绍到了欧洲。此平假名的“伊吕波歌”及其汉字于 1586 年被收入法国密码学家维吉耐尔所编的《数字论或书写之奥秘》中。
吉朗·罗德里格斯抵达日本传教。

1587 年 该年 7 月,在日耶稣会士意大利人安东尼奥随葡萄牙商船从中国到日本的航海途中遇台风漂抵朝鲜。
丰臣秀吉颁布“伴天连追放令”,开始“禁教”。

1588 年 弗朗西斯科·罗德里格斯神父到日本。
为请求教皇遣使北京,以期巩固神父们在华的传教地位,罗明坚受范礼安指派自澳门回葡萄牙。

1590 年 范礼安第二次“巡察”日本。随行的“天正遣欧少年”返回日本,并带来了金属活字印刷机以及排字工。
16 世纪 90 年代,弗洛伊斯撰写《日本史》。

1591 年 日本第一部用日语罗马字活字印刷的书籍《圣人传辑录》问世。
利玛窦居韶州,已经熟练地掌握了汉语书面语,并开始把四书翻译成拉丁语。

1592 年 天草版日语罗马字本《基督教要理书》问世,采用与《圣人传辑录》基本一致的罗马字转写法。
丰臣秀吉出兵侵入朝鲜,史称“万历朝鲜役”或“万历日本役”(朝鲜称“壬辰倭乱”、日本称“文禄、庆长之役”)。在此次侵朝战争中，丰臣秀吉所派遣的主力军就是耶稣会信徒小西行长等基督教大名的军队，内中甚至还有几位欧洲传教士。神父塞斯佩德斯因此还成为第一个正式踏上朝鲜国土的西方人。此次侵朝，丰臣秀吉从朝鲜劫掠了大量的图书回日本。在这批图书中，有朝鲜文人创编的分类并谚解的汉字蒙学书《类合》及其增补本《新增类合》和《训蒙字会》。在日耶稣会编印的《落叶集·小玉篇》的内容及体例大体相仿于这些朝鲜的蒙学书。

范礼安结束第二次对日本的“巡察”，撰写《日本诸事要录补遗》。

1593 年　此年夏天，弗朗西斯科神父让耶稣会印制了日语的语法、语汇及同义语等书籍。据海老泽有道考证，范礼安在其《辩护》中有言：“这些书籍是我等最精通日语的耶稣会士和熟知我们语言的日本人合作，花了不少辛劳和努力后编就的。”遗憾的是，这些书已不见传世。

1594 年　利玛窦在韶州完成把四书从汉语译成拉丁语的翻译工作，并开始撰写《天主实义》以及其他汉语著作。

1595 年　利玛窦居南京，已经精通汉语的书面语和口语，其中文著译大多写于此年以后。

吉利支丹版《罗葡日辞书》问世。

1597 年　范礼安第三次“巡察”日本。

1598 年　吉利支丹版《落叶集》问世。

利玛窦、郭居静编写《汉葡辞典》。

1599 年　《落叶集》的增补篇《小玉篇》刊印。

1600 年　吉利支丹版《倭汉朗咏集卷之上》问世。

1601 年　西班牙神父古士曼的《东方传道史》出版。

利玛窦定居北京。

1602 年　在菲律宾的西班牙耶稣会士齐瑞诺编撰《闽南话—西班牙语词典》。

1603 年　《日葡辞书》刊印。

朝鲜赴明使臣李光庭带回欧罗巴国舆地图一件六幅，送与朝鲜弘文馆。

1604 年　《日葡辞书·补遗篇》刊印。1604—1608 年《日本大文典》陆续刊印。

1605 年　利玛窦赠程大约四幅宗教画，撰题记和《述文赠幼博程子》并用罗马字注音，增补至《程氏墨苑》中，后人称其为《西字奇迹》。

1608 年　利玛窦动笔撰写《利玛窦中国札记》。

1609 年　汪廷讷《坐隐弈谱》收《利玛窦手书订谱题词》罗马字一则。

1610 年　陆若汉被迫离开日本转道澳门来华传教。
利玛窦殁于北京。

1613 年　迪雷的《世界语言史宝典》从《数字论或书写之奥秘》转载《伊吕波歌》。

1620 年　陆若汉在澳门写《日本教会史》。

1625 年　西安郊外出土了建于公元 781 年的“大秦景教流行中国碑并颂”，即史称的“景教碑”。

1626 年　金尼阁编撰《西儒耳目资》。

1627 年　在杭州刻印《西儒耳目资》。

1628 年　日本刊印早期的佛教梵汉双语词典《翻译名义集》（1143 年）。

1630 年　在菲律宾的马尼拉出版了《日葡辞书》的西班牙语译本。

1642 年　曾德昭著《大中国志》。

1823 年　西博尔德赴日本长崎出岛担任荷兰商馆驻馆医生，在那里开始接触朝鲜人和收集朝鲜语言文化方面的资料。

1824 年　西博尔德设法获得了“谚文”的辅元音及音节表，并制成一张完整的朝鲜语表寄给了荷属东印度政府，并请他们转给巴黎皇家学院。只可惜此表只到了荷兰皇家科学院，因而也没引起西方国家的足够重视。

1829 年　西博尔德因“西博尔德事件”而被驱逐出日本回国。

1831 年　英华书院在 1830 年 1 月至 1831 年 6 月年度报告书附件中刊出院长修德翻译的《千字文》（*The Thousand-Character Classic*）。

1832 年　德国籍传教士郭实猎在《中国丛报》第 7 期上发表了题为《论朝鲜语》（*Remarks on the Corean Language*）的文章，从语言学的角度介绍和分析了朝鲜语。

克拉普罗特在该年出版的《对古世界各种文字起源的考察》中介绍谚文字母，并错误地认为谚文字母创制于公元 374 年的百济。

克拉普罗特法译《三国通览图说》。

1833 年 西博尔德在该年 12 月于荷兰莱顿用石板复刻朝鲜的木刻《千字文》。

7 月《中国丛报》第 2 册第 3 期上，刊登丛报编辑所写的《文学指南——朝鲜语音节表》。

1835 年 美国传教士裨治文在其创办的《中国丛报》之第 4 卷第 5 期上发表了《Tseën Tsze Wan or the Thousand Character Classic》(《千字文》)。

麦都思在巴达维亚编译出版《朝鲜伟国字汇》。

1840 年 霍扶迈在参考《千字文》日语译文和麦都思的英译文的基础上，于该年完成了德文译稿。

1850 年 在该年前后，西博尔德出版了《日本》第 6 卷，继《日本》前六卷全面论述日本本国后，进一步向欧洲介绍日本周边的邻国和地区，其开篇就是《朝鲜篇》，内中有一半以上的篇幅涉及朝鲜语。

1862 年 1862 年至 1868 年巴黎出版了由驻华外交官莱昂·帕热斯翻译的《日葡辞书》法译本。

附录 2

历史人名索引

参考文献

一、中文著作

爱汉者等编、黄时鉴整理:《东西洋考每月统记传》，中华书局，1997。

安　宇:《冲撞与融合——中国近代文化史论》，学林出版社，2001。

陈　原:《社会语言学》，商务印书馆，2000。

陈嘉映:《语言哲学》，北京大学出版社，2003。

陈尚胜:《中韩交流三千年》，中华书局，1997。

成春有:《日语汉字音读研究》，中国科学技术大学出版社，2002。

崔万哲:《关西中日交流史探访》，中国文联出版社，2001。

邓开颂、吴志良、陆晓敏主编:《粤澳关系史》，中国书店，1999。

董海樱:《16 世纪至 19 世纪初西人汉语研究》，商务印书馆，2011。

樊洪业:《耶稣会士与中国科学》，中国人民大学出版社，1992。

方　豪:《中西交通史》，岳麓书社，1987。

冯天瑜:《新语探源》，中华书局，2004。

冯志伟:《现代语言学流派》，陕西人民出版社，1999。

傅定淼:《反切起源考》，上海古籍出版社，2003。

龚缨晏等:《西方人东来之后——地理大发现后的中西关系史专题研究》，浙江大学出版社，2006。

辜正坤:《互构语言文化学原理》，清华大学出版社，2004。

郭卫东:《中土基督》，云南人民出版社，2001。

国立中央研究院历史语言研究所:《历史语言研究所集刊》，1930（3），中华书局，1987。

何华珍:《日本汉字和汉字词研究》，中国社会科学出版社，2004。

何九盈:《中国古代语言学史》，广东教育出版社，2000。

何九盈:《中国现代语言学史》，广东教育出版社，2000。

黄华新:《逻辑与自然语言理解》，吉林人民出版社，2000。

黄时鉴:《东西交流史论稿》，上海古籍出版社，1998。
黄时鉴主编:《东西交流论谭》(一)，上海文艺出版社，1998。
黄时鉴主编:《东西交流论谭》(二)，上海文艺出版社，2001。
计翔翔:《十七世纪中期汉学著作研究》，上海古籍出版社，2002。
贾蕙萱:《中日饮食文化比较研究》，北京大学出版社，1999。
江晓原、钮卫星:《天文西学东渐集》，上海书店出版社，2001。
焦立为、冉启斌、石锋:《二十世纪的中国语音学》，书海出版社，2004。
金尼阁:《四库全书存目丛书·西儒耳目资三卷》，齐鲁书社，1997。
雷立柏(Leopold Leeb, 奥地利):《圣经的语言和思想》，宗教文化出版社，2000。
雷雨田主编:《近代来粤传教士评传》，百家出版社，2004。
李葆嘉:《中国语言文化史》，江苏教育出版社，2003。
李立成:《元代汉语音系的比较研究》，外文出版社，2002。
李小白:《信仰·利益·权力——基督教布教与日本的选择》，东北师范大学出版社，1999。
利玛窦著、朱维铮主编:《利玛窦中文著译集》，复旦大学出版社，2001。
梁工主编:《基督教文学》，宗教文化出版社，2001。
刘羡冰:《双语精英与文化交流》，澳门基金会，1994。
刘元满:《汉字在日本的文化意义研究》，北京大学出版社，2003。
陆锡兴:《汉字传播史》，语文出版社，2002。
罗常培:《罗常培语言学论文集》，商务印书馆，2004。
罗明坚、利玛窦著，魏若望主编:《葡汉辞典》，旧金山大学利玛窦中西文化研究所、葡萄牙国家图书馆、东方葡萄牙学会，2001。
马汉茂(德)、张西平等主编:《德国汉学:历史、发展、人物与视角》，大象出版社，2005。
莫小也:《十七—十八世纪传教士与西画东渐》，中国美术学院出版社，2002。
潘文国:《字本位与汉语研究》，华东师范大学出版社，2002。
濮之珍:《中国语言学史》，上海古籍出版社，2002。

戚印平:《日本早期耶稣会史研究》,商务印书馆,2003。
任继愈主编:《国际汉学》(1),商务印书馆,1995。
任继愈主编:《国际汉学》(2—5),大象出版社,1998、1999、2000。
尚德者:《特选撮要·咬嚁吧总论》,1824。
尚智丛:《传教士与西学东渐》,山西教育出版社,2000。
申小龙:《语言与文化的现代思考》,河南人民出版社,2000。
孙尚扬:《基督教与明末儒学》,东方出版社,1994。
唐作藩:《音韵学教程》,北京大学出版社,1991。
汪向荣:《古代中日关系史话》,中国青年出版社,1999。
王力:《汉语语音史》,中国社会科学出版社,1985。
王铭玉:《语言符号学》,高等教育出版社,2004。
魏若望编:《南怀仁》,社会科学文献出版社,2001。
吴孟雪、曾丽雅:《明代欧洲汉学史》,东方出版社,2000。
吴义雄:《在宗教与世俗之间——基督教新教传教士在华南沿海的早期活动研究》,广东教育出版社,2000。
邢福义:《文化语言学》,湖北教育出版社,2000。
徐宗泽编著:《明清间耶稣会士译著提要》,中华书局,1989。
许国璋:《论语言和语言学》,商务印书馆,2001。
宣德五:《朝鲜语文论集》,开明出版社,2004。
阎宗临著、阎守诚编:《传教士与法国早期汉学》,大象出版社,2003。
晏可佳:《中国天主教简史》,宗教文化出版社,2001。
姚民权、罗伟虹:《中国基督教简史》,宗教文化出版社,2000。
于桂芬:《西风东渐——中日摄取西方文化的比较研究》,商务印书馆,2001。
于维雅主编:《东方语言文字与文化》,北京大学出版社,2002。
余太山主编:《欧亚研究》(第四辑),中华书局,2004。
张国刚:《从中西初识到礼仪之争——明清传教士与中西文化交流》,人民出版社,2003。
张国刚:《明清传教士与欧洲汉学》,中国社会科学出版社,2001。
张海林编著:《近代中外文化交流史》,南京大学出版社,2003。
张箭:《地理大发现研究》(15—17世纪),商务印书馆,2002。

赵春晨、雷雨田、何大进:《基督教与近代岭南文化》，上海人民出版社，2002。
郑彭年:《日本西方文化摄取史》，杭州大学出版社，1996。
中外关系史学会:《中西初识二编》，大象出版社，2002。
周有光:《世界文字发展史》，上海教育出版社，2003。
周有光:《周有光语文论集》（一至四），上海文化出版社，2002。
朱仁夫、魏维贤、王立礼:《儒学国际传播》，中国社会科学出版社，2004。
卓新平、许志伟主编:《基督教宗教研究》，社会科学文献出版社，2000。
卓新平主编:《相遇与对话》，宗教文化出版社，2003。
邹嘉彦、游汝杰主编:《语言接触论集》，上海教育出版社，2004。

二、中文译著

[德]海德格尔著、孙周兴译:《在通向语言的途中》，商务印书馆，2000。
[德]威廉·冯·洪堡特著、姚小平译:《论人类语言结构的差异及其对人类精神发展的影响》，商务印书馆，1999。
[法]安田朴著、耿昇译:《中国文化西传欧洲史》，商务印书馆，2000。
[法]杜赫德编、郑德弟等译:《耶稣会士中国书简集》（一、二、三卷），大象出版社，2001。
[法]费赖之著、冯承钧译:《在华耶稣会士列传及书目》（上、下册），中华书局，1995。
[法]李明著，郭强、龙云、李伟译:《中国近事报道（1687—1692）》，大象出版社，2004。
[法]莫里斯·梅洛-庞蒂著、姜志辉译:《符号》，商务印书馆，2003。
[法]沙百里著，耿昇、郑德弟译:《中国基督徒史》，中国社会科学出版社，1998。
[法]雅克·德里达著、汪家堂译:《论文字学》，上海译文出版社，1999。
[韩]李元淳著、王玉洁等译:《朝鲜西学史研究》，中国社会科学出版

社，2001。

[捷克]严嘉乐著，丛林、李梅译:《中国来信（1716—1735）》，大象出版社，2002。

[美]爱德华·萨丕尔著、陆卓元译:《语言论》，商务印书馆，1985。

[美]布龙菲尔德著，袁家骅、赵世开、甘世福译:《语言论》，商务印书馆，1980。

[美]史迪芬·平克著、洪兰译:《语言本能》，汕头大学出版社，2004。

[美]史景迁著，陈恒、梅义征译:《利玛窦的记忆之宫》，上海远东出版社，2005。

[美]卫斐列著，顾钧、江莉译:《卫三畏生平及书信》，广西师范大学出版社，2004。

[美]卫三畏著、陈俱译:《中国总论》，上海古籍出版社，2005。

[美]约翰·塞尔著、李步楼译:《心灵、语言和社会》，上海译文出版社，2006。

[葡]安文思著，何高济、李申译:《中国新史》，大象出版社，2004。

[葡]曾德昭著、何高济译:《大中国志》，上海古籍出版社，1998。

[日]阿辻哲次著、高文汉译:《图说汉字的历史》，山东画报出版社，2005。

[日]古屋安雄等著，陆若水、刘国鹏译:《日本神学史》，上海三联书店，2002。

[日]金田一春彦著，李德、陶振孝译:《日语的特点》，外语教学与研究出版社，1985。

[日]杉本勋编、郑彭年译:《日本科学史》，商务印书馆，1999。

[瑞士]索绪尔著、高名凯译:《普通语言学教程》，商务印书馆，1980。

[意]柏朗嘉宾、[法]鲁布鲁克著，耿昇、何高济译:《柏朗嘉宾蒙古行记　鲁布鲁克东行记》，中华书局，1985。

[意]利玛窦、[比]金尼阁著，何高济、王遵仲、李申译:《利玛窦中国札记》，广西师范大学出版社，2001。

[意]利玛窦等著、罗渔译:《利玛窦书信集》（上、下），光启出版社、辅仁大学出版社，1986。

[意]马可波罗著、冯承钧译、党宝海新注:《马可波罗行记》，河北人

民出版社，1999。
[英]C. R. 博克舍编注、何高济译:《十六世纪中国南部行记》，中华书局，1990。
[英] 阿·克·穆尔著、郝镇华译:《一五五〇年前的中国基督教史》，中华书局，1984。
[英] 哈特曼、斯托克著，黄长著等译:《语言与语言学辞典》，上海辞书出版社，1981。
[英] 海恩波著、简又文译:《传教伟人马礼逊》，台北基督教文艺出版社，1987。
[英] 马礼逊夫人编、顾长声译:《马礼逊回忆录》，广西师范大学出版社，2004。
[英] 汤森著、王振华译:《马礼逊——在华传教士的先驱》，大象出版社，2002。

三、日文著作

安本美典:《日本語はどのように作られたか》，日本福武书店，1986。
板泽武雄:《日蘭文化交涉史の研究》，日本吉川弘文馆，1959。
板泽武雄:《西博尔德》，日本吉川弘文馆，1988。
长崎县史编集委员会:《长崎县史·对外交涉篇》，日本吉川弘文馆，1986。
大野晋:《日本語の起源》，日本岩波书店，1994。
东京大学史料编纂所:《日本関係海外資料 イエズス会日本書簡集》（譯文編之一上），东京大学出版会，1991。
东京大学史料编纂所:《日本関係海外資料 イエズス会日本書簡集》（譯文編之一下），东京大学出版会，1994。
东京大学史料编纂所:《日本関係海外資料 イエズス会日本書簡集》（譯文編之二上），东京大学出版会，1998。
东京大学史料编纂所:《日本関係海外資料 イエズス会日本書簡集》（譯文編之二下），东京大学出版会，2000。
福岛邦道:《サントスの御作業翻字·研究篇》，日本勉诚社，1979。
福岛邦道:《続キリシタン資料と国語研究》，日本笠间书院，1983。

福岛邦道等:《サントスの御作業(翻字研究編)》,日本勉诚社,1979。
福岛邦道解说:《キリシタン版落葉集》,日本勉诚社,1977。
富田仁:《海外交流史事典》,日本日外アソシエーツ株式会社,1989。
龟井孝等:《日本語の歷史》(1—8),日本平凡社,1970。
海老泽有道:《切支丹典籍丛考》,日本拓文堂,1943。
海老泽有道:《增訂切支丹史の研究》,日本新人物往来社,1971。
加藤祐三:《近代日本と東アジア》,日本筑摩书房,1995。
江马务、谷山茂、猪野谦二:《新修国語総覧》,日本京都书房,1974。
金两基:《ハングルの世界》,日本中央公论社,1985。
平川祐弘:《和魂洋才の系譜》,日本河出书房新社,1989。
桥本进吉:《吉利支丹教義の研究》,日本岩波书店,1961。
日本基督教历史大事典编辑委员会:《日本基督教历史大事典》,日本教文馆,1988。
杉本つとむ:《西洋人の日本語発見》,日本创拓社,1989。
石川九杨:《文字の現在書の現在》,日本艺术新闻社,1990。
石田一良:《思想史》,日本山川出版社,2001。
石原道博:《倭寇》,日本吉川弘文馆,1997。
松田毅一:《日葡交涉史》,日本教文馆,1964。
土井忠生、山田俊雄等:《日本語の歴史》,日本平凡社,1970。
土井忠生:《吉利支丹论考》,日本三省堂,1982。
土井忠生:《吉利支丹文献考》,日本三省堂,1963。
小仓进平:《朝鲜语学史(增订补注)》,韩国大提阁,1986。
小松英雄:《日本語の世界·日本語の音韻》,日本中央公论社,1981。
新村出、柊源一:《吉利支丹文学集》,日本平凡社,1993。
新村出:《新村出全集(第六卷)》,日本筑摩书房,1973。
野村雅昭:《漢字の未来》,日本筑摩书房,1988。
沼田次郎:《洋学》,日本吉川弘文馆,1989。

四、日文译著

Dorotheus Schiling 著、冈本良知译:《日本における耶稣会の学校制度》,日本太空社,1992。

Luis de Guzman 著、新井トシ译:《グスマン東方傳道史》，日本养德社，1945。
Luis Frois S.I. 著，松田毅一、川崎桃太译 :《日本史·五畿内篇Ⅰ》，日本中央公论社，1992。
Michael Cooper 著、松本たま译:《通辞ロドリゲス》，日本原书房，1991。
村上直次郎译、柳谷武夫编:《イエズス会日本年报》(上)，日本雄松堂，1944。
村上直次郎译、柳谷武夫编:《イエズス会日本年报》(下)，日本雄松堂，1969。
村上直次郎译、柳谷武夫编辑:《イエズス会士日本通信》(上、下)，日本雄松堂，1983。
范礼安著、高桥裕史译:《東インド巡察記》，日本平凡社，2005。
范礼安著、松田毅一等译:《日本巡察記》，日本平凡社，1973。
弗洛伊斯著、冈田章雄译注:《日欧文化比较》，日本岩波书店，1979。
弗洛伊斯著，松田毅一、川崎桃太译:《日本史》，日本中央公论社，1981。
弗洛伊斯著，松田毅一、川崎桃太译:《完訳フロイス日本史》，日本中央公论新社，2000。
冈村多希子译:《十六·七世紀イエズス会日本報告集》(第 1 期第 4 卷)，日本同朋舍，1988。
河野纯德译:《聖フランシスコ·ザビエル全書簡》，日本平凡社，1985。
利玛窦著、川名公平译:《中国キリスト教布教史》，日本岩波书店，1983。
陆若汉著、土井忠生等译注:《日本教会史》，日本岩波书店，1979。
陆若汉著、土井忠生译注:《日本大文典》，日本三省堂，1955。
土井忠生、森田武、长南实编译:《邦訳日葡辞書》，日本岩波书店，1980。
西博尔德著、尾崎贤治译:《日本》第 5 卷，雄松堂书店，1978。

五、韩文著作

申叔舟等:《东国正韵》(全六卷),韩国建国大学出版部,1988。
PHILO SINENSIS:《朝鲜伟国字汇》,韩国弘文阁,1978。
崔韶子:《东西文化交流史研究》,韩国三英社,1990。
崔世珍:《训蒙字会》,韩国檀国大学出版部,1971。
高丽大学校民族文化研究所:《韩国文化史大系Ⅴ·言语·文学史》,韩国东亚出版社,1967。
韩国国史编纂委员会:《朝鲜王朝实录》,1986。
洪凤汉、李万运、朴容大等:《增补文献备考》,韩国明文堂,1985。
姜信沆:《韩国的译学》,韩国汉城大学出版部,2000。
姜信沆:《韵解训民正音研究》,韩国研究院,1967。
이석주, 이주행:《국어학개론》,韩国대한교과서주식회사,1997。
이은정:《남북한의 어문 규범 어떻게 다른가》,韩国국어문화사,1992。
柳希春:《新增类合》,韩国檀国大学出版部,1972。
南广祐:《东国正韵式汉字音研究》,韩国研究院,1966。
琴章泰:《東西交涉과近代韩国思想》,成均馆大学校出版部,1993。
申昌淳:《国语正书法研究》,韩国集文堂,1992。
申叔舟等:《洪武正韵译训》,韩国高丽大学校出版部,1974年。
俞昌均、姜信沆:《国语学史》,韩国民众书馆,1961。
郑然粲:《洪武正韵译训之研究》,韩国一潮阁,1972。
郑　光:《(四本对照)倭语类解》(上、下),韩国J&C,2004。
郑　光:《译学书研究》,韩国J&C,2002。

六、韩文译著

샤르르 달레原著、崔奭祐译:《韩国天主教会史》,韩国분도出版社,1979。
H.G.UNDERWOOD原著、李光麟译:*THE CALL OF KOREA*(《韩国改新教受容史》),一潮阁,1989。

七、西文著作

A New General Collection Of Voyages And Travels, London: Printed For Thomas Astley, 1765.

Alexander Wylie: *Memorials Of Protestant Missionaries To The Chinese*, Ch'eng-wen Publishing Company, 1967.

Andrew C.Nahm: *Korea*, Hollym International Corp, 1988.

Charles E.Ronan, S.J. and Bonnie B.C.Oh: *East Meets West: The Jesuits in China, 1582-1773*, Chicago: Coyola University Press, 1988.

Donald F.Lach and Edwin J.Van Kley: *Asia In The Making Of Europe*, The University Of Chicago Press, 1993.

Donald Keene: *The Japanese Discovery Of Europe, 1720-1830*, Stanford University Press, 1969.

Elijah Coleman Bridgman.: *Chinese Repository* 20 volumes, 1833-1851.

G.B. Sansom: *The Western World and Japan*, Charles E. Tuttle Company, 1950.

George Yule: *Pragmatics*, Oxford University Press, 1996.

Giuliano Bertuccioli: *Martino Martini Opera Omnia Vol.II*, Trento: Università degli Studi de Trento, 1998.

Henri Cordier: *Bibliotheca Sinica Dictionnaire Bibliographique Des Ouvrages Relatifs A L'empire Chinois*, 文殿阁书庄影印 , 1928.

Ho-Min Sohn: *The Korean language*, Cambridge University Press, 1999.

Keith Pratt and Richard Rutt: *Korea A Historical and Cultural Dictionary*, Surrey: Curzon, 1999.

Marco Polo, William Marsden: *The Travels of Marco Polo*, Wordsworth Editions Limited, 1997.

Martino Martini: *Sinicæ historiæ decas prima*, Amsterdam: Apud Joanem Blaev, 1659.

Otis Cary, D.D: *A History Of Christianity In Japan*, Charles E. Tuttle Company, 1976.

Ph. FR. Von Siebold: Nippon Ⅳ, Leyden, Bei Dem Verfasser, 1852.

Ph. Fr. Von Siebold: *Nippon VII: Nachrichten über Kôraï,* Leyden, Bei Dem Verfasser, 1852.

Philo Sinensis: *Translation of a comparative vocabulary of the Chinese, Corean, and Japanese languages*, Batavia, 1835.

Robert Morrison: *Dictionary Of The Chinese Language, In Three Parts*. The Honorable East India Company's Press, 1815.

Robert E. Buswell Jr. & Timothy S. Lee: *Christianity in Korea*, University of Hawai 'i Press, 2006.

Song Ki-joong: *The Study of Foreign Languages in the Choson Dynasty* (*1392-1910*), Jimoondang Publishing Company, 2001.

Stephen C.Levinson: *Pragmatics*, Foreign Language Teaching and Research Press, 2001.

William Marsden: *The Travels of Marco Polo*, Foreign Language Teaching and Research Press, 1998.

William Milne: *A Retrospect of the First Ten Years of the Protestant Mission to China*, Malacca, Anglo-Chinese Press, 1820.

卫匡国著述对解读良渚神徽及汉字文化的意义——代修订后记

本书原版于2007年（中国社会科学出版社），是笔者在博士论文的基础上修改而成的。由于在原初的写作架构中，笔者对书名《论早期东亚与欧洲的语言接触》之“早期”有一个时间段的界定，即《导论·小引》中指出的“是两种语言从初遇到该两种语言间的首本双语辞典问世这样的一个初始时间段”，所以，在梳理早期汉语与欧洲语言的接触过程时，就止步于了罗明坚、利玛窦编写于1583—1588年间的《葡汉词典》抄本以及金尼阁于1626年编写完成并在翌年刻印的《西儒耳目资》，而略去了人类言语理解系列性模型中耶稣会士对于汉语认知的重要一环，即从语音加工开始，然后到词汇，再到句法和语义加工的递进式次序中的“句法和语义加工”这一环。大约囿于文化背景、语言特性和语言人才等方面的原因，早期来华耶稣会传教士并没有像在日耶稣会士那样，几乎同步进行了日葡辞书和日语文法两方面的书籍编纂工作，除了寥寥几页《西字奇迹》和用罗马字标注汉字读音的《西儒耳目资》以外，没有其他专门的语言学方面的研究成果付梓。不过，如果将“早期”这个时间段往后延迟半个世纪的话，来华耶稣会士中出现了一位历史学、地理学和语言学方面的天才人物，那就是卫匡国，他不仅撰写出版了《鞑靼战纪》（*De Bello Tartarico*）、《中国上古史》（*Sinicae Histonae Decus Prima*）和《中国新地图集》（*Novus Atlas Sinensis*），而且留下了《中国文法》手稿。相较于以往学者的研究结果，意大利人陆商隐（Luisa Paternicò）在白佐良（Giuliano Bertuccioli，1923—2001）研究的基础上，不仅对卫匡国关于汉语语法的最初手稿《中国文法》（*Grammatica Sinica*）逐渐被完善成更专业的《中国语文文法》（*Grammatica Linguae Sinensis*）传播到欧洲的线路进行了考察，而且在汉学家伯希和论文的基础上进一步确认了《中国文法》手稿在1696年被作为附件收入法国学者泰夫诺（Melchisédec Thévenot）的《旅行奇集》

（*Relatiens De Divers Voyages Curieux*）新版第 2 册中正式得以出版，从而得出研究结论：卫匡国写于 1651—1652 年间这本中文语法书“是有史以来第一部手写的，并第一部被出版的中国官话语法”。[①]

卫匡国的这本《中国文法》的重要性是不言而喻的。在此前的中国，语言学研究只有小学与修辞之类，并没有语法可言，是卫匡国用词类划分的方法明确了汉语这种孤立语的特性，书中第一章第一节首句便提纲挈领地指出：“下列所有汉语词条都是单音节，没有词尾变化，总共不过 318 个。”[②] 在第二章之后的名词、代词、动词、介词、副词、感叹词、连接词、比较词和数词数量词等词类的介绍和举例中，无不体现了汉字词因所处句子位置的不同而产生词性的变化，但并没有像印欧语那样会发生性、数、格、时态等形态的变换，同一个词既可以是名词，也可以是形容词，又可以是副词；动词前面加一个“将”，后面加一个“了”，甚至什么也不加，根据语气与上下语境就变成了将来时和过去时等等。以此种词类划分法来研究汉语语法，不要说直接影响到了之后的欧洲汉学家们对于汉语文法的研究，即便是被誉为第一本中国人写汉语语法的《马氏文通》，虽已晚至 1898 年才问世，但除了将汉语词汇两分为实字（词）和虚字（词）以外，其以词类区别研究句法的主体框架结构与卫匡国的并无大的不同。就此意义而言，卫匡国的《中国文法》确实可被视为汉语语法研究的开山之作。但笔者以为，该书的第一部分，关于汉字的发音介绍，并没有出离其前辈金尼阁《西儒耳目资》的汉字发音体系，其罗马字注音方式和音调符号与利玛窦、金尼阁体系大同小异；而其最重要的词类划分方法则仿自在日耶稣会士们的日本文法之作。有耶稣会“日语研究金字塔”之称的陆若汉三卷本《日本大文典》（1604 年刊印于长崎）就是以名词、代词、动词、形容词、副词、助词等划分词类，一一对日语的格、性、时态乃至修辞以及日语的发音体系做了详尽的介绍，它“确实是一座壮美的日语花园，不单单是文典，也可以说是日语总览，富有几近于日语宝典的内容”。[③] 相较于《日本大文典》，卫匡国的《中国文法》只能算作粗品，他的著述会引起

---

① ［意］陆商隐：《从〈中国文法〉到〈中国语文文法〉：卫匡国语法的流传与不断丰富的过程探讨》，［意］白佐良《中国文法》，华东师范大学出版社，2009 年，第 24-41 页。

② Giuliano Bertuccioli: *Martino Martini Opera Omnia Vol.II*, Trento: Università degli Studi de Trento, 1998, P385.

③ 杉本つとむ：《西洋人の日本語発見》，株式会社オンタイム出版创拓社，1989 年，第 20-22 页。

欧洲学者对中国语言文化感兴趣，甚至导致英国人约翰·韦伯（John Webb）1669年撰写出版了《历史性论文：论中华帝国的语言是原初语言的可能性》（*An Historical Essay Endeavoring A Probability That The Language Of The Empire Of China Is The Primitive Language*），并不是因为这本《中国文法》手稿，而是当时早已公开出版的《中国新地图集》和《中国上古史》。1655年出版于阿姆斯特丹的《中国新地图集》，出现了不少汉字，开始了欧洲印刷汉字的历史；而1658年和1659年分别出版于慕尼黑和阿姆斯特丹的《中国上古史》，内中对中华文明，尤其是对汉字的介绍则成了约翰·韦伯论证汉语是人类原初语言的主要理据。[①] 所以，笔者在此想探讨一下《中国上古史》中卫匡国对汉字诞生的叙述以及具体举例六个伏羲造汉字在当代的意义，具体而言，就是对解读良渚遗址出土玉器的神徽及汉字文化的意义。

卫匡国前后两次来华。1643年第一次进入中国内地后，主要在杭州等浙江地区传教至1650年，那年他受命回国向罗马教皇汇报解释中国信徒祭祖、敬孔与教义相悖问题，途中绕道挪威、德、比等国，向欧洲介绍了中国历史、地理、语言和文化等诸多信息后，于1657年再返杭州传教，1661年6月6日病逝并葬于杭州。[②] 第二次来华前，他将介绍中国历史的书稿交给慕尼黑和阿姆斯特丹的书商，这便有了1658年和1659年两个拉丁文版本的《中国上古史》（原文标题为 *Sinicæ Historiæ Decas Prima: Res Àgentis Origine Ad Christum Natum In Extrema Asia, Sive Magno Sinarum Imperio Gestas Complexa.*《中国史的前十部分：从氏族起源到基督诞生为止的遥远的亚洲史实》）。历史的神奇在于卫匡国卒后被葬于现杭州古墩路南端的“大方井天主教司铎公墓”（现名“卫匡国传教士纪念园”），离具有五千年历史的良渚文化遗址首次被考古挖掘地古荡仅几步之遥。1936年5月31日，西湖博物馆研究员施昕更参加古荡“新石器时代遗址”的试掘工作，只一天时间就出土了石斧等文物，发现与其家乡良渚随处可见的一些石器高度相似，于是第二天赶回良渚收集此类文物，这就有了至今不断被刷新考古成就的“良渚文化遗址”的大发现。[③] 古墩路的一头是卫匡国纪念

---

① 董海樱：《16世纪至19世纪初西人汉语研究》，商务印书馆，2011年，第133-138页。

② 方豪：《中国天主教史人物传》，宗教文化出版社，2007年，第307-310页。

③ 赵大川、施时英：《良渚文化发现人施昕更》，杭州出版社，2012年，第219-222页。

园，而其北端连接的恰恰就是现今的良渚博物院以及良渚古城遗址。卫匡国在书中介绍说黄帝（Imp. Hoangtius）登基的公元前 2697 年中国才开始六十甲子的纪年方式，这与司马迁之“余读牒记，黄帝以来皆有年数”的观点一致，所以我们无从知晓卫匡国是如何进一步推算出黄帝以前的伏羲是在公元前 2952 年登基称帝的。[1] 从那一年起算至今几近五千年，由此，笔者以为卫匡国可以被认作以精确的公元纪年向世界介绍五千年中国文明史起源的第一人。

卫匡国认为，伏羲并不是中国人传说当中的神话人物，而是一个真实存在过的皇帝，他的时代恰恰是区别神话和文明历史界限的时代；伏羲不仅发明了八卦，而且还创造了类似于埃及的象形文字，所以，他在书中详细列出了六十四卦图，并列举了六个伏羲发明的图符“字母”。[2] 令人惊奇的是，其中第 5 个和第 7 个图符“字母”“”（龙）和“”（主、皇）[3] 其构图原理竟然与良渚出土玉器中反复出现的神徽上下部惊人相似，我们因此可以借其推测出良渚神徽这个“徽记用语”[4] 的含义。伏羲字母“龙”，由拟人的云雨和下垂的两手组成，而良渚神徽的上部是戴着雷云纹“亢”字形帽并两手下扶的神人；伏羲字母“主（皇）”，由“工”字上浮一飞鸟组成，而良渚神徽下部是一个有着“工”字额头和一对蛇眼加下方两只交媾着的飞鸟构成。“工”字在汉字形声字中除了表音以外，往往还表意，如“虹”、“项”、“江”、“空”、“贡”等，都有“巨大”之意，按《说文》，古文“巨”就写作“”。而“工”字在中的“巫”，则是超越常人，能通神灵的人们。所以，甲骨文“虹”写作双头的龙“”，但金文却演变成了一个“虫”加一个“工”字，原因是古人将彩虹视作了飞天的巨蛇，那就是龙。由此可见，神徽下部刻符描写的是两条交媾着的飞天的龙，这不正是伏羲与女娲的形象吗？汉唐墓砖和帛画中时常出现的伏羲女娲蛇尾交媾图就是如此

① 西晋皇甫谧《帝王世纪》和唐代司马贞《补史记本纪三皇》，倒是补写了伏羲、女娲和神农三皇的历史，但卫匡国之伏羲、神农在位的年份与皇甫谧、司马贞所述年份不一。另外一本由宋人陈元靓初撰、元末明初翻刻增补的百科全书式类书《新编纂图增类群书类要事林广记》卷之一《帝系类》，从“伏羲神农与黄帝”开始叙事至“大元接统万万世”，历代皇帝在位时间写得非常明白，但卫匡国的中国帝王系谱与之尚有出入。

② Martino Martini：*Sinicæ historiæ decas prima*，Amsterdam : Apud Joanem Blaev, 1659，p15、23.

③ 卫匡国解释此字为主人之“主”，但旁注的汉字却写得像个“皇”字，当是有意为之。

④ 据刘正研究，自宋代开始，就有学者开始关注商周青铜器铭文上出现的“徽记用语”，它“一般多表现为由一个或几个图像组合而成的一种具有特殊指代含义的图像文字”。（参见刘正：《金文学术史》，上海书店出版社，2014 年，第 181 页。）

形象。《诗经》中有曰："燕燕于飞，颉之颃之。"《毛传》又曰："飞而上曰颉，飞而下曰颃。"《说文》曰"颃"本作"亢"，所以，神徽上部冠"亢"字帽的神人刻符说的是华胥飞临人间，与下部刻符结合，从而完整描述了华胥降生伏羲与女娲之中华创世故事，并为秦人创制金文"夏"字提供了思想源泉，秦公簋铭文中的"夏"字就是一个神人两手守护倒置着的"规"和"尺"，象征华胥胎生了擎举尺规的伏羲与女娲（参见下图）。如果再将吴越地区出土的商代青铜龙纹盘龙头纹样、吴王夫差、越王勾践宝剑的剑格图文和鸟虫书之"王"字""、""和""做比对的话，可知良渚文化并没消失，它被夏商周时代的吴、越文化继承并融入了中原文化。古越语"华"与"夏"同音为"ɦo"，而我们将"华"字与"夏"字并连自称"华夏儿女"当也与此相关。①

良渚神徽及其与伏羲字符和金文的比对

依着这个思路，我们就不难理解中国国家博物馆所藏秦公簋铭文中之言："朕皇祖受天命鼏宅禹迹……虩事蛮夏"了。《说文解字》释"蛮"为"东南越"，秦王先祖之所以要"虩事蛮夏"，是因为秦先祖大费乃夏禹的治水助手，《史记·秦本纪》曰："大业取少典之子，曰女华。女华生大费，与禹平水土。已成，帝赐玄圭。禹受曰：'非予能成，亦大费为辅。'"② 大禹

① 具体比对考证文字可参见拙文《良渚神徽中的华夏》（《湖上》杂志第 14 期）。

② （汉）司马迁:《史记》（一），中华书局，1982 年，第 173 页。

为治洪水，拓展疆土，最后回归到越地建立了夏朝，“（禹）周行天下，还归大越，登茅山以朝四方群臣，观示中州诸侯，防风后至，斩以示众，示天下悉属禹也。……遂更名茅山曰会稽之山，因传国政，修养万民，国号曰夏”。[①] 大禹回归大越后，其司徒“契”则留在了中原，发展出了后来的商，也就是《诗经·商颂·长发》所言：“濬哲维商，长发其祥。洪水芒芒，禹敷下土方。外大国是疆，幅陨既长。有娀方将，帝立子生商。”“契”的本字写作“离”，《说文解字》中的解释与“禹”字完全相同：“蟲也。从厹，象形。”足见他们是同族同源。而大禹治水的副手大费亦名伯益，夏禹驾崩前曾欲禅让天下给他，终因夏启夺位而未成，逐渐迁徙至西北繁衍出了后来的秦国。也就是说，秦始皇在公元前210年东巡会稽祭大禹，表面是来祭拜其祖宗的上司，实则是向世人宣告：秦先祖原本就该是天下之主，他统一六国，为天下主理所当然。这也就不难理解为何原本在他之前，无论贵贱，男人都可自称“朕”，但自他之后，这个“朕”字便成了他的专属自称。《史记·秦本纪》曰：“臣等昧死上尊号，王为‘泰皇’，命为‘制’，令为‘诏’，天子自称曰‘朕’。王曰：去‘泰’，著‘皇’，采上古‘帝’位号，号曰‘皇帝’，他如议。”[②] 笔者究其原因，是因为这个“朕”字，甲骨文原本写作“[illegible]”或“[illegible]”，由一条船加一双手扶着撑船的竹篙构成，喻指洪水中的掌舵者，秦公簋铭文中也写作“[illegible]”，但篆文被改编成了“[illegible]”，喻指船上举薪火者，自他这位始皇帝起，二世、三世以至万世，薪火相传不绝；而“泰”者大也，与“秦”字的篆文相似，分别写作“[illegible]”和“[illegible]”，前者寓意治水的掌舵人，后者寓意掌舵人领导种“禾”，都与大禹治水有关联。其远赴会稽，祭大禹，立石刻，颂秦德的真正缘由应该在此，而良渚古城水利工程的考古发现某种意义上也印证了鲧禹父子治水故事的真实性。

这就是卫匡国关于中华文明起源及伏羲造汉字举例给笔者带来的启示。遗憾的是，卫匡国并没有说明这六个伏羲发明的字符引自中国哪部典籍。从整本《中国上古史》看，他曾介绍和引述过《易经》《书经》《史记》《诗经》《礼记》《春秋》等经典，但就像在这些经典著作中找不到伏羲统治的具体年代、洪荒的具体时间一样，我们似乎也找不到所谓伏羲所造字符的纹样，更何况中国古籍很多记载是“仓颉造字”。从卫匡国将中国史的

① （汉）赵晔：《吴越春秋》，中华书局，1985年，第132-133页。

② （汉）司马迁：《史记》（一），中华书局，1982年，第236页。

前三个时代列为伏羲、神农和黄帝判断，他应该是熟悉“三坟五典”说的。孔安国在《尚书序》中曰：“古者伏羲氏之王天下也，始画八卦，造书契，以代结绳之政，由是文籍生焉。伏羲、神农、黄帝之书，谓之三坟，言大道也。”①“书契”就是今天所说的文字，伏羲造字说当由此而来。《尚书》即《书经》，但《尚书》以“尧典”开篇，内中更不可能出现伏羲所造字符。也许17世纪当时，有类似今天出土的马王堆、子弹库帛书那样的图文古籍可供其参考引用，只是现在已经散佚了。事实上，卫匡国所说“伏羲字母”之“”（主、皇）与鸟虫书之“”、“”构图一致，已经证明并非卫匡国凭空捏造，应该是有据可依的。

笔者以为，此种卫匡国认知汉字汉语乃至中华文明史所带来的启示，是其《中国文法》之外的语言接触之副产品，对于重新审视我们的传统文化有参考价值，所以，特意写下以上这些文字，权充拙著的再版说明。至于本书中的其他内容，虽然距离初版时间已过去14年，但主要学术观点似乎并未过时，此次修订，除了纠正一些笔误和句式表达以外，整体框架未做大的修改调整。

最后，必须要强调的是，本书的写作以及此次的修订再版，离不开业师黄华新教授和其他师友们无私的指导帮助，也少不了戚印平、俞忠鑫、黄时鉴（已故）、黄笑山、董海樱、田英淑、王力、田中史生、山崎雅稔、朱昇泽（已故）、江静、矢崎省三等诸多中外学者在资料收集方面的大力支持，在此一并表示诚挚的谢意。同时也要感谢韩国研究所前后两位所长沈善洪、金健人教授对本研究的关注与支持，特别是金健人教授将本书的修订列为浙江省重大课题“东亚历史海域与浙江社会发展（20XXJC04ZD）”研究的阶段性成果。口惠而不实，谨套用一句歌词，默默地祝福他们及他们的家人：好人一生平安！

庚子腊月 谨识于耕川斋

① 姜建设注说：《尚书》，河南大学出版社，2008年，第388页。